王先志————

著

CNS 湖南人民出版社

王船山先生遺像

王夫之画像

（源自清同治四年金陵刻本《船山遗书》）

目　录

1

第一章　绪　论

　　"西方有个黑格尔，东方有个王船山。"从毛泽东的这句评语，人们可以读出这样的信息，王船山是以思想来影响中国乃至世界的人。而这些思想是通过王船山的一系列著述来承载的。

一、隐者的著述

　　王夫之活了七十三岁，"七十三，八十四，阎王不来自己去"，多病体弱的王夫之应了这句旧语。关于其生辰，本书所列的参考书中即有三种说法：生于1619年（万历四十七年）10月7日（九月初一）、10月12日（九月初一）、10月17日（九月初一），夏历应是正确的，都是九月初一，在倒查公历时有误，应为10月17日，另有说是8月31日，恐有错。王夫之卒于1692年（康熙三十一年）正月初二，2019年是王船山四百周年冥诞。

　　王夫之以夫之、船山两个名字并行于世，前者是父亲王朝聘取的。大哥王介之，仲兄王参之，船山则是自取的名号，来历是中岁以后所居处山上"有石如船"，名石船山。王夫之又字而农，因为曾居住在耶姜山，故又号姜斋。从其船山、姜斋名号而论，都来源于所居处，王夫之这位生于湖南衡州的朴素唯物主义思想家是个很实在的人。

　　王夫之早年参加过反清复明的斗争。在清朝也生活了将近半个世纪。反清复明无望后，隐居深山四十年从事著述，"钻研中国传统典籍。追索明亡之因天下拨乱反正之道"。（[美]裴士锋著：《湖南人与现代中国》，P.11）真正是一位隐者的著述，尽管从斗士转为隐者，但其雄心不泯，志在做天下学问，为当世留住文脉，为后世开出太平。对张载极为心仪的王夫之，显然以横渠四句自励悠久。

　　他在三十七岁时撰写了第一本学术理论著作《老子衍》，定本在流传中遗失，目前见到的是初稿。翌年，写完第一本史学著作《黄书》，也有人将之目为政治著作。这是王氏著作的特点，内容广博所致。而且著述高峰在中岁以后至晚年。其著述生涯是清苦的，根据其子王敔说，他父亲"贫无书籍纸笔，多假之故人门生，书成因以授之，其藏于家及子孙言者无几焉"（《姜斋公行述》）。

　　"迄于暮年，体羸多病，腕不胜砚，指不胜笔，犹时置楮墨于卧榻之旁，力疾而纂注"（《姜斋公行述》）。这是王夫之晚年的写作状况，而《读通鉴论》正是在这样的身体状况下完成的。《读通鉴论》与《宋论》是王夫之在生命的最后一年里完成的此生最后的著作。这两部书消耗了他生命的最后几年。他把自己的心力与才思都融进了历史。

　　清康熙三十年（1691），清朝夺取全国政权差不多半个世纪了。这一年，王夫之七十三岁，他也知道大限将至，于病中定稿《读通鉴论》三十卷，并作《船山记》，他将自己比作山上船形顽石，贞生负死。这篇文献很短，只有六百五十来字，即是对自己一生的总结，也对自己为何取"船山"做了诠解，自此"王船山"的名号与"船山学说"一词传播开来。

　　船山，山之岑有石如船，顽石也，而以之名……赏心有侣，咏志有知，望道而有与谋，怀贞而有与辅，相遥感者，必其可以步影沿流，长歌互答者也；而茕茕者如斯矣，营营者如彼矣，春之晨，秋之夕，以户牖为丸泥而自封也，则虽欲选之而奚以为？夫如是，船山者即吾山也。

　　这一切都是因为明亡而来。在历史的长河中，明亡不过是一个历史朝代的更替，但在王夫之这里却是一生的痛，一生的易帜之恨。

　　他的主要生涯是一位隐居者，远离政治权力中心，甚至学术文化中心，但是他心忧天下，感慨着时代的大变化。大明的灭亡使王夫之由一介书生成为亡国遗民，这个隐居者一生都将自己视为大明子民，自定墓志铭身份就是"有明遗臣行人"。明亡这个残酷的现实不仅粉碎了一介书生的梦想，也唤醒了这个书生的心智，这才有直到生命的最后岁月也要探讨历史的成败得失的心愿，这才有《读通鉴论》这部伟大的旷世遗著。司马光《资治通鉴》花费了十九年心血，书成后两年病逝，生前不及流布刊行。王夫之的《读通鉴论》是生命的最后时光完成的，他不及见甚至不曾想过是书的出版，真正是隐者的著述。

二、王夫之著作的刊行

如今收集最全的王夫之著作《船山全书》，计有十六巨册，王夫之堪称后世写作的典范。作为明末清初著名的思想家，反清复明斗士，他长期是一个违禁人物。生前他的著作不曾刊刻，只在少数的亲友间流传和抄阅，去世前也不曾对稿件做出明确交代。去世后，他的著作长期未被或很少刊刻传世。相反著作并未广为流传的王氏著作倒有九部列为禁毁书目。王氏后人在保存王氏著作方面有着巨大的功绩。

历史在等待着机会或者说寻找着机会。

终于有了第一次机会。这次机会是乾隆朝编纂《四库全书》，大约在 1773 年，由时任湖南巡抚选送了王夫之六部儒家经典注疏著作，《四库全书》予以收录。又有资料说，这多亏了当时的湖广学政潘宗洛的多方努力，向朝廷力推，才使得王夫之著作首次得到官方乃至最高层的认可。

门开了，新的机会来了。由族人和乡人，也有说其子（此说经不起推敲，王船山的儿子此时仍在世的可能性极小）刊刻了王夫之的十部经典解释之类的著作，这是王著首度刊行，这大概是 19 世纪初期的事。后来人将此称为衡阳刻本。但这一版数量不多，流传不广，很快佚失。

到 1842 年，王夫之更多的著作以《船山遗书》之名刊印。这是湖南名学者邓显鹤花费了一生心血在王氏族人王世全帮助下搜罗整理的，又称湘潭王氏刻本，因以湘潭王氏守遗经书屋名义刊印之故。邓显鹤组织了专门的班子来整理王氏遗著，其中甚至有左宗棠兄弟在内。邓显鹤搜罗且亲自看过的王著有四十二部，达三百卷之多，但最后只出版了十八部一百五十卷，仍然为王氏经籍注解一类的著作，历史、哲学甚至诗作都未能刊行，原因还是政治考虑，尤其是像《读通鉴论》这样的历史著述，在当时仍有很大的顾忌，王氏后人与编辑者们都有此种担心。尽管如此，邓显鹤版的《船山遗书》，让王夫之"由此复活，并光芒四射"，影响了曾国藩这一代湖南人，并进而影响湖南与整个中国。

这一版显然是极不完整的文集，又命运多舛，甚至雕版也在 1854 年太平军攻打湘潭时被找出烧毁。

曾国藩在攻打太平天国后期，重新刊行王船山文集的工作启动。书名一切如旧，仍然是《船山遗书》。1862 年，曾国荃提出了重刊王船山著作的动议，这年八月，曾国藩给欧阳兆熊写信，转告说曾国荃已请兄长总揽这一出书工程，曾国荃承诺资助出书。欧阳兆熊代曾国藩拟信给湖南的王夫之后人，请他再次集齐原始书稿，送到安庆湘军大营以供刊行。曾国藩本中意在湖南刊行，为何要送到安庆，恐怕有两个考虑，一是曾国藩便于就近督办，二是湖南缺乏技术纯熟的雕版之匠。还有一个很重要的原因后面将被提到。随后曾国藩在安庆设立书局，编辑工作重新展开，好在1842年那一版的编辑人才大都进入了湘军体系，并以此为核心，欧阳兆熊便是那一版编辑里的一员，这时五十三岁，但成了新版《船山遗书》的资深主编，再加江浙地区的人才如张文虎等，队伍可称实力雄厚。曾国藩做了挂名主编。这一版与前一版不同，那一次相当于私刻，受王氏后人资助。这一次是官刻。编辑工作用了几年，南京攻下后（1864年书局移到南京），曾国藩本人用了四个月的时间读《船山遗书》并写一序，上一版的序是他的恩师唐鉴写的。1866年6月，文字的雕版工作完成。1867年正式付印，所收录的文稿也大幅增加，过去不曾刊刻如《读通鉴论》悉数收集在内，当然编辑者对一些违碍字眼主要是有关夷夏之辨的内容，假托手稿不清，做出方格处理（详见中华书局版各篇校注）。

　　章太炎认为，曾国藩刊印王船山著作系为杀完同属汉人的太平天国叛乱者的行径赎罪。他写道："曾国藩身为汉奸，狁薤同种，而衡阳遗书数十种，素未观世，曾国藩为之刊行，湘人父老相传，以为国藩悔过之举也。"对于章太炎的说法，时人及后世也多有不认可者。

三、《读通鉴论》刊行后的反响和评价

《读通鉴论》行世也晚，但正式引起了学界的极大关注。近代以来，最早的长达半个多世纪的一波反响中有三种基本评价。

全面肯定。这一种观点以曾国藩为代表，认为是王夫之最好的著作。曾国藩是读王夫之此书最早的一批读者之一。他读的应该是手稿，是曾国藩首次将此著作收入《船山遗书》予以出版，时在 1867 年。曾国藩是在 1862 年攻打太平天国最紧张的日子读的这种书，每晚几页，用一个月的时间读完。或者有曾国藩这种人生阅历、政治经历与学术资历的方能更全面地理解王夫之是书的内涵。更何况曾国藩又格外重视《资治通鉴》。

曾国藩在《致罗少村书》中回答该读什么书时说："窃以为先哲经世之书，莫善于司马温公《资治通鉴》，其论古皆折中至当，开拓心胸；能窃物之理，执圣之权；又好叙兵事所以得失之由，脉络分明；又好详名公巨卿所以兴家败家之故，使士大夫怵然知戒，实六经以外不刊之典也。阁下若能读此书，将来出去任事，自古所持循而不至失坠。"

曾国藩戎马倥偬之际曾经将自己喜好的书列出书名供子弟学习，四书五经之外还有《史记》《汉书》《庄子》《韩文》《文选》《资治通鉴》《古文辞类钞》，外加自己编抄的十八家诗。

阅读《资治通鉴》可以说是那时官场中人的日课，甲午战争后，李鸿章失去北洋大臣、直隶总督之职，进京做"伴食宰相"，每日闲居贤良寺无所事事，倒是能"随意看《资治通鉴》数页"。这随意只能是失意中的失意，但看《资治通鉴》却是适意的。

杨昌济最早读到的王夫之著作是《读通鉴论》和《宋论》，他仿效曾国藩将这两部书用于课堂，教学生治世之道。他将《读通鉴论》内容分为"世界的理想""国家的主义"和"个人的精神"三大类，分别探讨历史变迁与礼教、方法与行政等。他说："余最重个人的精神，又专行政与世道。"同时，他还认识到王夫之思想里的某种东西"已成明日黄花"，因此，他根据当时的需求来解读王夫之，尤其是有关礼教的内容，认为以今日之眼光观之，亦有不免属于迷信者，吾人当分别观之。（［美］裴士锋著：《湖南人与现代中国》，P.184）

钱穆也是充分认识到王夫之是著价值的人。他说观其最后著作《读通鉴论》《宋论》两书，今人皆以史论目之，不知其乃一部政治学通论，于历代政法大得大失，以及出仕者大志大节所在，阐发无遗。

基本肯定。可以梁启超为代表。梁启超说："自将《船山遗书》刻成之后，一般社会所最喜欢的是他的《读通鉴论》和《宋论》。这两部自然不是船山第一等著作，他在史评一类书里头，可以说是最有价值的。他有他的一套方法，借史事来发表。他有他的特别眼光，立论往往迥异流俗。所以这两部书可以说是有意义有组织的书……'攘夷排满'是里头主义之一种，所以给晚清青年的刺激之大。"（《中国近三百年学术史》）

不太认同。以王闿运为代表。其在 1869 年第一次阅读王夫之著作时犹觉得平凡无事，曾写道："船山论史，徒欲好人所恶，恶人所好，自诡特识，而蔽于宋元明来鄙陋之学，以为中庸圣道。适足为时文中巨手，而非著述之才。"1911 年他再次讲述了对王夫之史论风靡学界的困惑："王夫之史论似甚可厌，不知近人何以赏之？"（均见《湘绮楼日记》）时间流逝近半个世纪，历史岁月变迁均未改变他对王夫之包括《读通鉴论》在内的史论的固执看法。

严复也可列入此类，他说："王夫之为之通鉴论也，其中有独造之言焉。"又说："王夫之为通鉴论也，吾之所谓然，二三策而已。"（严译孟德斯鸠《法意》第五卷第十四章按语）。

还有一位胡思敬（1870—1922），光绪朝进士，也是史学家兼藏书家，写有《王船山〈读通鉴论〉辨正》一书，较为系统地考察了王著的偏颇之处，算是近代最重要的有关

研究内容。(见李泽昊：《试析胡思敬对〈读通鉴论〉的指摘》，《史学史研究》2015第3期)

不管怎么评价，王夫之《读通鉴论》在世纪之交发挥的作用最为巨大，在近代中国变化与革命变奏中被重新阐扬。如梁启超说："《读通鉴论》《宋论》往往有新解，为近代学者所诵习，尤能为深沉之思以掸绎名理。"(《清代学术概论》之六)

王夫之著此书是在生命的最后五年，是生活在清初的社会时代，因之具有深厚的反清复明历史背景。故而在辛亥革命前后，志士对此书更为重视，如章士钊即作《王船山史说申议》。

"船山当日学派乃湖南排满之祖。"(铁郎：《二十世纪之湖南》，《洞庭波》创刊号)诚然，王夫之的思想尤其是《读通鉴论》成为中国民族主义思想的旗帜。连王闿运也承认这种趋向，说王著"独感其故国之思，不咎君相，而但恨代者，以致两百年为乱党借口"(邗江王氏族谱序)。

王夫之的思想，是湖南人最先发现和发掘的。还有两位湖南人做出了相当高的评价，为后世广泛引用。

"五百年来学者，真通天人之故者，船山一人而矣。"这是谭嗣同的评论，谭嗣同1889年将自己关在书房里读完这部《船山遗书》。

"西方有个黑格尔，东方有个王船山。"这是毛泽东的论断。他不仅在青年时代就浏览过王船山的著作，与船山学派有千丝万缕的联系，甚至在战争年代的 1937 年特地给在长沙的徐特立写信，要求他将能搜索到的王夫之著作送到前线，自然包括《读通鉴论》在内。

四、《读通鉴论》的总体特点

《读通鉴论》，顾名思义，是作者王夫之对司马光主编的《资治通鉴》所载史事及其评述写出的读后感。中华书局版"校点例言"有一段话："船山史论两种，成于最晚之岁。盖读史有感，随事能发。初无意于文，故各篇皆不立题目；而于上下古今兴亡得失之故，制作轻重之原，均有论列。又自以身丁末运，明帜已易，禹甸为墟，故国之痛，字里行间，尤三致意焉。"这段话写得很好，既点出了王夫之晚年作史论的心境，又揭示了其究古今得失的价值。这本书以六十万字的篇幅，对三百余万字的《资治通鉴》做了评点式的评论，有这样几个特点尤其值得注意。

其一，在文体上札记出之。全书共计有九百零六篇札记，具体分布如下 [根据舒士彦《读通鉴论》（中华书局

2013 年版）]：

秦一卷 9	梁一卷 37
汉八卷 297	陈一卷 22
三国一卷 38	隋一卷 28
晋四卷 119	唐八卷 228
宋一卷 44	五代三卷 65
齐一卷 19	卷末叙论 4

共计三十卷，九百零六则札记，另加卷末叙论四则。而札记体的好处在于读史有感，随事而发，纵横开阔，挥洒自如，全无拘束。而这种札记形式与《资治通鉴》原著亦有内在关联，或者说是直接借鉴了原著"臣光曰"的样式。《资治通鉴》收"臣光曰"一百一十九篇，另选司马迁、班固等人的评论九十九篇。

其二，王著立论范围并不与《资治通鉴》完全一致。《资治通鉴》记史范围从春秋三家分晋开始至五代止。王夫之书直接从秦始皇起，去掉了此前的部分，而这样的处理体现了王夫之从大统一到中央集权制国家着眼为当世之治的考虑。而论事之始并未局限于秦始皇，秦始皇之前的历史他也会随手拈来，而其历史眼光又并不限于"通鉴"之止于五代，赵宋蒙元朱明历代也都在视域之内，往史后事均予打通，不是就事论事，而是融汇思想，以前代史证后世事，从后世事发前代史。

其三，宏观把握与广阔的历史评论视野和鲜明的历史阐释的时代特点。全书既是对"通鉴"记载的从周秦至五代史事的评论，也是对司马光及其编纂团队历史观点的评论，并且是对历史研究及其编纂方法的评论。既是评论，也是史论，是那个时代史学理论与史学评论所能达到的高峰。由于王夫之非常广阔的理论视野、非常博大的哲学智慧、非常独特的表达方式，王夫之的史论具有"论从史出"和"史从论出"高度结合的特点，这是古代的批判家里所罕见的。而王夫之的评论是对历史的阐释，带有鲜明的时代特点，其所进行的有关历史的进步与落后、善与恶、好与坏的价值评价，无不反映明末清初那个时代的社会矛盾，以及对天下治乱兴亡进行对比的评论。明朝的灭亡，使他一介书生更多地探索历史的兴亡得失，而明亡使他解读历史才有切肤之感。

其四，充满洞见，多发前人之所未发。王夫之是思想家、哲学家。看问题具有哲学的高度、思想的深度，能看到一般历史学家看不到的现象与本质，即使不无片面，也是深刻的片面与片面的深刻。试举两例，先看刘备与诸葛亮的关系，"谈君臣之交者，竟曰先主之于诸葛"。但王夫之认为刘备与诸葛亮其实并非君臣关系之典范。一是两人的志向不同，诸葛亮"必欲存汉者也，必欲灭曹者也"，而刘备"始欲自强，终欲自王"而已；二是刘备对诸葛亮的信任程度有限，既"故其信公也，不如信羽，而且不如孙权之信子瑜也"（卷十，三国四，P.273-274，中华书局2013年版，以下不再一一注明），其对于诸葛亮"盖终身而不释"（卷十，三国十九，P.286）。再看唐肃宗时为平叛贼，张巡守城粮尽而援不至，下令杀人而食，最终城陷身死。要不要褒奖张巡，朝廷有争议，有李翰者为张巡辩护"损数百人以全天下"，朝廷采纳此议，《资治通鉴》虽然只是记载此事，但笔下对张巡之忠是肯定的。王夫之极不认同张巡的做法，"守孤城，绝外援，粮尽而馁，君子于此，唯一死而志事毕矣"。"无论城之存亡也，无论身之生死也，所必不可者，人相食也。"唐朝廷褒奖了张巡，王夫之还指出："哀哉！若张巡者，唐室之所可褒，而君子之所不忍言也。李翰逞游辞以导狂澜，吾滋惧矣。"（卷二十三，肃宗八，P.706）在提倡忠孝的年代，王夫之对此事件的把握体现了当时极为缺乏的近代人道主义思想。

其五，评论、史论、政论三位一体。《读通鉴论》是一部政治史，但其涉及社会诸多方面的原因，举凡礼制、法制、财政、军事、学术风格乃至天文历法等都在论述之列，也就是在评论的扫视之下。最重要的是通过历史事件和社会诸多的分析评论，阐述古今兴亡得失之故，表达政治主张和哲学思想，也造就了这部著作成为一部空前的和系统的评论、史论和政论结合的旷世巨作。

作为史论，贵在史法。王夫之以进化的历史观作为释史、论史的统领，是超越那一代甚至此前的历史学家高度的。作为政论，贵在胆识，王夫之冲决一切思想罗网，对天下得失兴亡放胆议论，言人所不敢言而不能言，真知灼见在在所有。

《读通鉴论》是王夫之思想成熟时期的成熟之作，也是一生著述的压轴之作。《四库提要》评价《读通鉴论》用了八个字:"网罗宏富,体大思精。"而《读通鉴论》也当得这八个字。作为一部伟大的著作,他有一系列哲学著作作为根基,抱持朴素唯物主义和进化史观,这是王夫之的高度,这使他取得超迈前人的成就。天下学问,莫过为此。

王夫之深谙司马光的心思,"旨深哉!司马氏之名是编也"。在其著"叙论曰"里对《资治通鉴》的书名做了深刻的阐发。他阐发的顺序是资治、鉴、通。"资治"有两个方面的内涵:一是不能停留于知治知乱,还要知治乱之由,"所以为力行求治之资"。二是要以自己的心法体悟,设身处地"取古人宗社之安危,代为之忧患,而己之去危以即安者在矣;取古昔民情之利病,代为之斟酌,而今之兴利以除害者在矣"。"治之所资,惟在一心,而史特其鉴也。"近代学者陈寅恪的话"同情之理解,理解之同情",庶几近之。"鉴"就是鉴得失及其因由,于其得也,而必推其所以得;于得失也,而必推其所以失,进而求得救失。其得也,必思易其迹而何以亦得;其失也,必思就其偏而何以救失。"通",也有两个方面:一是世道无所不包,"君道在焉,国是在焉,民情在焉……"。二是人内心之道,"虽扼穷独处,而可以自淑,可以诲人,可以知道而乐"。学者张国刚对这句话有一个解释:"自淑,就是可以提升自己;诲人,就是可以与人分享;知道而乐,就是知道治国之道、为人之道、处世之道而感到很愉悦、很快乐。"(《资治通鉴与家国兴衰》导论)

自淑、诲人、知道而乐是王夫之《读通鉴论》的三重境界，后之人亦可鉴之。

　　但王夫之不是司马光，王夫之就是王夫之。他的著作与司马氏著作有很大的区别：一、在创作目的方面，司马光"通鉴"之作，是为历史留下信史，但更是为帝王及其管理层而做的；王夫之《读通鉴论》是为哪般？显然不是为帝王及其管理团队而作，而在于表达本人对于历史的见解以及寄托对当时形势的"衔恤"与"孤愤"（王夫之自撰墓志铭语），要表达的是王夫之个人或者说明末清初一个知识分子的历史见解。20世纪初杨昌济说王夫之一身卓绝之处，在于主张民族主义，以汉族之受制于外来民族为深耻极痛。此是船山之大节，我辈所当知也。此说极是，杨昌济这位差不多两百年之后的湖南人是王夫之的知音。差不多同时完成的《宋论》（十五卷），论述的是南宋末年抗元斗争和明末抗清有着很大的相似性，这更有助于理解《读通鉴论》的思想。二、历史素材的选择与持论方面，司马光既要受编年体一定之规的限制，又要"资治"，在历史素材的选取上不免带有一定的主观性与偏向，一切都要有利于"资治"即阐述治道的材料会多选或不选，而持论要尽可能折中至当。王夫之的《读通鉴论》就无所顾忌，更恣肆汪洋，荡涤一切，直抒胸臆，历史素材信手拈来，有着更为强烈的个人论史色彩，而个别细节的事实失真予以不计。三、身份不同而产生的主观感受方面，司马光是融入了宋朝的主流社会的，并且作为在朝高官，宰相是那个时代的中流砥柱，尽管有时居于被贬的权力边缘。王夫之始终没有融入清初社会，更遑论主流，村野隐者无求用于天下于当朝，著作并不是要写给君王的，其自撰墓志铭自定身份仍是"有明遗臣行人"，故而并不是要"资治"，而是一个知识分子的理想之治及其对于理想之治的追求。应该说，这两人对治的认知其实是有着很大差别的。而且不止于是，司马光作为中国古代保守主义思想家、史学家，和王夫之作为中国古代激进主义思想家、史学家，这两人的思想路线、方法也是有极大差别的。

美国当代著名历史学家小富兰克林说："正确的历史是美好的现在与明天的基础。"这里"正确的"一词是值得深思的，他既是指客观历史事实的准确真实，更是对于历史的正确解释。只有两个方面的结合，才能构成正确的历史基础，而这正是历史学家的责任。王夫之的《读通鉴论》正是他对于历史的一种解读。这个书名很谦虚，但显然他也试图构建他心目中正确的历史。

王夫之对于历史的看法，也就是评论的某些甚至许多具体的看法，可能会时过境迁，这是不可避免的。任何一代历史都有着当时一代的解读和印记，但其主导精神具有永恒的价值，其所构建正确的历史的努力会永留史册。

第二章 德 论

　　"天地之大德曰生。"
（《易·系辞传》）这句话从
生命的本源阐述了德的重要性，
换句话说是有大德才有生。从
政治学上讲，德也是生，即根本，
是国家治理的总机枢。王夫之
极少就德论德，而总是并善于
用一系列相对应的范畴和概念
来阐述相关事理，使德的阐论
更为深刻。

一、德与政

为政以德是孔子和儒家政治学说的核心。为政以德就是德治、德政。

"夫德者，自得也；政者，自正也。尚政者，不足于德；尚德者，不废其政。"（卷十九，隋文帝一〇，P.566）在这句话里，王夫之强调两方面的意思。其一，不论是德还是政，均与"自"也就是自身有关，这是发挥了孔子的思想。孔子云："政者，正也。"为政者修养自身，才能以自身的"正"引领天下的"正"。王夫之还有更进一步的解释："夫为政者，廉以洁己，慈以爱民，尽其在己者而已。"其二，德与政相比，德的层次更高，可以涵盖政的范畴。

王夫之又指出："德立而后道随之，道立而后政随之。诚者德之本，欺者诚之反也。"（卷十六，明帝二，P.486）王夫之在德与政之间增加了一个联结的环节——道，在王夫之的话语里，道常表达为导，因此，这里的意思不妨理解为以德引导政。他又根据《中庸》的思想提出诚为德本，又以诚之对立面欺与德相联系，为政以诚是为政以德的深化。

王夫之认为"以德化民至矣哉"，但又认为"夫以德而求化民，则不如以政而治民矣"。因为"持德而以之化民，则以化民故而饰德，其德伪矣"（卷十九，隋文帝一〇，P.565）。隋文帝与唐太宗时各有一次纵囚事例，也就是让死刑犯自行赴死，王夫之加以谴责，认为是隋文帝与唐太宗夸饰自身的伪德行为。"以德化民"在孔孟的思想里已有体现，在汉代，董仲舒更提出了系统化的方案。王夫之认为教化必经由圣人来主持，圣人奉天命来到人间作天子，这就是"王者"。王者自上而下、由远及近推行教化，由浅入深，逐渐随风易俗，实现从文化到法度的统一。他在提出他的方案时甚至认为王者教化的成功看时三十到一百年。王夫之的见解撇清了虚伪的德化，理清了德化与政治的关系。

欠德则失政，"唐政之不终者凡三：贞观也，开元也，元和也。而天宝之与开元，其治乱之相差为尤悬绝"。其原因，王夫之归之于"唐以功立国，而道德之旨，自天子以至于学士大夫置不讲焉，三君之不终，有以夫！"（卷二十二，玄宗一八，P.687）

无德失德政便乱。王夫之有一段话言说此番道理："变复不惟其德而唯其占，有所倚而多所贷，宽猛徇其臆说，而政愈淫。"（卷二十九，五代中一一，P.927）为政不能仅占卜臆说，仅凭占卜问吉凶"而政愈淫"。

"隋无德而有政，故不能守天下而固可一天下。"（卷十九，隋文帝五，P.559）王夫之对隋朝无德而有政的分析，深化了德与政问题的探讨。为何说隋有政，是因为隋在治政方面确有许多创建，如"隋沿河置仓，避其险，取其夷，唐仍之，宋又仍之，至政和而始废，其利之可久见矣"，又"以立法而施及唐、宋，盖隋亡而法不亡也"，再如三省六部制、科举取士也是隋朝开创的制度。但隋的要命之处在失德无德，王夫之说这保不了隋朝的江山。

政又具体是什么？王夫之从大处着眼做了界说："且夫国家之政，虽填委充积，其实数大端而已：铨选者，治乱之司也；兵戎者，存亡之纽也；钱谷者，国计之本也；赋役者，生民之命也；礼制者，人神之纪也；刑名者，威福之权也。"（卷十九，炀帝一，P.573）在王夫之看来，所有这些国家之政的根基都在于德。

而最大的政在于天下兴亡。王夫之从天下兴亡的高度来考察德。人君的德是与江山社稷联系在一起的。解剖君主无德而致江山丢失是王夫之论史的重点，这也是天下兴亡得失之故的关键点。"君德失，宗社危。"（卷二十三，肃宗六，P.703）

北周宇文氏与后周郭氏，都立国年限不长，原因都是君德问题。宇文融是北周几个皇帝里有声名的皇帝，也有旧史家称颂其政"洋溢简册"，但"其没也甫二年，而杨氏取其国若掇"。王夫之论道："邕果有德在人心，讵一旦而遽忘之？……然而人之去宇文也如恐不速，邕骨未冷而宗社已移，则其为君也可知矣。德无以及人，而徒假先王之令名以欺天下，天下其可欺乎？"（卷十八，宣帝九，PP.549-550）而后周"郭氏方有吞并江、淮之计，不欲资敌粮以困之，自谓得算，而不知此斗筲之智，徒损吾仁而无益也"。"郭氏固不足以及此，为德不永，而功亦不集。唯保天下者可以有天下，区区之算奚当哉！"郭氏的区区之算就是不许己方粮食流向敌区，敌区饥饿之民"捐疾"，也就是饿死无数，所以王夫之说："闭粜以杀邻国之民，至不仁也；徒杀邻民而朽吾民之粟以趋于贫，至不智也。"（卷三十，五代下一二，P.949）。

二、德与仁

在儒家学说中，德与仁是相通的，常常是一个概念，甚至仁是儒家思想体系里最高的概念，最高的道德标准。作为思想家和哲学家的王夫之，将仁引入历史的观察中，自然比一般的历史学家更能把握仁的内涵。

王夫之多处表达这样的意思："道二：仁与不仁而已矣，出乎仁则入乎不仁。"（卷十八，文帝一，P.536）

泾渭分明，只有仁或者不仁，不是仁就是不仁，这是从最高的层次上对人群做出的分类。而对于仁的概念，王夫之写道：

"仁者，有生之类所必函也；生者，上天之仁所自荣也。故曰'本立而道生'。仁动于天，厚植于心，以保其天性之亲，于是而仁民爱物之德，流行于天下，人道之生也；于是而传世永久之福，垂及于百世，天道之生也。"（卷二十九，五代中一〇，P.925）"仁莫大于亲亲，非其私之之谓也。"（卷二十九，五代中一〇，P.926）

这是从哲学上阐述仁，以仁观历史别开生面，直指历史的人心与人性。

在论述唐太宗与长孙无忌有关改易太子的一段对话时，王夫之对长孙无忌以仁恕之名而反对改立给予严厉的驳斥。其要点，一是驳斥长孙无忌"恶知仁恕哉"，乃"挟仁恕之名以欺太宗，而太宗受其罔，故曰佞者之辩也"；二是正面论述何为仁恕，"仁恕者，君德之极致"，又具体地解释："仁者，爱之理也，而其发于情也易以动，故在下位而易动于利，在上位而易动于欲。君子之仁，廓然曙于情之贞淫，而虚以顺万物之理，与义相扶，而还以相济。故仁，阴德也，而其用阳。"如若"阴德易以阴用，而用以阴，乃仁之贼"。王夫之指高宗之仁正是这种仁，实际上不是仁。而"恕"则是："恕者，推己以及人，仁之牖也。"所以"仁恕者，君子之大德，非中人以下所能居之不疑者也"。由于唐太宗受长孙无忌有关太子李治也就是后来的唐高宗"仁恕"之言的欺罔，唐高宗嗣位，结果这个唐高宗的仁"不庇其妻子，不保其世臣，殃及子孙，祸延宗社"（卷二十，太宗二一，P.627），也就是让武则天登台。

所以，正确地理解仁，尤其是君主应具备的仁，是十分重要的事情，王夫之全书多所论述。

"上天之大命集于有德，虽无其德，而抑无乐杀之心，则亦予之以安全。天地之心，以仁为复，岂不信哉？"（卷十，三国六，PP.275-276）王夫之在这段话里将德与仁联系到一起。此段议论源于如下史实，是紧接这段文字之后的："曹氏之战亟矣，处中原而挟其主，其敌多，其安危之势迫，故孙氏之降，知其非诚而受之。敌且尽，势且安，甘苦自知，而杀戮为惨。亦深念之矣。孙氏则赤壁之外无大战也。先主则收蜀争荆而姑且息也。是以三君者，犹可传之后裔，而不与公孙、袁、吕同殄其血胤。"从上述文字中的"杀戮为惨""无大战""姑且息也"来细加品味，王夫之的仁是非战非杀，这是帝王君主所尤应为戒的。

所以君主之仁有关政局，有关国家前路。

"君不仁，则不保其国；臣不仁，则不保其身。"（卷十九，隋文帝一三，P.569）

"君不仁以召百殃。"（卷二十七，僖宗九，P.859）

王夫之还结合进化论史观来考察"仁"在国家政治中的消长。

"以太宗为君，魏征为相，聊修仁义之文，而天下已贴然受治，施及四夷，解辫归诚，不待尧、舜、汤、武也。垂之十余世而虽乱不亡，事半功倍，孰谓后世之天下难兴言仁义哉？"（卷二十，太宗八，PP.613-614）仁不只是上古三代才独有的，有唐之世乃至后世"仁"也在发展。

王夫之还对与"仁"相关的问题做了评述。"不仁者不可与言"（卷二十八，五代上七，P.895），这是一句古语，王夫之对此言十分重视，根据史实，做了专门的论述。

他以孙鹤谏刘守光为例，"守光囚父杀兄，据弹丸之地，而欲折李存勖，南而称帝，与朱温争长，不仁而至此极也，尚可与言哉？孙鹤怀小惠而犯其必斩之令，屡进危言，寸斩而死，鹤斩而守光之改元受册也愈坚，鹤之愚实酿之矣"。王夫之说："与不仁者相昵，投以肺肠，则亦不仁而已矣。故曰：'不仁者不可与言'。戒君子之夙远之，以勿助其恶也。"王夫之的意思很明白，君主（或上司）不仁，臣属所言不仅无益且有害，这种客观不仅是有害于国，也可能害及自身。王夫之又陈述了一个例外，即冯道。"刘守光之凶虐，触之必死，其攻易、定，犯强晋，道谏之而系狱，然免于刀锯，逸出而西奔者，何也？孙鹤之流，力争得失，是以灭身；道之谏之也，其辞必逊，且脂韦之性，素为守光所狎，而左右宵人固与无猜，是以全也。守光囚父杀兄而道不言，其有言也，皆舍大以规小，留余地以自全，而聊以避缄默之咎者也。"（卷二十八，五代上九，P.897）冯道为五代中历数代而不倒，自有其保身之道，于此亦可见，但王夫之还是指斥为："携小慧以媚主。"

"杀降者不仁，受其降而杀之不信；古有其言，诚仁人君子之言也。"但王夫之对这一古训又做了自己的阐发："言各有所指，道各有所宜，不揆其时，不察其故，不审诸顺逆之大义，不度诸好恶之公心，而唯格言之是据，则仁人君子之言，皆成乎蔽。仁蔽而愚，信蔽而贼，不可不辨也。"王夫之认为不可一概而论，"杀一二人而全天下，仁也；杀无恒之人以行法，信也"（卷二十六，武宗五，PP.822-823）。

王夫之认为，帝王仁孝之道："无异于庶人之父子"，"天性之恩，既不以尊位而隔，孝养之礼，抑且以居高而倡"。王夫之继而又根据中国历史的史例指出："后世子道之衰，岂尽其子之不仁哉？君父先有以致之也。"做父亲的必须先做到，后人才能仿效，父皇"宫嫔多，嬖宠盛，年已逾迈，而少艾盈前，于是不肖者以猜妒怀疑，即其贤者亦以嫌疑为礼。太子出别宫，而朝见有度、侍立有时、问安有节，或经旬累月而不得至君父之前，离析毛里之恩，虚拥尊严之制，戕性敦伦，莫之能改。故其为害也，父子不亲而谗闲起，嬖宠怙权而宦寺张。秦政之于扶苏，晋惠之于太子遹，隋高之于太子勇，坐困于奸贼，召之不为召，诬之不能白，杀之不能知，而祸乱极矣。"王夫之归纳说，所谓道出有二种："道二：仁与不仁而已矣。绝父之慈，禁子之孝，尚安足与问祸福乎？"（卷二十一，中宗一二，P.618）

王夫之称赞临淄王李隆基诛除韦皇后而不告知父亲相王

具有"豪杰之识"。临淄王曰:"事不成,以身死,不以累王。"王夫之据此又说不只是豪杰之识,而且是深合于孝道。"故临淄之不告,孝子之道也",这一行为合于孝道,王夫之从这里剖析:"是以知临淄之可与大有为也。"(卷二十一,中宗一八,P.662)中国文化里,"百善孝为先"啊!

三、德与威

"德不如也,则威不如矣。"(卷二十七,昭宗一○,P.875)

作为君主与官员必定要有威严与威信,无威不能立。但靠什么立威?

德足以威。王夫之在谈及秦代法密吏重、"天子之权,倒持于掾吏"时说:"受天命,正万邦,德足以威而无疚愧者,勿效尔为也。"(卷一,二世六,P.8)

"德足以威"的命题揭示了德是威的本源,德立而威立。德是永久的,威只能一时。"以德仁兴者,以德仁继其业;以威力兴者,以威力延其命。沐猴冠而为时大妖,先王之道不可窃，亦严矣哉！以威力起者，始终尚乎威力，犹一致也。绌其威力，则威力既替矣，窃其德仁，固未足以为德仁也。父驴母马，其生为骡，骡则生绝矣，相杂而类不延，天之道、物之理也。自苻坚之败，北方瓜分而云扰，各恃其部曲以弹压士民而用之，无非浊也。纯乎浊而清之，清者非清，浊者失据，人民不靖，部曲离心，不亡何待焉？虽然，天下之浊极矣，威力横行而贫弱无告，固不可以永也。"（卷十四，孝武帝一〇，P.398）

重威固可，但不能轻德。王夫之对萧何所说的"天子以四海为家，非壮丽无以示威"做过评述。萧何此语乃是因汉初造宫殿而言，王夫之说"此言鄙矣"，但"亦未尝非人情也"。王夫之批评萧何此言此行"徒以宫室相夸"，而不知此应为"至德之荣观"，虽然"壮丽之威至矣"，但德不见了，"昭德威以柔天下"的古语也不见了。而且过于铺张，也有违于德，"不责何之弗修礼乐以崇德威，而责其弗俭。徒以俭也，俭于欲亦俭于德"（卷二，汉高帝一三，P.20）。

德与威，又是德治的两手，"施之以德者，制之以威也"（卷二十，太宗七，P.612）。"古之帝王，昭德威以柔天下"（卷二，汉高帝一三，P.20）。

"苟非有道之主，德威足以服远。"（卷二十九，五代中一二，P.928）不只是君主要有德威，就是文臣武将也要有德威才有力量，才能服人。西汉末傅燮"讨黄巾而有功，赵忠欲致之而予以侯封，燮不受也。当其时，有军功而拒宦寺，非直赏不及焉，还以受罪。故卢植辱于槛车，王允几于论死，皇甫嵩夺其印绶。燮拒忠而忠弗能挫，惮其名而弗敢害，燮之德威詟权奄而制之也，大矣"（卷八，灵帝一三，P.234）。王夫之由此称傅燮"非徒节义之士也，允矣其可为社稷之臣矣"（卷八，灵帝一三，P.235）。

四、德与功

王夫之以前就有人已注意到德与功的问题，唐太宗即位之初即有言："朕虽以武功定天下，终当以文德绥海内。"其乃是就文武治道而言，但已揭示了德与功的某些功能。立德、立功、立言，更是传统士大夫的价值追求。王夫之以德与功为范畴论述君主的修德与立功问题。

"于是而知修德之与立功，其分量之所至，各有涯涘，而原委相因也。"（卷二十二，玄宗一八，P.686）

关于修德，王夫之指出："夫苟以修德为心与？德者，无尽之藏也，未之见，则一善成而已若有余矣，天下之可妨吾善者，相引以迁而不自觉；既见之矣，既习之矣，仁不熟不安于心，义未精不利于用，浩乎其无涯矣，森乎其不可犯矣，亹亹乎相引以深密，若登高山，愈陟而愈见其峻，勿容自释也。故所患者，始之不自振也，继之不自省也，而不患其终之不自保也。"这段话的中心意思是，以修德为心，德的力量无穷无尽，就怕人不以德的力量自保自省。

关于立功，王夫之说："苟其以立功为心，而不知德在己而不在事与？则功者，有尽之规也，内贼未除，除之而内见清矣；外寇未戡，戡之而外见宁矣；百姓未富，富之而人有其生矣；法制未修，修之而国有其典矣。夫既内无肘腋之奸，外无跳梁之敌，野鲜流亡，而朝有纲纪，则过此以往，复奚事哉？志大而求盈，则贪荒远之功；心满而自得，则偷晏安之乐……"王夫之的意思是，倘以立功为心，便不知修德在己而不在事功，事功是有限的，有贪事功之心便会误入歧途。

所以王夫之得出的结论是："是以古之圣王，后治而先学，贵德而贱功，望之天下者轻，而责之身心者重，故毫修益勤，死而后已，非以为天下也，为己而已矣。为己者，功不欲居，名不欲立，以天子而无殊于岩穴之士，志日专，气日敛，欲日懵忘，心日内守，则但患其始之未正也，师保任之也；不患其终之不永也，无可见之功勋，则无告成之逸豫也。"

王夫之论述修德与立功时剖析的案例是唐之三位君主；贞观之君、开元之君、元和之君。这三位君主所操持的唐政本有大治之誉，但确不能善始善终："唐以功立国，而道德之旨，自天子以至于学士大夫置不讲焉，三君之不终，有以夫！"就是因为他们在修德与立功问题上出了方向性的偏差。

在王夫之看来，修德与立功有大与小、先与后之分，而理想的境界是在做到修德之后，使"德足以君天下，功足以安黎民"（卷二十二，玄宗一九，P.688）。

王夫之还对"窃位"以夺君主之位的石敬瑭政权给予批判。在批评中揭示了德与功的先后次序："德不可恃，恃其功；功不可恃，恃其权；权不可恃，恃其力；俱无可恃，所恃以偷立乎汴邑而自谓为天子者，唯契丹之虚声以恐喝臣民而已。"（卷三十，五代下一，P.937）

与德与功近似的还有一个德与兵的问题，"竞以德也，非竞以兵也"（卷二，惠帝二，P.24）。这是王夫之在陈述京畿之地不宜聚兵的观点时说的一句话。"兵"的意思乃指军事力量，这里不做展开。

德与功是一个统一体。王夫之说："阳，文德也；阴，武功也。近九五者阳，而屏阴于外，内文外武而不虞以戒矣。"（卷二，惠帝二，P.24）

他总是能辩证地看待功，"天子者，天所命也，非一有功而可祗承者也。虽然，人相沉溺而无与为功，则天地生物之心，亦困于气数而不遂，则立大功于天下者，为天之所不弃，必矣"（卷十四，安帝六，P.405）。天所命其实就是一个德，天命在德。

五、德及其他

德与许多方面都构成逻辑关系，王夫之的视野十分广阔。

德与欲。欲望是人的本能。王夫之对德与欲的关系有所思考。"耳目口体之各有所适而求得之者，所谓欲也；君子节之，众人任之。任之而不知节，足以累德而损于物。"（卷三十，五代下一一，P.948）

"德立功成，而必正乐，亦知本也。"（卷十九，隋文帝九，P.564）

德与才。有德才能有才，大德大才。"大人君子，德彻于中而后才以不穷。"（卷二十七，僖宗四，P.853）他举例说："然后知狄公之能存唐，唯有保全流人、焚毁淫祠之大节；汾阳之靖乱，唯其有闻乱即起、被谤不贰之精忠。"

德既是一种个人品德，也是官员人等的官德。通常情形是私德与官德的合一，私德不好常常也会导致官德不好，官德不好往往也反映出私德的若干问题，像王夫之所说的"好谀"便是私德与官德综合。"天下之足以丧德亡身者，耽酒

嗜色不与焉，而好谀为最。"（卷十二，愍帝四，P.346）

德不仅仅是自身，对于人君与人臣而言，德是施之于百姓的，"无德于民，不足以兴"（卷三十，五代下一二，P.950），这其实是"修身齐家治国平天下"的终极版。

"细行不矜，终累大德，三代以下，名臣正士、志不行而道穷者，皆在此也；君以之而不信，民以之而不服，小人以之反持以相抗，而上下交受其诎。"（卷二十四，德宗二七，P.758）

六、德与孝道

有子有云："孝悌也者，其为人之本欤。"孝是中国传统文化的核心概念之一，是人伦关系的枢纽。之所以将孝的内容放在本篇来论述，乃是因为孝属于传统伦理道德范畴，也长期是考察推举官员的德的基本标准。

1. 孝乃人子之心

王夫之认为孝是人子之心，是由心产生的情感。

"孝者，生于人子之心者也；神之来格者，思之所成也；

过墓而有哀怆之情，孝生于心，而神即于此成焉。且也，是形也，为人子者寒而温之，暑而清之，疾痛疴痒而抑搔之，事之生平，一旦而朽壤置之，曰有尊形者在焉，其情恝，其道过高而亡实。"（卷七，明帝一，P.166）

"夫忠孝者，生于人之心者也，唯心可以相感。"（卷十九，隋文帝七，P.562）

进而他说："夫孝者，人之性也。"（卷八，桓帝一〇，P.222）性与心本来是相同的，谓之心性。

"忠孝非人所得而劝也。如其劝之，动其不敢不忍之心而已。"（卷二，汉高帝三，P.12）

从某种意义上可以说，王夫之是从中国人的文化心理的角度阐述了孝这种行为所由产生的心理内因，孝不仅是个人的行为，而且是民族的行为文化。在这样的基础上，王夫之又进一步阐述了孝的儒家伦理价值观。"夫孝者，人之性也，仁之所繇发也。"（卷八，桓帝一〇，P.222）

"人而不仁，所最恶闻者忠孝之言，而孝为甚。君子率其性之诚然而与言，则必逢其怒；加之以欷歔垂涕行道酸心之语，而怒愈不可撄矣。"（卷二十四，德宗一〇，P.738）从这段话里我们可以读出这样的意思，其一，喜不喜欢与能不能听忠孝之言，是一个人仁与不仁的区别，不仁之人是不能听的。忠孝的核心其实是仁，"仁者爱人"，在家为爱父母、孝父母，在国为忠君爱国。其二，对不仁之人说忠孝必定没有效果，甚至没有好结果。王夫之接下去的话便是"陈天彝之言于至不仁者之前，勿论其怒与否也，不可与言而与言，先失言矣"。王夫之的意思是根本就不要与不仁之人说忠孝的话，说了其实是自己失言。

王夫之再三强调："君子于此，知其人理之已尽，置之而勿与言也。"不仁的人是人理已尽的人。扣住仁而言忠孝，正是儒家的核心价值观。

从以上王夫之论述中可以看出，孝与忠是有高度关联的。在父子家庭为孝，在君臣国家为忠。王夫之指出："君臣、父子，人之大伦也。"这个大伦其实概括而言就是忠孝。由于家庭是国家和社会的基本细胞，孝是忠的基础，忠是孝的放大。孝的范围更为广大深厚，王夫之换而言之："世衰道丧之日，有无君臣而犹有父子者，未有无父子而得有君臣者也。"（卷二十八，五代上二〇，P.909）所以孝在中国古代社会得到普遍重视，孝成为核心价值理念。

2. 帝王之家的孝道

王夫之还论述了帝王家的孝道问题。他是主张孝是不分贫贱富贵与否的，总的原则就是"未有不自敬爱其尊亲而可以持天下之公论者也"（卷四，宣宗二，P.82）。

"读文王世子之篇，而知古者天子诸侯之元子日侍于寝门，而损益衣食皆亲执其事，无异于庶人之父子；天性之恩，既不以尊位而隔，孝养之礼，抑且以居高而倡，乃当大位危疑奸邪窥伺之日，受顾命、传大宝，亦相与面授于衽席之侧，德不偷而道立，道不失而祸亦消，皇哉弗可及已！"（卷

二十一，中宗一二，P.655）

进而言之，帝王家的孝道问题正是一个与现实政治相关联的大问题。

唐玄宗李隆基在未继位而为临淄王时，"诛韦氏，不启相王"。理由是"事不成，以身死，不以累王"。韦氏即韦皇后，时把持朝政，王夫之对其给予恶评。相王为唐玄宗之父，后来的睿宗李治。当时的形势是韦后当政，危及李唐江山，能不能巩固李唐江山"以安社稷，以讨乱贼，以救王于颠危"，在诛除韦后一举。所以李隆基决定殊死一搏，但畏其父"优柔而挠成算，告则兵不得起，宁无告也"。王夫之评论说："故临淄之不告，孝子之道也。"又说"是以知临淄之可与大有为也"，既评论李隆基之为合于孝子之道，而又由这孝子之道定其"之可与大有为也"（卷二十一，中宗一八，P.662）。

唐玄宗晚年又遇到一个孝的问题，乃是其子肃宗乘安史之乱玄宗逃蜀之际，自立为帝，在平乱之后又"表请上皇，自求还东宫修人子之职"。王夫之就此评论说："不孝之大者，莫甚于匿情以相胁，故自立之罪可原，而请就东宫之恶不可逭。"（卷二十三，肃宗七，P.705）王夫之激赏李泌的请玄宗回长安就养之策，清除了父子之间的猜忌与防范。

"而钱元瓘独全友爱以待兄弟。钱镠初丧，位方未定，而元瓘与兄弟同幄行丧，无所猜忌，陆仁章以礼法裁之，乃不得已而独居一幄。其于元璙也，相让以诚，相对而泣，盖有澹忘富贵、专致恻怛者焉。故仁风扇而天性行。施及弘俶，群臣废兄立己，众将不利于其兄，而弘俶以死保之，优游得以令终。自古被废之主，昌邑而后，未有能如是者。孝友传家，延于奕世，亦盛矣哉！推其源流，皆元瓘一念之仁为之也。"（卷二十九，五代中一〇，P.927）这一段文字说的是五代时东南地方的割据政权南唐。南唐主钱氏一系，以孝道而持家，王夫之特予推评。文中提到的昌邑指西汉由霍光所废的昌邑王刘贺，其废后善终。2016年中国十大考古发现中便有其墓的发掘。王夫之的文字称许一千年来钱氏家风，前面的文字还提到钱氏一姓到宋明尤为华族，"夫亦何道而致然哉？"答案便是得益于这种孝友传家的家风。

子道与父道是相关联的，王夫之以帝王家为靶，指出"身居君父之重"（卷十九，隋文帝七，P.562），子不能孝，君父负有很大的责任。

"后世子道之衰，岂尽其子之不仁哉？君父先有以致之也。"王夫之又具体言之："宫嫔多，嬖宠盛，年已逾迈，而少艾盈前，于是不肖者以猜妒怀疑，即其贤者亦以嫌疑为礼。太子出别宫，而朝见有度、侍立有时、问安有节，或经旬累月而不得至君父之前，离析毛里之恩，虚拥尊严之制，戕性敉伦，莫之能改。故其为害也，父子不亲而谗闲起，嬖宠怙权而宦寺张。"王夫之又举史例说："秦政之于扶苏，晋惠之于太子遹，隋高之于太子勇，坐困于奸贼，召之不为召，诬之不能白，杀之不能知，而祸乱极矣。"这样，"绝父之慈，禁子之孝，尚安足与问祸福乎？"王夫之说这是不可能的："无已。"（卷二十一，中宗一二，P.655）那么把这一标靶移到普通百姓人家，其实道理是相通的，父慈子孝。

3. 孝道之维系

对于如何维系孝之道，王夫之谈到了如后一些见解。

其一是感化之道。在《资治通鉴》里就有许多感化的事例，如："景伯母崔氏，通经，有明识。贝丘妇人列其子不孝，景伯以白其母，母曰：'吾闻闻名不如见面，山民未知礼义，何足深责！'乃召其母，与之对榻共食，使其子侍立堂下，观景伯供食。未旬日，悔过求还；崔氏曰：'此虽面惭，其心未也，且置之。'凡二十余日，其子叩头泣血，母涕泣乞还，然后听之，卒以孝闻。"（卷一百五十一）房景伯是北魏时代的东清河郡太守，这一则史实言其母以儿子的示范来感化贝丘县山民之子。王夫之肯定感化的作用，通过具体实例的分析进一步表达了深层的见解。

"仇香不致陈元不孝之罚，感而化之，香盖知元之可化而不骤加之罚也。"陈元的母亲向蒲亭长仇香告其子陈元不孝，仇香通过一些了解，知道陈元还是一个可以感化的人，主要是其有羞耻心。王夫之总是将忠孝廉耻放到一起考论："廉耻荡而忠孝亡。"（卷十五，孝武帝六，P.456）正因为陈元有羞耻心，仇香才采取感化的办法，陈元后来"终以孝闻"。但王夫之认为，"非尽人之不孝者可以化元之道化之也"，并不是所有不尽孝道的人都可以用类似感化陈元的办法来实施感化的。"故先王之德教，非不如香，而设不孝之诛，无如此无耻者何也。杀之而已矣"（卷八，桓帝一〇，P.222），可知历史之对无孝者的处罚是很重的。

其二是教化之道。王夫之指出："诗书礼乐之化，所以造士而养其忠孝，为国之桢干者也。"（卷十七，梁武帝二一，P.512）王夫之高度重视教化的功能，从总体论述了通过诗书礼乐的教化以善忠孝。他还具体言明："立教之道，忠孝至矣。"（卷十九，隋文帝七，P.561）

在有关忠孝教化的问题上，王夫之又特别提出两个重要的问题。一是忠孝生于人的内心。人人都知道忠孝重要，但忠孝不是挂在嘴上摆在面上，由立教者说说而已的东西，需要人心灵的交感。"立教之道，忠孝至矣，虽有无道之主，未有不以之教其臣子者，而从违异趣，夫亦反其本而已矣。以言教者，进人子而戒之曰：'尔勿不孝。'进人臣而戒之曰：'尔勿不忠'；舌敝颖秃，而听之者藐藐，悖逆犹相寻也。弗足怪也，教不可以言言者也。"王夫之又由隋文帝一系列相矛盾的事例说明"繇此而知忠孝者，非可立以为教而教人者也。以言教者不足道，固已，徒以行事立标准者，亦迹而已矣"。"不足道"与"迹而已"都不行，忠孝要"生于人之心者也，唯心可以相感"（卷十九，隋文帝七，P.562），这种心的相感主要是两代人的心灵交流。

二是廉耻乃忠孝的底线。王夫之引述过管子之语："廉耻，国之维也。"（卷五，哀帝一，P.114）不宁唯是，在王夫之看来，忠孝出自人的本心，倡导忠孝要扣住人的本心，而这种本心的底线也在人的羞耻。

"忠与孝，非可劝而可惩者也。其为忠臣孝子矣，则诱之以不忠不孝，如石之不受水而不待惩也。其为逆臣悖子矣，则奖之以忠孝，如虎之不可驯而不可惩也。然则劝惩之道，唯在廉耻而已。不能忠，而不敢为逆臣；不能孝，而不敢为悖子。"（卷十四，安帝一〇，P.409）扣住廉耻二字是忠孝教化的关键。

与之相关联的，忠孝即出自人的本心，忠孝者不会以忠孝自居，"天下为之名，而忠孝者不欲自居"（卷二，汉高帝三，P.12）。

近代著名教育家杨昌济在其著作《类语类钞》"立志第一"里，引述了王夫之的一段话："王船山曰：唯我为子故尽孝，唯我为臣故尽忠。忠臣非以奉君亲，而但践其身心之则。"从这段引文看，王夫之有关忠孝的思想是他许多著述的话题，而且在许多年以后仍引起人们的重视与共鸣，更重要的是王夫之的这段话表达的意思是对前面有关论述很重要的补充，在王夫之那里有两个方面：一方面为人子，为人臣，故需要忠于孝；另一方面更重要，孝与忠的存在完全是"我"的自我需要与自我实现，而非仅为了对君亲的好。杨昌济也就此阐述，"船山重个人之独立如此"，把我从君亲的从属地位中拯救出来。对于今日之考察孝，王夫之的有关论述仍具有相当高的价值。

第三章　天下财富论

中国古代有着丰厚的财富思想。

孟子说到财富与德的关系，与民的关系："德者本也，财者末也。外本内末，争民施夺。是故财聚则民散，财散则民聚。"唐代杨炎谓："财赋者，邦国大本，而生人之喉命，天下治乱，重轻系焉。"宋代苏辙则说："财者，为国之命而万事之本。国之所以存亡，事之所以成败，常必由之。"王夫之的眼界极为宽广，往往以天下财富为论，其所包含的内容既丰富又深厚。

一、财富的农本基础

中国乃是传统的农业社会，中国古代财富的基础在于农业。王夫之对传统农业社会的财富问题有过究本求源的探索。西汉晁错提出过"欲民务农，在于贵粟"的思想主张，王夫之进一步发展了贵粟的农本思想。

"以治民之制言之，民之生也，莫重于粟；故劝相其民以务本而遂其生也，莫重于农。"（卷十四，孝武帝四，P.392）王夫之在这里明确指出，重粟就是重农，就是重民生。

"粟者财之本也，粟聚则财无不聚"（卷十九，炀帝七，P.580）可以说这是农本社会财富的基本思想。语曰："明君贵五谷而贱珠玉。"而粟在五谷中居于主体地位，或者说是五谷的代称。这一句话揭示了粟与财的关系，粟是本，财为用。

王夫之还说到粟与财的平衡问题。"夫人聚则营作之务繁兴，财恒有余而粟恒不足；犹荆、湘土广人稀，力尽于耕，而它务不遑，粟恒余而财恒不足。以此筹之，则王者因土作贡，求粟于荆、湘，而薄责于财；需财于吴、会，而俭取其粟；是之谓损益盈虚之大经，因地因人而不违其理。而念此者鲜矣。"（卷十四，安帝八，PP.406-407）王夫之指出在财富问题上要因地制宜，取其所宜。

类似的表述还有："民之所为务本业以生，积勤苦以获，为生理之必需，佐天子以守邦者，莫大乎谷帛。"（卷十六，武帝五，P.478）"谷者，民生死之大司也。"（卷二十，唐高祖九，P.597）王夫之既指出了"民本""农本"之所在是谷帛，而这又是"佐天子守邦"，天子的利益与人民的利益在这一点上高度一致。

谷粟之所出者乃土地。土地是农耕文明最主要的生产资料，《大学》即已说："有土此有财。"王夫之反对土地兼并，他的基本思想是："轻其役，薄其赋，惩有司之贪，宽司农之考，民不畏有田，而强豪无挟以相并，则不待限而兼并自有所止。"（卷五，哀帝二，P.115）老百姓"各得有其田以赡生也"（卷十九，隋文帝一一，P.566）。

金钱是财富的体现者，是在商品交换出现之后的产物。但在中国传统农业社会，金银实际上处于一种尴尬的地位。

"金钱者，尤百货之母，国之贫富所司也。"（卷二十七，昭宗五，P.867）

"且夫金银之贵，非固然之贵也。求其实，则与铜、铅、铁、锡也无以异；以为器而利用则均，而尤劣也；故古者犹统谓之五金。后世以其约而易也，遂以与百物为子母，而持以求偿，流俗尚之，王者因之，成一时之利用，恶知千百世而下，无

代之以流通而夷于块石者乎？"（卷二十七，昭宗二，P.864）

这样两段话比较完整地反映了王夫之对于中国传统农业社会条件下金银的地位功能，以及金银的自然属性和商品的交换属性以及未来可能的命运的观点。

王夫之对杨炎两税法持基本否定之论，但对两税法改令纳钱却予以一定之肯定，便民交纳是其一，"金钱大行于上下，固无如折色之利民而无病于国也"（卷二十四，德宗三四，P.766）。这正是对金钱的财富作用的肯定。

在金钱与粟孰轻孰重的比较上，王夫之认为是谷粟比金钱更重要，因为"若夫钱布金银之聚散，犹非民之甚急者也"（卷十九，炀帝七，P.580）。其基本理念可用一句话表达："故粟生金死而后民兴于仁。"（卷十六，武帝五，P.479）这个观念，既是物质的也是精神层面的。

当然，王夫之并不完全否定金钱的重要性，而主张"金粟交裕于民"（卷四，宣帝一一，P.89）。

二、财富与财政

　　财政的基础是天下财富。中国传统社会并无财政一词，多以"国用""度支""国计""财赋""户政"等名词。财政一词是在王夫之以后的清末才由日本移用过来，但这并不妨碍我们的探讨。

　　王夫之认为国家之政数其大端有六项：铨选、兵戎、钱谷、赋役、礼制、刑名。而其中有关财富者有两项，即钱谷与赋役。钱谷是"国计之本"，赋役乃"生民之命"（卷十九，炀帝一，P.573），这钱谷、赋役既构成古代中国财富的主体，也构成古代财政的支撑。

　　"无财无以养兵，无人无以守国，坐困而待其吞吸，日销月铄，而无如之何，自亡而已矣。"（卷十八，宣帝三，P.544）

　　财富要为国用服务。王夫之指出："天之时、地之泽、人之力以给天下之用者，自沛然而有余。……猝有大兵大役馈饷赏赐之急需，皆见为不足而吝于出纳，而国事不可言矣。"（卷十五，文帝五，P.443）天下财富无尽藏，如担心财富不足而舍不得国用，若"患贫而愈窘于用"，则国事危殆。财富是宝贵的，也是有用的，不用则"以有用为无用，人怨之府，天之所怒也，况有天下者乎?"（卷二十七，懿宗三，PP.843-844）王夫之认为用财有道，取之于民，要用之于民，用之于国。

王夫之认为天下财富有中央与地方两级，他欣赏唐代的储财方式在于强地方："唐散积于州，天下皆内府，可谓得理财之道矣。……官守散而易稽，不积无用以朽蠹，不资中贵之隐窃，而民之输纳有恒，无事匿田脱户，纵奸欺以堕朴氓而亏正供，则国计裕矣。"（卷二十二，玄宗二一，PP.691-692）

"唐初之积富于军府州县者，诚官天府地四海为家之至术也。"（卷二十七，懿宗三，P.843）

他一再表述财政财富问题的要害是，"夫大损于民而大伤于国者，莫甚于聚财于天子之藏而枯其外，窘百官之用而削于民"（卷二十二，玄宗二一，P.691）。财政上的为国之害，最大的问题莫过于"夫财上不在国，下不在民，为有国者之大蠹，而唐养天下之力以固国者，正善于用此"（卷二十七，懿宗三，P.842）。王夫之认为唐朝长期邦本安固的一个重要原因，在于善于处理财政问题，但是到唐末却在财政上出了问题。"庞勋之乱，崔彦曾以军帑空虚不能发兵留戍而起，盖至是而唐之所以立国者，根本尽失。"

财政问题必须平时给予足够的重视。"时急于用而言财"

是"中之浅、植之弱"（卷二十二，玄宗二，P.670）的。

王夫之从汉、唐、宋诸朝财富变化提出了"贫者富而富者贫"的天下财富动态的变易观。汉代的情况是"且自羽焚宫以后，秦之所积，荡然四散，而关中无钩金尺帛之留，然而既有天下，古今称富者，莫汉若也"。而唐代则是"唐起太原，而东都之藏，已糜于李密、王世充之手；江都之积，又尽于宇文化及之徒；荡然一虚枵之天下，唐得之而海内之富上埒于汉"。到了宋代却相反，"宋则坐拥郭氏世积之资，获孟昶、李煜、刘鋹之积，受钱俶空国之献，其所得非汉、唐之比也。乃不数传而子孙汲汲于忧贫，进王安石、吕惠卿以夺民之锱铢，而不救其亡"。王夫之说，"合而观之，则贫者富而富者贫，审矣"（卷二十九，五代中二，P.916）。王夫之陈述了一个历史事实，也指出了一种事实中富含的深刻道理。人臣有受命专征亡国之货宝而丧其身，人主得前朝财富以贻子孙，老百姓反受其害，国家反而致贫。

国家财富充足必须有良好的政治环境。王夫之说："盖国家所以安集其人民而足其赋役者，恃夫法之不乱、政之不苛，污吏无所容其奸，猾胥无所仇其伪耳。"（卷二十三，代宗五，P.717）

从财赋的角度可以察知一个国家的治乱。"乱国之财赋，下掊克于民，而上不在官，民之殄，国乃益贫，民罔不怨。"（卷二十四，德宗二八，P.759）

三、财富必利于民

财政的根本着眼点在于民众，既是王夫之的重要财政思想，也是王夫之财政思想中最为闪光的地方。"国之利不宜计也，而必计民利。"（卷二十四，德宗三四，P.765）

王夫之重视财富与民众的关系。他多处论述"财散则民聚""财聚则民散"。此是《传》里的一句话，先秦孟子也有类似的表述。王夫之做了自己的理解与发挥。"财散"之利在于"非但百姓之各有之也，抑使郡邑之各有之也"。"财聚"之弊在于"既不使之在民，又不使之给用，积之于一帑，而以有用者为无用"。所以他说："散则以天下之财供天下之用，聚则废万事之用而任天下之危。"（卷二十七，懿宗三，P.843）"散则清，聚则漏，昭然易见之理，自宋以来，弗能察焉；富有四海而患贫，未有不以贫亡者也。"（卷二十二，玄宗二一，P.692）

"天子以天下为藏者也。知天下之皆其藏，则无待于盈余而不忧其不足，从容调剂于上下虚盈之中，恒见有余，而用以舒而自裕。开创之主，既挟胜国之财为其私橐，愚昧之子孙，规规然曰：此吾之所世守也。以天子而仅有此，则天下皆非其天下，而任之贪窃之臣，贪者窃而窃者废，国乃果贫，则虐取于民，而民乃不免于死。"

王夫之对照历史总结说："汉、唐之富，富以其无也；宋之贫，贫以其有也。国亡身戮，更留此以为后起败亡之媒，哀哉！"（卷二十九，五代中二，P.916）这有无是从官场角度而言的，一切都得回到这样的立场："聚钱布金银于上者，其民贫，其国危；聚五谷于上者，其民死，其国速亡。"（卷十九，炀帝七，P.580）

从一般治国治政理论看来，"言治道者讳言财利"，因此在历史上有不少人斥唐代著名的理财大臣刘晏为小人。王夫之特为驳论："晏之不得为君子也自有在，以理财而斥之，则倨骄浮薄之言，非君子之正论也。"在为刘晏辩白之中，王夫之表达了一个重要的观点："夫所恶于聚财者，以其殃民也。……故所恶于聚财之臣者，唯其殃民也，如不殃民而能应变以济国用，民无横取无艺之苦，讵非为功于天下哉？"他还为刘晏做了具体的辩护："晏之理财于兵兴之日，非宇文融、王鉷、元载之额外苛求以困农也，察诸道之丰凶，丰则贵籴，凶则贱粜，使自有余息以供国，而又以蠲免救助济民之馁瘠，其所取盈者，奸商豪民之居赢，与墨吏之妄滥而已。仁民也，非以殃民也。榷盐之利，得之奸商，非得之食盐之民也；漕运之羡，得之徒劳之费，非得之输輓之民也。上不在官，下不在民，晏乃居中而使租、庸不加，军食以足。"王夫之还将刘晏死后有关情形做了一番对比："晏死两年，而括富商、增税钱、减陌钱、税闲架，重剥余民之政兴，晏为小人，则彼且为君子乎？"（卷二十四，德宗五，P.731）王夫之的这番话不仅在为刘晏辩白，更重要的是表达了他的财政要有利于民不殃祸百姓的思想。

人君不应聚私财，"率土之滨，莫非王土"，但天下财富则不能如此而论。

"天子而斤斤然以积聚贻子孙，则贫必在国；士大夫斤斤[然]以积聚贻子孙，则败必在家；庶人斤斤然以积聚贻子孙，则后世必饥寒以死。"（卷二，汉高帝一，P.8）这是一个很深刻又很浅显的道理，王夫之从上至天子，下至平民百姓分而论之，说明财不贻子孙这个道理是不分层次的，而且若天子积财以贻子孙，不仅伤及后世，而且"贫必在国"。这是王夫之这段论述的重心。王夫之称道樊哙叱责刘邦新入长安，掠秦宫美妇珠宝："将欲为富家翁邪！""英达之君而见不及哙者多矣。"其意也是指天子君主不应注重积聚私人财富。而这种观点的来源还在于财富的本源性，即天下为公，也就是利民的财富观。

四、其他若干问题

1. 税收的征收方式

税收是国家的财政来源，王夫之也考察了诸朝税收的演变，认为税收的征集方法乃国之本计，主张应以人为税，而不能以田为税，即不能以田的肥硗为依据征收。"而计田之肥硗以为轻重，则有田不如无田，而良田不如瘠土也。是劝民以弃恒产而利其萧芜也。民恶得而不贫，恶得而不堕，恶得而不奸，国恶得而不弱，盗贼恶得而不起，戎狄恶得而不侵哉？故自宋以后，即其全盛，不能当汉、唐之十一，本计失而天下瘠也。"（卷三十，五代下五，P.941）虽然王夫之是从保护中小地主尤其是南方中小地主的利益着眼的，但中小地主作为封建社会主要的社会基础，他们的利益其实也关系到封建朝廷江山的稳固。

2. 财用之俭

王夫之认同班固推崇汉初富庶之论，"班固叙汉初之富庶详矣。盖承六国之后，天下合而为一，兵革息，官吏省，馈享略，置邮简，合天下而仅奉一人，以王而府天下，粟帛货贿流通，关徵弛而不滞，上下之有余宜矣。呜呼！后之天下犹汉也，而何为忧贫孔棘，而上下交征之无已也！班固推本所由，富庶原于节俭"（卷三，景帝七，P.50）。在王夫之看来"富庶源于节俭"是西汉文景之治天下祥和繁荣的原因之一。

王夫之对于俭又有独创的见解。他对《传》之言"俭，德之共也；侈，恶其大也"做出自己的解释："所谓德之共者，谓其敛耳目口体之淫纵，以范其心于正也，非谓吝于财而积之为利也。所谓恶之大者，谓其荡心志以外荧，导天下于淫曼也，非谓不留有余以自贫也。俭于德曰俭，俭于财曰吝，俭吝二者迹同而实异，不可不察也。吝于财而文之曰俭，是谓贪人。谚曰：'大俭之后，必生奢男'，贪吝之报也。若果节耳目、定心志，以恭敬自持，勿敢放逸，则言有物，行有恒。即不能必子之贤，亦何至疾相反而激以成侈哉？隋文帝之俭，非俭也，吝也，不共其德而徒厚其财也。富有四海，求盈不厌，侈其多藏，重毒天下，为恶之大而已矣。"（卷十九，隋文帝一五，PP.570-571）隋文帝以节俭在历史上出了名，隋代聚积起来的财富也让唐代长期追赶不上，但隋文帝没有重视从德求俭，而是一味聚财，果然大吝之后，必生奢男，就是炀帝，大肆挥霍铺张，是导致隋亡的原因之一。

3.减官员薪俸其实害民

"国帑屡空，军兴不足，不获已而加赋于民，病民矣，而犹未甚也；以官鬻钱谷而减其俸，民病乃笃。"（卷七，安帝八，P.196）王夫之认为加赋病民，增加税赋对老百姓是害民政策，但这不是最有害的，最有害的是"以官鬻钱谷而减其俸"，王夫之有解释："诱取其钱谷于前，而听其取偿于民，吝予之以生计，而委之以日掠，虽欲惩贪，词先讷涩矣。"这是让官员去加害百姓的办法。而在这种情况，君主还自以为"吾未尝加赋以病民，民如之何而不急公"。王夫之认为这必定会造成"上下交怨而国必亡矣"。

王夫之称道的是不加赋于民，"而文、景之治，至于尽免天下田租而国不忧贫，数百年君民交裕之略，定于此矣"（卷二，汉高帝一，PP.9—10）。

4. 开通边贸

王夫之主张开通境内外的自由贸易，哪怕是战时也不妨双方的物资交换。

"据地以拒敌，画疆以自守，闭米粟丝枲布帛盐茶于境而不令外鬻者，自困之术也，而抑有害机伏焉。夫可以出市于人者，必其余于己者也。此之有余，则彼固有所不足矣；而彼抑有其有余，又此之所不足也。天下交相灌输而后生人之用全，立国之备裕。金钱者，尤百货之母，国之贫富所司也。物滞于内，则金钱拒于外，国用不赡，而耕桑织纴采山煮海之成劳，委积于无用，民日以贫；民贫而赋税不给，盗贼内起，虽有有余者，不适于用，其困也必也。"（卷二十七，昭宗五，P.867）

王夫之的这番思想显然是着眼于民生国计的。有民生才有国计，这是一个重要的民本思想，所以他进一步论说：
"夫唯通市以无所隐，而视敌国之民犹吾民也，敌国之财皆吾财也，既得其欢心，抑济吾之匮乏，金钱内集，民给而赋税以充，耕者劝耕，织者劝织，山海薮泽之产，皆金粟也，本固邦宁，洞然以虚实示人，而奸宄之径亦塞。利于国，惠于民，择术之智，仁亦存焉，善谋国者，何惮而不为也？"（卷二十七，昭宗五，P.868）.

5. 不以财富输外夷

王夫之对将财富贡输外夷提出强烈谴责。

"中国输岁币于夷，自宇文氏始。突厥挟两端以与宇文、高氏市，宇文畏其为高氏用也，岁给缯锦彩十万以縻之，高氏亦畏其为宇文氏用而厚赂焉。夫宇文与高于突厥，何中外高卑之有哉？弱役于强，屈者其常也，而突厥固曰：宇文、高氏，中国之君也，中国之奉我，常也。此骄夷狄之始祸也。宇文、高氏朘削中国以奉于其类，非其士，非其民，无不可也。而后世驽窳之君臣，且曰：宇文、高氏，中国之君也，不惜悉索之于民以奉突厥而国以安，吾亦奚不可邪？此启惰君陋臣之祸始也。"（卷十八，宣帝三，PP.543-544）宇文与高氏乃北朝少数民族建立的政权之主，他们相互防范而结交突厥以为后援，王夫之说他们本非汉民族，以中原所出岁贡突厥，这样的做法在他们看来倒无不可，但这是开启了后世汉族政权弱势"外交"的祸源，后世驽窳君臣予以效法，对汉族政权是有害的。

第四章 民本论

中国古代的民本思想比较丰富。"天子忘民则灭，诸侯忘民则亡"（《尸子》），"民惟邦本，本固邦宁"（《尚书》）；"民者，君之本也"《春秋穀梁传》；"王者以民人为天"，"得民心者得天下，失民心者失天下"（《史记》），都是流传千古的名句。王夫之的《读通鉴论》以历史为鉴，通过具体史事的评论，系统地丰富了中国民本思想的宝库。

一、"民为贵"的政治含义

　　人民应该有自己的政治权利，这是王夫之受孟子民本思想启发而发扬光大的思想。

　　王夫之在《读通鉴论》的第一则札记里就写道："天之使人必有君也，莫之为而为之。故其始也，各推其德之长人、功之及人者而奉之，因而尤有所推以为天子。"（卷一，秦始皇一，P.1）这是王夫之探讨秦始皇实行郡县制以前的封建制度的文字，论及君主的起源在于人民的推举。

　　民意即是天意，"可以行之千年而不易，人也，即天也，天视自我民视者也。……若夫无必然之理，非治乱之司，人之所习而安焉，则民视即天视矣，虽圣人弗与易矣"（卷十九，隋文帝二，P.556）。

　　王夫之的这些论断强调了统治者之所以存在，完全是为人民拥护，是为了人民的。谭嗣同在与老师欧阳中鹄的书信中说"惟船山先生纯是兴民政之微权"，大抵正是从王夫之的这些文字寻导出来的。

君与民的关系是重要的关系，王夫之引用了一句古语："君非民，罔与立；民非君，罔克胥匡以生。"（卷二十七，僖宗九，P.859）君主没有人民不可以立，君主也要为人民谋生存。

王夫之服膺于孔孟的人民理念，引述孔子的话"天下有道，则庶人不议"，认为"后世庶人之议，大乱之归"。又引述孟子言"得乎丘民而为天子"（卷二十一，中宗九，P.652），得民心者得天下。

王夫之以中国第一个统一王朝秦朝覆亡为例，"秦之毒民而以自亡"（卷二十四，德宗三，P.728），从正反两面论证了天下兴亡全在于民，这就从最高的意义上认定了人民的存在意义。

王夫之谈到魏晋易代时指出："魏之授晋，上虽逆而下固安，无乃不可乎！"（卷十一，晋一，P.307）只要人民没有受到损害，改朝换代未尝不可，这就从根本确立了"民为贵，社稷为轻"的思想原则。

王夫之的民本思想是直接受孟子民本思想启发而来的，他在著作中引用了孟子说"民为贵，社稷次之，君为轻"，并对这句话做了自己的解说，一方面既指出这句话是"因时之论"，意思是孟子这句话乃是对当时历史情况的如实描述，"当其时，天下忘周而不以为君，周亦忘天下而不自任为君"。另一方面着重揭示"民为贵"的思想主张，他认为"君与社稷轻，而天所生之人，不可以无与立命，则苟有知贵重其民者，君子不得复以君臣之义责之，而许之以为民主可也"（卷二十七，僖宗九，P.861），只要能够贵重人民的，都可以成为君主，这实际上是对君权神授的天命说的有力批判。

古代中国国家政治运行的基本功能之一是治民。治民要学尧舜之道，"尧、舜之道，人皆可学，亦为之而已矣"（卷二十二，玄宗九，P.677）。

"舜使吏治象国，而不得暴其民，圣人亦如是而已"（卷二十二，玄宗九，P.677）。

地方治理的重心在于治民。"守令者，代天子以养民者也"（卷二十一，高宗六，P.639）。

"郡县之天下，守令为天子牧民，民其所司也，士非其世守也"（卷二十二，玄宗二二，P.693）。

对地方官尤其是县令的任命要有知人之鉴并不容易，而县官的选取要避免"无以利民"的情况出现，县令任重秩卑，其权限则"许以因地而便民，则权可任也"（卷二十二，玄宗一〇，P.678）。

劝民以善，是治理的根本，"劝民以善之意，尤圣人之所汲汲焉。人劝于善，国以保，民以宁，此本末之序也"（卷二十二，玄宗一五，P.683），这才可以使"天下万有之众庶，皆仰沐风化以成诚和"。

对民众迁徙与户籍的管理要考虑民之生死与生计。

"民不可使有不服籍者也，客胜而主疲，不公也；而新集之民，不可骤役者也。生未定而力不堪也。若夫捡括之而

押还故土，尤苛政也。民不得已而远徙，抑之使还，致之死也。"（卷二十二，玄宗一三，P.681）

官员的性格也要与人民相关联。

"抑大臣而以清节著闻者，类多刻覈而难乎其下，掣曳才臣以不得有为，亦非国民之利也。"

他批评："汉、宋狷急之流，置国计民生于度外，而但争泾渭于苞苴竿牍之闲也。"（卷二十二，玄宗三，P.671）

赞赏唐代宋璟、卢怀慎、张九龄三位清官宰相与他所批评的汉、宋狷急之流是完全不相同的。

王夫之表达了安民即为仁的思想。

"石氏之世，君非君，将非将，内叛数起，外夷日逼，'地蹙民穷，其可掩取之也，八九得也。江南李氏之臣，争劝李昪出兵以收中原，而昪曰：兵之为民害深矣！不忍复言，彼民安，吾民亦安。'"王夫之评述说："其言，仁者之言；其心，量力度德保国之心也。"又说，"李昪于是而几于道矣"。"其仁民也，虽不保其果有根心之恻悱，而民受其赐以延生理、待宋之兴、全父老、长子孙、受升平之乐，不可谓非仁者之泽矣。"（卷三十，五代下四，P.940）

孟子曾说："行仁政而王，莫之能御也。"

二、轻徭薄赋就是民生

民生问题是民本的一个重要方面，也是王夫之《读通鉴论》阐发最多的问题，占有相当篇幅。

"圣人之所甚贵者，民之生也。"（卷十九，炀帝五，P.577）

"民之有生也，恃上之不绝其生也。"（卷二十九，五代中九，P.925）

"封建不可复行于后世，民力之所不堪，而势在必革也。"（卷二，文帝二一，P.43）

后一条从民生角度提出封建必废，是深刻之论。

而在古代中国，涉及民生问题的最大症结在赋税徭役之重，王夫之多所论列："秦得天下于力战，民未休息。而筑戍之役暴兴，则民怨起。"（卷五，王莽二，P.127）

"天子失道以来，民之苦其上者，进奉也，复追蠲税也，额外科率也，榷盐税茶也。"（卷二十七，僖宗九，P.860）

"民迫于赋役，以失其恒心。"（卷二十二，玄宗一五，

P.684）

"唯轻徭薄赋，择良有司以与之休息，渐久而自得其生，以相忘而辑宁尔。"（卷十九，隋文帝一一，P.566）

以上摘引王夫之有关轻徭薄赋的论述，再结合史例试述之。先从最末引句说起。此句是王夫之因隋文帝均田令史事而发的议论。其时天下纷争，兵革不息，人民需要休养生息，而只有轻徭薄赋才是正途。王夫之联系西汉文景之治，以为"文、景得此道也，故天下安而汉祚以长"，而隋文帝没有取轻徭薄赋的正途，反以所谓"均田令"虐民，"隋之速亡，不亦宜乎！"

"今变法而一以田税为率，已税矣，又从而赋之。非时不可测度之劳，皆积堕于农。而计田之肥瘠以为轻重，则有田不如无田，而良田不如瘠土也。是劝民以弃恒产而利其莱芜也。民恶得而不贫，恶得而不堕，恶得而不奸，国恶得而不弱，盗贼恶得而不起，戎狄恶得而不侵哉？"王夫之认为这是"本计失而天下瘵也"。他进一步论述说："夫有民不役，而役以田，则等于无民。据按行之肥硗，为不易之轻重，则肥其田者祸之所集，而肥者必硗。有税有役，则加于无已，而无税则坐食游闲之福，民何乐而为奉上急公之民？悖道拂经之政，且有甚于商鞅者。乃相承六百年而不革，无他，君偷吏窳，据地图税籍而易于考索。若以人为登耗，则必时加清理以调其损益，非尽心于国计民生者不能也。简便之法，易以取给，而苟且以自恣。不知天子之允为元后父母、命官分职、以共天职,将何为邪?王者起而厘正之,莫急于此矣!"
(卷三十,五代下五,P.941)

王夫之引陆贽之言:"蚕事方兴,已输缣税;农功未毕,遽敛谷租。上责既严,吏威愈促。急卖而耗其半直,求假而费其倍偿。"王夫之由此发出感叹:"悲哉!乱世之民;愚哉!乱世之君也。"王夫之就官府对老百姓赋役的迫促之令大加指责,"迫促之令,君愦而不知计,民惴而不敢违。墨吏得此以张其威焰,猾胥得此以仇其罔毒,积金屯粟之豪民得此以持贫民之生死,而夺其田庐子女"。而王夫之大加指责的来由在于对老百姓的同情:"君之愚也,促之甚,则民益贫。"王夫之认为"缓之为利溥矣哉!""缓者数月而已","留一春夏之间,俟之秋冬,而明岁之春夏裕矣,源源相继,实亦未偿有缓也"。"缓者,骄帅、奸臣、墨吏、猾胥、豪民之大不便,而人君深长之益也",可惜这样利国便民的事食肉者竟无知矣,"君愚,而百姓之可悲,无所控告矣"(卷二十四,德宗三五,P.767)。

"三代取民之法,皆曰什一,当其时必有以处之者,民乃不困。"这是上古向老百姓征取赋税的办法,按十取一,在当时是较轻的,因为老百姓能承受。但是唐代"第五琦窃其语以横征,欲诘其非,则且曰此禹、汤、文、武,裁中正之法以仁天下,而孟子谓异于貉道者也,胡不可行也?"此法在代宗时"行之三年,而民皆流亡,卒不可行而止"。王夫之据此发论:"以此推之,后世无识之士,欲挠乱成法,谓三代之制一一可行之今，适足以贼民病国，为天下僇……彼犹可钳束其民而民从之，此则且令行而夕哭于野，无有能从之者也。三十取一，民犹不适有生，况什一乎？"（卷二十三，代宗六，P.718）

唐自第五琦始依江淮为财赋重地，"乃自是以后，人视江、淮为腴土，刘晏因之辇东南以供西北，东南之民力殚焉，垂及千年而未得稍纾。呜呼！朝廷既以为外府，垂腴朵颐之官吏，亦视以为脔场，耕夫红女有宵匪旦，以应密罟之诛求，乃至衣被之靡丽，口实之珍奇，苛细烦劳以听贪人之侈滥，匪舌是出，不敢告劳，亦将孰与念之哉！"（卷二十三，肃宗三，P.697）

对救荒赈饥，王夫之也提出自己的见解。

"故救荒之道，蠲租税，止讼狱，禁掠夺，通粜运，其先务也；开仓廪以赈之，弗获已之术也。两欲行之，则莫如命使巡行，察有司之廉能为最亟。守令者，代天子以养民者也，民且流亡，不任之而谁任乎？授慈廉者以便宜之权，而急逐贪昏敖惰之吏，天子不劳而民以苏，舍是无策矣。"（卷二十一，高宗六，P.639）

王夫之主张民生之利要真正给予贫苦百姓。

"汉武、昭之世，盐铁论兴，文学贤良竞欲割盐利以归民为宽大之政，言有似是而非仁义之实者，此类是也。夫割利以与民，为穷民言也；即在濒海濒池之民，苟其贫弱，亦恶能食利于盐以自润，所利者豪民大贾而已。未闻割利以授之豪民大贾而可云仁义也。"（卷九，献帝一八，P.256）他认为汉代"割盐利以归民"的主张并不能给真正贫苦百姓带来利益，而给豪民大贾以好处，不是真正的仁政和德政。

"弛盐禁以任民之采，徒利一方之豪民，而不知广国储以宽农，其为稗政也无疑。……人君之大患，莫甚于有惠民之心，而小人资之以行其奸私。"（卷十七，梁武帝七，P.497）

王夫之对在赋役方面给人民的利益，也就是轻徭薄赋的时代和君主给予了高度肯定。

"而文、景之治，至于尽免天下田租而国不忧贫，数百年君民交裕之略，定于此矣。"（卷一，汉高帝一，PP.9-10）

要使人民安定而乐于承担赋税，国家必须政治清明。

"盖国家所以安集其人民而足其赋役者，恃夫法之不乱、政之不苛，污吏无所容其奸，猾胥无所仇其伪耳。"（卷二十三，代宗五，P.717）在这一句话里，王夫之完整地表达了国家与人民关系若干方面的见解。

王夫之还有许多有关民生的想法，如"人则未有不自谋其生者也，上之谋之，不如其自谋；上为谋之，且弛其自谋之心，而后生计愈蹙"（卷十九，隋文帝一一，P.566）。这是王夫之就隋文帝颁行均田令所发的议论，认为均田令违背生产与人心，而主张让民众自谋其生，反而有利。

"今一县而百其吏，禄入已竭民之产矣。卿一行而五百人从，今丞尉一出而役民者五百，其徭役已竭民之力矣。仁君廉吏且足以死民于赋役，污暴者又奚若也？"（卷十九，隋文帝八，P.563）这意思就是如今的官吏也多了，增加了民众的赋役负担，这也是王夫之政治贵简思想的现实考虑。

"禄入丰而士大夫无求于民，犹恐其不廉也，乃导之与裋襦之夫争升斗于秉穗乎？苏孝慈者，知公廨钱之非道，胡不请厚其禄以止其贪，而非三代之时，循三代之迹，以徒乱天下为邪？"（卷十九，隋文帝一二，P.568）王夫之针对隋文帝时"放公廨钱以收息，所以毁官箴而殃民"所写的一段话，其意思是宁愿采取给官员加薪的办法而不使其贪于民殃民，这个思想很现代。

总而言之，在王夫之那里，"生民之生死"高于"一姓之兴亡"，统治者必须心里有人民，江山社稷才会绵久。

"玄宗将奔蜀，杨国忠列炬请焚府库，帝曰：'留此以与贼，勿使掠夺百姓。'其轻视货贝之情，度越寻常远矣。是以唐终不亡也。"（卷十二，怀帝四，PP.338-339）

"郡守之得民也，去其郡之病以兴其利，而民心悦矣。"（卷七，明帝三，P.168）

上至唐玄宗在安史之乱的逃难途中还想到"勿使掠夺百姓"，所以才能转危为安；下至地方郡守兴利除弊才能赢得民心。

而所有这一切，都是为了得到人民的拥护，得民心。王夫之有一句管总的话："以得人心为本务。"（卷十三，东晋元帝一，P.349）

第五章　法　论

司马光主持编纂《资治通鉴》，叙述战国历史的前五卷和叙述秦朝历史的三卷，是他独自完成的，从选材到结论，这几卷都更能反映其政治思想与历史见解，其中一个最明显的特点就是强调法治，如司马光在另一部著作中特别指出："有国者安可以无法哉！"（《稽古录》卷十一）所以有学者指出，强调法治正是《资治通鉴》最精髓的治国理念（姜鹏：《德政之要——〈资治通鉴〉的智慧》，P.267）。

王夫之在《资治通鉴》的基础上，对法做了自己的思考，可以说是全书大有别于司马光的所在。法在《读通鉴论》里有两个基本含义，一是方法、制度，如"辟史之法""两税之法"之类，"唯据乱法以为法，则其乱不已"（卷二十四，德宗四，P.730）。二是法令制度，这方面的概念王夫之也用刑、律、讼等词来表述。这是本篇要探讨的法的概念。

一、法的两重性

　　"甚矣，刑之难言也。……甚矣，法之难言也"（卷六，光武二九，P.156）。"言治道者，至于法而难言之矣"（卷二十二，玄宗一，P.667）。王夫之反复感叹，甚至在同一则札记里，以不同的用词感慨系之，但《读通鉴论》作为一部论天下兴亡得失之书，又迴避不了言法。

　　法是国家大政，王夫之多次写道："国之大政，数端而已；铨选也，赋役也，刑狱也。"（卷十五，文帝三，P.432）"且夫国家之政，虽填委充积，其实数大端而已……刑名者，威福之权也"（卷十九，炀帝一，P.573）。

　　在王夫之看来，法律如此重要乃国家大政。他同时指出法具有两重性。一方面"治道之裂，坏于无法"（卷十七，梁武帝二六，P.518）。

　　国家无法律法治，便是无治道。即使是法律不完善，也比没有要强胜许多，以"其罅漏而讥成法，则必灭裂成法而大反之"，"此流毒于荐绅而失士心之券也"。（卷十七，梁武

帝二七，P.519）

千百年来，法制与法律对于历史发展与社会进步是有贡献的。大统一帝制时代的中国历史其实就是法制的进步史。王夫之写道："故秦法之毒民不一矣，而乘六国纷然不定之余，为之开先，以使民知有法，然后汉人宽大之政、可因之以除繁去苛而整齐宇内。五胡荡然蔑纪，宇文氏始立法，继以苏绰之缘饰，唐乃因之为损益，亦犹是也。"（卷三十，五代下一三，P.950）这是在王夫之是书将要收笔时写的一段话，以反映他对秦至五代末的古代中国史的整体的法制观察。他还有一段话写出隋唐所立之法对后世与他所处的时代的影响："今之律，其大略皆隋裴政之所定也。政之泽远矣，千余年间，非无暴君酷吏，而不能逞其淫虐，法定故也。"（卷十九，隋文帝三，P.557）

以上是从大的方面而言，即从具体问题上，王夫之也有论见，如汉武帝时，丁义荐方士被诛，"义既诛，大臣弗敢荐方士者，畏诛而自不敢尝试也……其后求仙之志亦息矣，无有从臾之者也。故刑赏明而金壬戢"。法度严明连小人也会消失。王夫之还认为，"武帝淫侈无度而终不亡，赖此也夫！"（卷三，武帝二一，P.69）

另一方面，他又指出法治与法律又有很大的局限性，"治天下以道，未闻以法也"（卷五，哀帝二，P.114）。在他看来，道比法更高一个层次，也更管用。

"法备于三王，道著于孔子，人得而习之"（卷一，秦始皇卷一，P.2）。王夫之在这里不仅指出了中国法备之早在于三王，而且提出了法与道的关联其实是一个很古老的话题。

"任法，则人主安而天下困；任道，则天下逸而人主劳。"（卷一，二世三，P.5）

"法先王者以道，法其法，有拂道者矣；……以道法先王而略其法，未足以治；以法法先王而无其道，适足以乱。"（卷十七，敬帝二，P.529）

"故闻以道裁物者矣，其次则以法禁下矣；道不可揆，法无所饬。"（卷二十二，玄宗五，P.673）

王夫之对这个道也有解释："道也者，导之也，上导之而下遵以为路也。"（卷五，哀帝二，P.114）

除了法与道的区分以外，王夫之还多方面论述了法有局限。

"夫法之立也有限，而人之犯也无方。以有限之法，尽无方之慝，是诚有所不能该矣。"（卷四，宣帝四，P.77）

法"不能皆善，后世仍之，且以病民而启乱"。（卷三十，五代下一三，P.950）

"盖一切之法者，大利于此，则大害于彼者也。如之何其可行也！"（卷十六，武帝四，P.478）

"法无有不得者也，亦无有不失者也"（卷二十一，高宗八，P.641）。

"法虽善，久而必有罅漏矣，就其罅漏而弥缝之，仍一备善之法也"（卷十七，梁武帝二七，P.519）。

而有的地方或领域，在王夫之看来甚至是用不着法律的，如"农桑者，小民所自劝也，非待法而驱也"（卷五，平帝二，P.124）。

综合以上两个方面，王夫之指出："法不可以守天下，而贤于无法。"（卷十一，晋一，P.308）"法不可以治天下者也，而至于无法，则民无以有其生，而上无以有其民。""故曰：天下将治，先有制法之主，虽不善，贤于无法也。"（卷三十，五代下一三，P.952）

"法未足以治天下，而天下分崩离析之际，则非法不足以定之"（卷二十三，代宗一一，P.723）。王夫之在有关法的阐述充满了其一贯所持的辩证法。

二、法的作用在"定民志"

中国古代思想家多认为，刑赏从来是统治者所明言的最高统治者拥有的两大权柄。

"知人安民，帝王之大法也"（卷二十一，高宗八，P.642）。在王夫之看来，法律的着眼点在于民，法律的功能与作用都在"定民志"。

王夫之认为，法是因治民而产生的。"故天下之将治也，则先有制法之主，以使民知上有天子、下有吏，而已亦有守以谋其生。其始制法也，不能皆善，后世仍之，且以病民而启乱。然亦当草创之际，或矫枉太甚，或因陋就简，粗立之以俟后起者之裁成。故秦法之毒民不一矣，而乘六国纷然不定之余，为之开先，以使民知有法，然后汉人宽大之政可因之以除繁去苛而整齐宇内。五胡荡然蔑纪，宇文氏始立法，继之以苏绰之缘饰，唐乃因之为损益，亦犹是也。"（卷三十，五代下一三，P.950）

这一观点与近代西方有关法律的起源的理论有所不同，或许正是中国特色的法律起源说。

"帝王立法之精意寓于名实者，皆原本仁义，以定民志，兴民行，进天下以协于极，其用隐而化以神，固不在封建井田也。"（卷二十二，玄宗一五，P.683）

"法无有不得者也，亦无有不失者也。先王不恃其法，而恃其知人安民之精意。"（卷二十一，高宗八，P.641）

"夫立法之简者，唯明君哲相察民力之所堪，与国计之必畜，早有以会其总于上。"（卷二十四，德宗四，P.730）

王夫之这些论述指出法本于仁，治者依凭的是知人安民，这里的法，不单指法律法治，也包括政治措施在内，其含义广泛，但不论何义，其基点是一致的，就是法必须考虑民的因素。真正的法律精神是以民生福祉为指归的。

在这样的基础之上，王夫之又进一步阐明了法的诸原则精神。

"人君所恃以饬吏治，恤民隐者，法而已矣。"（卷二十七，懿宗二，P.841）这是指出法的两种功能，饬吏治与恤民隐，吏治要依法。

"法者，非以快人之怒、平人之愤、释人之怨、遂人恶恶之情者也；所以叙彝伦、正名分、定民志、息祸乱，为万世法者也"（卷二十一，中宗一三，P.656）。法律所追求的不是一时的情绪宣泄，其所追求的是安邦定民的永久的法律精神。

"法为贤者设乎？诚贤矣，虽不授之以法而可矣。故先王之制法，所以沮不肖者之奸私，而贤者亦循之以寡过。"（卷二十四，德宗二，PP.726-727）法律不仅是打击邪恶的武器，也是善良之人行为的准绳。

"若夫听讼断狱，《易》固曰：'明慎用刑而不留狱。'留狱者，法之所为大扰也。"（卷七，安帝五，P.194）"明慎用刑"是古人重要的法律思想，王夫之颇为赞同，除了此处引《易》此句外，在另一则札记里也有引用。明当指证据明确无误，慎当指谨慎周全。

表明古代法律思想的重证据慎用刑的同时，王夫之更说"明而慎"的内核其实是"可以止矣"（卷三，武帝二四，P.71）。王夫之同时也指出，"明慎而不知止，不如其不明而不慎也"（卷三，武帝二四，P.72）。

还有一个问题虽非法律的原则精神，却是一个很实际的问题。"法与情不两立，亦不可偏废者也。闾井相比，婚媾相连，一旦乘权居位，而逮系之、鞭笞之，甚且按法以诛戮之，憪焉不恤，曰'吾以奉国法也'，则是父子、昆弟、夫妇、朋友之恩义，皆可假君臣之分谊以摧抑之，而五伦还自相贼矣。若欲曲全恩义，而觟法以伸私，则法抑乱，而依倚以殃民者不可胜诘。"（卷二十，唐高祖一〇，P.599）中国向来是人情社会，王夫之这段论述，提出了一个重要的问题，即法与情理如何兼顾的问题。他既指出了法与情的两不相容的对立性，这应该是法律的本质。他也提出了两者不可偏废，不可顾此失彼。他既分析了法不顾情之失在于假借名义而摧抑五伦，又分析了以情觟法，则乱法殃民。所以在法与情两者之间的把握上就是对执法者的素质要求。王夫之为解决情法难以兼顾开出的一剂药方是任官的迴避，即不到原籍任官以避免"致法与情之两掣"（卷二十，唐高祖一〇，P.599）。王夫之在法与情理的考虑上还是重点考虑到了老百姓的心理感受。这实际上在现代社会也长期是一个很难处理的问题。王夫之的思考富有当代启发意义。

三、任法与任人

"夫法有常而人无常。"（卷十八，宣宗五，P.546）相对于"法有常"而言，人是变化不居的，尤其是执法者更是各不相同。这就实际上提出一个重要的问题，即执法者如何体现法律原则和精神。以人无常而对法有常，必定会因人而异甚至出现程度不同的偏离。

王夫之指出："法立于画一，而张弛之机，操于君与大臣之心。君子之道，所为迥异于申、韩之刻薄者，不欲求快于一时之心也。心苟快，而天地和平之气已不足以存，俗吏恶知此哉？综核行，而上下相督、还相蔽也。炫明者瞀，炫聪者聋。唐室容保之福泽，宣宗君臣销铄之而无余，马植实首导之。苛刻一行，而莫之知止，天下粗定，而卒召吏民之叛以亡，固不如暴者之姑息，乱而可存也。"（卷二十六，宣宗二，P.829）这一段话是因唐宣宗初立，因为旱灾的缘故，要对全国监狱的囚犯做一番梳理，而有名马植者"以刻核之言进"，王夫之就此而发议论，其主要意思有两点：其一是法律乃是划一的，而操作的张弛在于君上与大臣的仁恕之心；其二是执行法律不要图一时之快，过于苛刻则莫能知止。

"治之敝也，任法而不任人"。意思是法治的弊端在于只重法律而不重视执法者，任其所为。"夫法者，岂天子一人能持之以遍察臣工乎？势且仍委之人而使之操法"。由于不重视执法者的品德与队伍建设，于是执法者多"媢急苛核之小人"，以至"挠国政而离上下之心"（卷六，光武二一，P.151）。

"任人任法，皆言治也，而言治者曰：任法不如任人。虽然，任人而废法，则下以合离为毁誉，上以好恶为取舍，废职业，徇虚名，逞私意，皆其弊也。于是任法者起而摘之曰：是治道之蠹也，非法而何以齐之？故申、韩之说，与王道而争胜。乃以法言之，《周官》之法亦密矣，然皆使服其官者习其事，未尝悬黜陟以拟其后。盖择人而授以法，使之遵焉，非立法以课人，必使与科条相应，非是者罚也。"（卷十，三国二三，P.290）任法与任人是两种不同的司法路径，这一段话对任法与任人做了新的解释，总体就是要慎选和选对官员，这是最关键的。然后才是让这些官员遵法，核心是这一句："择人而授以法，非立法以课人也。"

"慎之于选任之日"（卷二十八，五代上一七，P.907）。"法严而任宽仁之吏，则民重犯法，而多所矜全。法宽而任鸷击之吏，则民轻犯法，而无辜者卒罹而不可活"（卷三，景帝五，P.49）。"法先自治以治人，先治近以及远，绾清慎自持，汾阳且为之悚惕，孰敢不服哉？"（卷二十三，代宗一一，P.724）唐天宝之乱，天下分裂而无纪，杨绾为相，"三月之闲，而天下为之震动恪共以从又"，如所引文字言，杨绾本人身正，连郭子仪听说杨绾任相后在出席宴请时都减少了随从与歌舞之人。这番论述其实也符合孔子"政者，正也"的思想。

汉宣帝"以刻核称，而首诛广汉刻核之吏，论者犹或冤之。甚矣流俗之惑人，千年而未已，亦至此乎！包拯用而识者忧其致乱，君子之远识，非庸人之所能测久矣"（卷四，宣帝六，P.86）。广汉，乃汉宣帝时的酷吏赵广汉，王夫之称其"虔矫刻核之吏也"，"国有此臣，以剥丧国脉而坏民风俗也，不可复救"。在其工作范围之内"乃下狱而吏民守阙号泣者数万人"。王夫之对这样的人作为执法者是嗤之以鼻的，连带将包拯也比附到一起。在另一则札记里，王夫之又写道："包拯、海瑞之悁疾，尤其不足论者已。"（卷七，明帝四，P.169）王夫之的意思显然是执法者不可过于苛严。王夫之法律思想的核心是法本于仁，不仅是法律本身，尤其是执法之人都要本于仁。

四、法的疏密缓急与宽严

法律的疏密缓急与宽严，既是一个理论问题，更是一个实践问题。王夫之十分重视历史上这方面的史实分析，得出自己的见解。

1.法的疏密

王夫之从几个方面谈到法过密的负面作用。

其一，法过密给执法者以贪腐的空间。

"法愈密，吏权愈重；死刑愈繁，贿赂愈章；涂饰以免罪罟，而天子之权，倒持于掾史。南阳诸刘屡杀人而王莽不能问，皆法密吏重有以蔽之也"（卷一，二世六，PP.7-8）。

"宽斯严，简斯定。吞舟漏网而不敢再触梁笱者，何也？……法定于一王，而狱吏无能移也"（卷一，二世六，P.8）。

其二，法过密对天下百姓诸多不利。

"法密而天下受其荼毒，明慎而不知止，不如其不明而不慎也。"（卷三，武帝二四，P.72）

"夫人情亦惟其不相欺耳，苟其相欺，无往而不欺；法之密也，尤欺之所藉也。汉灵之世，以州郡相党，制婚姻之家及两州人士不得对相监临，立三互之禁，选用艰难，而州郡之贪暴益无所顾忌。司马温公述叔向之言，'国将亡，必多制'。若夫开国之始，立密法以防相欺，未即亡溃，而天下之害积矣。"（卷八，灵帝四，P.227）"夫者合天下以为一家，揭猜疑以求民之莫而行士之志，法愈疏，闲愈正，不可欺者，一王之法，天理之公，人心之良也，而恃区区之禁制也乎？"这一段说汉灵帝时制密法防民，王夫之称之为"亡汉之秕政"。

王夫之又以史例来论述不能制繁密之法。

"秦法密而后赵高得志"（卷十七，梁武帝二七，P.519）。

"拓跋氏太和九年，从李冲之请，五家立邻长，五邻立里长，五里立党长，此里长之名所自昉也"。王夫之指出："三长之立，李冲非求以靖民，以核民之隐冒尔。拓跋氏之初制，三五十家而制一宗主，始为一户，略矣，于是而多隐冒。冲立繁密之法，使民无所藏隐，是数罟以尽鱼之术，商鞅之所以强秦而涂炭其民者也。且夫一切之法不可齐天下，虽圣人复起，不能易吾说也。"（卷十六，武帝四，P.477）王夫之将北魏三长之法与商鞅在秦国所立苛法相比，斥为"数罟以尽鱼之术"。

2. 法的缓急

"迫促之令，君瞀而不知计，民惴而不敢违。墨吏得此以张其威焰，猾胥得此以仇其罔毒，积金屯粟之豪民得此以持贫民之生死，而夺其田庐子女。乱世之上下，胥以迫促为便，而国日蠹、民日死，夫谁念之？"（卷二十四，德宗三五，PP.766-767）这是王夫之就唐陆贽论税限迫促而上书的议论，虽是就财政税收问题言，但与法治有相通之处，法急之弊与此处所言亦相通。"治盗之法，莫善于缓；急者，未有不终之以缓者也"。又根据其所观察进一步说："且盗之方发而畏捕也，强则相拒，弱则惊窜伏匿而莫测其所在。缓之而拒之气馁矣，不能久匿而复往来于其邑里族党矣，一夫之力擒之而有余矣，吏不畏其难获而被罪也。"（卷六，光武三〇，P.157）这是指具体的执法行为要注意缓急之分。

王夫之主张法要缓，但他更认为相对于"缓法"，"定律"更为重要。"路温舒之言缓刑，不如郑昌之言定律也"。汉宣帝时曾下宽大之诏，但还是有"言刑者益渐"的情况。汉宣帝因此征求意见，路温舒和郑昌都上书言事，路温舒主张缓刑宽罚，郑昌则陈言删定律令。王夫之更肯定郑昌的见解："唯如郑昌之说，斩然定律而不可移，则一人制之于上，而酷与贿之弊绝于四海，此昌之说所以为万世祥刑之经也。"（卷四，宣帝四，P.84）

3.法的宽严

王夫之主张"法严明，而诬上行私者不敢逞；适其乱也，三公州郡任非其人，而以爱憎黜陟其属吏，于是背公死党之习成，民之利病不得上闻，诛杀横行，民胥怨激，而盗贼蜂起，则法敝而必更，不可复矣"（卷二十一，高宗八，P.641）。

王夫之批评乃至谴责秦法苛严，他称赞刘邦"约法三章"宽严得体，"约法宽"而独严于"杀人者死"（卷六，光武二九，P.155）。

法律的功能之一是"饬吏治"，王夫之主张法律要民宽吏严，"严以治吏，宽以养民，无择于时而并行焉，庶得之矣"（卷八，桓帝二，PP.215-216）。而治吏之本在"唯严之于上官而已矣"。老百姓对官场"怨毒诅咒"，"唯知有下吏，而不知贼害之所自生"。而这"所自生"便在"上官"。"下吏既与上官为鹰犬，复代上官受缧绁，法之不均，情之不忍矣"。王夫之指出："严下吏之贪，而不问上官，法益峻，政益乱，民益死，国乃以亡。"不治上官，后果是严重的。而"严之于上官"才有治贪腐的效果，"而贪息于守令，下逮于簿尉胥隶，皆喙息而不敢逞……吏安职业，民无怨尤，而天下已平矣"。当然这个上官到什么程度，王夫之没有多说。

王夫之还举出两种类型的史例，其一是"上官"正："顾佐洁身于台端，而天下无贪吏，握风纪之枢，以移易清浊之风者，止在一人。"其二是归责于"上官"："杨廷式按县令之受赇，请先械系张崇，而曰'崇取民财，转献都统'，归责于徐知诰也，可谓知治本矣。"（卷二十八，五代上一七，P.907）

法的疏密缓急宽严，是相关联的几对概念，比如法密者必苛严，法急者务严明。

五、法贵简

刘邦的"约法三章"是最简的法律了，显然是刘邦在乱世中对秦法苛繁的逆动。王夫之主张"法贵简"。从各种角度论述了"法贵简"的必要性和重要性。

"律简则刑清，刑清则罪允，罪允则民知畏忌，如是焉足矣"（卷四，宣帝四，P.84）。

"夫奸吏亦有畏焉，诃责非所畏也，清察非所畏也，诛杀犹非所畏也，而莫畏于法之简。法简而民之遵之者易见，其违之者亦易见，上之察之也亦易矣……夫法者，本简者也，一部之大纲，数事而已矣；一事之大纲，数条而已矣。……简为法而无启以乱源，人可为令史也"（卷十七，梁武帝九，P.500）。

"玄宗初亲政，晋陵尉杨相如上言曰：'法贵简而能禁，刑贵轻而必行。小过不察，则无烦苛；大罪不漏，则止奸慝。'斯言也，不倚于老氏，抑不流于申、韩，洵知治道之言乎！"（卷二十二，玄宗一，P.669）

"忘尊卑，轻祸福，背亲戚，叛朋友，吏胥胁其长官，奴隶制其主伯，正春秋之义所斥为逞贼，必杜绝其萌蘖者也"。如何杜绝这些被《春秋》斥责的"逞贼"，王夫之指出："知其害而早绝之，则逞无不见，贼无不知，昭昭然揭日月以与天下相守于法纪，吞舟漏网之奸，其得容于政简刑清之日者，盖亦寡矣。"（卷二十，太宗一二，P.617）意思是政简刑清可以杜绝。政简刑清也就是法简之意。在王夫之这里，"政简"与"法简"具有相同的原则精神。在关于"两税法"的札记里，他就同时使用了"政简"与"法简"的概念。"政莫善于简，简则易从""夫立法之简者，唯明君哲相察民力之所堪，与国计之必畜，早有以会其总于上"（卷二十四，德宗四，P.730）。又说"郡县之天下合而繁，繁必御之以简"（卷十九，隋文帝八，P.563），这里的简便具有"政简"与"法简"的双重含义。

总而言之，"法贵简"是王夫之法律思想中最重要的内容，他既指出"简"的重要性，"以要言之，唯简其至矣乎！"对于法来说，简是最重要的。又指出"简"的核心要义是"简者，宽仁之本也"（卷二十二，玄宗一，P.668）。施仁政和德政，法律贵乎简。

王夫之对具体的刑律如死刑、肉刑等，还发表了许多意见，这里不做赘述，重点就其法治意识与法律精神有所论列。

从上述观点来看，王夫之的法论既反映了他辩证看问题的思想方法，也可察见他立足于对封建法治的分析批判，其力度是空前的，许多见解是超越前人的。

当然，王夫之有关法的论述也有不尽妥当之论，如他一再坚持"刑不上大夫"之议，"礼之不可望庶人，犹大夫之不待刑也"（卷四，宣帝一六，P.93）。虽然这个刑指的是具体的体罚行为。但老百姓可用，而大夫不用，则非法律面前人人平等。再如他说："父兄有罪，宜令子弟肉袒诣阙请罪；子弟有坐，宜令父兄露板引咎，乞解所司。"（卷十六，武帝六，P.479）王夫之认为拓跋宏召群臣议事，李彪所说的这一段话"几于治道"，"以扶人伦于已坠，动天性于已亡，不已至乎！"认为这是合于纲常之言，显然王论与现代法律精神并不切合。他还以史例比附："近世有南昌熊文举者，为吏部郎，其父受赇于家，贻书文举，为人求官，逻者得之，其父逮问遣戍，而文举以不与知丐免，莅事如故，渐以迁官，未三年而天下遂沦。悲哉！三纲绝，人道蔑，岂徒一家之有余殃哉！"（卷十六，武帝六，P.480）虽然王夫之这一段议论有其意义，即官员如何对直系亲属加强教育管理的问题，但是从法律角度说熊姓官员并无责任，官员当中这一类事多了，或许与社会风气的纯正及治道有关，但将此事与天下遂沦直接挂钩，不免牵强。

如何看待中国古代社会的法治问题，向来有不同的看法。钱穆在《中国近三百年学术史》提到王夫之论政的要点有二，都是与法治有关的，"一曰法制之不能泥古"，"二曰为治之不可恃于法"。而钱穆本人则认为：中国政治实在一向是偏重于法治的，即制度化的。而梁漱溟说，中国传统社会的运转"不靠宗教而靠道德，不靠法律而靠礼俗，不靠强力而靠自力"（转引自沈永福、邹柔桑：《论中国传统诚信的运行机制》，载《中国人民大学学报》，2017年第 5 期），用钱穆、梁漱溟的观点来对照王夫之有关法的见解，不失为参考的角度。

第六章　政　治　论

　　政治的范畴极为广泛，《读通鉴论》作为一部史论与政论相结合的著作，通过评论历史上国家政治运作以表达自己的政治思想主张，是其鲜明的特色。本书其他篇章多涉及这方面的内容，本章重点从三个方面来考察。

一、诤谏论

　　诤谏是中国古代一项很特别的政治制度，事关国家的言路开放，而"故言路者，国之命也，言路芜绝而能不乱者，未之有也"（卷十四，安帝二，P.401）。王夫之对诤谏这一特别的政治制度给予了特别的关注。

　　1. 待谏如待食

　　"人君之待谏以正，犹人之待食以生也。绝食则死，拒谏则亡，固已"（卷二十五，宪宗六，P.778）。王夫之将人君要重视纳谏摆到了很重要的位置，是生死存亡的问题，并用很形象的比喻来言说这番道理。

　　王夫之论谏官之职责，"谏者，谏君者也，征声逐色，奖谀斥忠，好利喜功，狎小人，耽逸豫，一有其几而必犯颜以诤；大臣不道，误国妨贤，导主贼民，而君偏任之，则直纠之而无隐。"（卷二十，太宗三，P.607）

　　国家设置谏臣，职责是给皇帝提意见，号称"言官"。"则台谏之设，上以纠君德之愆，下以达万方之隐"

（卷六，光武二一，P.151）。

王夫之对谏官之职的设立有过一番考察："周官无谏职，以广听也。谏之有官，自汉设谏议大夫始。晋初立国，以傅玄、皇甫陶为之，唐之补阙拾遗，宋之司谏，皆仿此而立也。"（卷十一，晋二，P.308）谏官当立，好处是"职专谏矣"，但"谏有专官，而人臣之得进言于君仅矣"，实际上也是言路变窄了，王夫之说："古今之时异，而广听与慎听也，不得不殊；进言之迹同，而受益之与防邪也，亦各有道，未可一概而论也。"

但是在有些历史时段，"谏诤之职久废，士相习于迂缓，相尚以苟容，晋更不得谓有群臣矣。"（卷十四，安帝二，P.401）

2. 纳谏不易

诤谏涉及两端，即主体与客体。自然这个主体客体各依其视点不同论。作为接受主体的上位者即纳谏者是最重要的。

王夫之从多个角度论述了纳谏不易，受谏为难。

王夫之指出有人主干脆不纳谏："夫人主之怗过也，有以高居自逸而拒谏者矣，有以凭势凌人而拒谏者矣。"（卷二十，太宗一，P.603）

"纳谏之道，亦不易矣。"纳谏难，纳谏有道。归纳王夫之之说，纳谏一难在要不要"爵赏"，也就是与加官晋级之类的奖励挂钩。爵赏的重要性，"爵赏者，人君驭下之柄，而非但以驭下也，即以正位而凝命也"（卷四，宣帝一，P.80）。从君主的角度说，"君无爵赏以劝之，则言者不进；以爵赏劝之，言者抑不择而进"。从人臣的角度说，"士之有见于道而思以匡君者，非以言仇爵赏也，期于行而已矣"。从这样两点的结合来说，"故明君行士之言，即所以报士，而爵赏不与焉。"这也就是子曰"君子不以言举人"的意思。二难在人与言的合理甄别与区分。知人知言好办，"且夫进言者，绳君之愆而匡之，则言虽未工而知其为忠直之士，心识其人，而以爵赏继其后，其失焉者鲜矣"。但是还有这样一种情况："若夫所言者，求群臣之得失而抑扬之，取政事之沿革而敷陈之，其言允，洵可行矣，而人之贤不肖未可知也。此而以爵赏酬焉，则佞人杂进而奚保其终哉？"也就是知言而不知人造成的难，爵赏给不给，如何给。三难在于佞君的纳谏将鼓励一种风气，"吹求在位者无已，而毛举庶务之废兴以为言资"，"而言且引之以无穷，非奸斥之为奸，非贤而奖之贤；事不可废而欲已之，事不可兴而欲行之；荒唐苛细之论，皆以塞言之责，而国是乱"。所以人君在纳谏方面，"故言者可使言也，未可使尽言也；可使尽言也，不可使引伸为无已之言也。斟酌之权，在乎主心，乐闻谏而不导人以口给，爵赏之酬，其可轻乎哉！"在这种情况下，爵赏是不要轻易给出的。所以王夫之对东汉章帝的做法有所肯定："章帝于直言极谏之士，补外吏而试其为，非无以酬之，而不引之以无涯之辩，官守在而贤不肖抑可征焉，庶几得之。"（卷七，章帝五，P.177）通过将朝廷里敢于言谏之人发派到京外任职锻炼考察的办法来解决知人知言与爵赏的统一。

王夫之在另一则札记里引唐太宗言："朕开直言之路，以利国也，上封事者讦人细事，当以谗人罪之。"并赞赏其时"吏不殃民，民不犯，韪矣哉！"（卷二十，太宗一二，P.617）

"受谏之难也，非徒受之之难，而致人使谏之尤难也"。王夫之在这里又提出一个受谏难的问题，受谏难难在两个方面，第一个方面是人尽皆知的，即接受谏言的本身有难度，历朝历代，魏征一类谏臣不能不乏，但像唐太宗那样能纳谏的君主倒不常有，诤言如良药苦口，有道是忠言逆耳；第二个方面是进而言之的，让人能够上谏言倒是更难。在王夫之看来，接受谏言，被人上谏言的人，都是位尊权重之人，"附尊位者，非知谏者也"，"畏重权者，非能谏者也"。或许"位尊而能屈以待下，权重而能逊以容人，可以致谏矣"，但事情往往"而固未可也"。所以对受谏之人来说，"所尤患者，才智有余，而勤于干理，于是乎怀忠欲抒者，夙夜有欲谏之心，而当前以沮，遂以杜天下之忠直，而日但见人之不我若，则危亡且至而不知"。因此，王夫之重点分析了如何解决"致人使谏之难"的问题。要点一是摆正自己和他人的长短，"乐取于人"，"君子所乐闻者，非必待贤智多闻之能为我师者也；正此才智出己之下，而专思一理、顺人情而得事之中者也"。二是上位者无妨"宜少损聪明以延访，则嘉言自至，何必赏也"。这是隗瑾对张寔说的一段话，前有一句"明公为政，事无巨细，皆自决之，群下畏威，受成而已"乃是后句的铺垫。王夫之称这后一句"允矣其知道之言乎！"（卷十二，愍帝六，

P.348）王夫之此则文字所论意在上位者要创造诤谏的主观环境，为上谏言者提供宽松便利的条件。

求谏有道。王夫之认为"上之所以求谏者，不以其道，则下之应之也，言直而心固曲也"（卷二十五，宪宗六，P.779）。如同他所有的论说都有史例为据一样，他言此论的史例是"牛僧孺、李宗闵、皇甫湜皆以直言极谏而居显要"，但"僧孺等用，而唐乃大乱，以讫于亡"，"故标直言极谏之名以设科试士，不足以得忠直之效，而登进浮薄，激成朋党，挠乱国政，皆缘此而兴"。在这里王夫之不仅很有眼光地认定唐中叶出现的有名的牛李党争原因还是在于朝廷。唐宪宗标榜以至滥用直谏之名设科取士，鼓励了一些人投机取巧，激成朋党；而且实际提出了一个很重要且带普遍性的问题，纳谏有道，求谏有道，如若失道，就会助长下位者的诤谏失道，"言直而心曲"是会造成很坏的结果的。

纳谏必须有明君。王夫之通过一则典型史例讲了这一番道理，叔孙通向汉高祖谏言不要易太子："臣愿伏诛以颈血污地。"这是冒死谏言，"烈矣哉！"而王夫之认为叔孙通这样一个"以面谀事十余主"的人，"而犯颜骨鲠也可使如此"，其中叔孙通把握了一条："高帝之明，可以理喻也。"也就是汉高祖是一个听得进道理的人，叔孙通"知必不死，即死而犹有功，何惮而不争？"所以，"上有明君，下有贤士大夫，佞者可忠，柔者可强，天下岂患无人才哉！"（卷二，汉高帝一七，P.22）

3. 进谏有道

上谏言者通常是专职之人如谏议大夫之类，以及各级官员。但王夫之认为"故明王之求谏也，自师保宰弼百司庶尹下至工瞽庶人，皆可以其见闻心得之语，因事而纳诲"（卷二十五，宪宗六，P.778）。纳谏有道，上谏亦有道。

王夫之通过君之过与父母之过的影响的比较，提出"谏父母易，而谏君难"。而其提出这一难易说，源出自刘聪与刘殷君臣的故事。刘殷曾献女给刘聪而"固其宠"，王夫之指为"不足比数于人类者也"。但刘殷有一句话论者以为贤，这句话是"事君当几谏，凡人尚不可面斥其过，况万乘乎？"王夫之认为是"邪说一倡，若苏轼谏臣论之类，师其说以为诡遇之说，君臣之义废，忠佞之防裂矣"。王夫之认为其说为邪说，才针对性地提出"事父母而几谏者"，与王夫之之说略约同时的儒家童蒙读物《弟子规》也有类似的句子，但谏父母与谏君是大不相同的，王夫之梳理了几种大不同，主要是程度和影响大不相同，最后归结为难易之说，"处其难，而柔颜抑气、操瓦全之心，以若吐若茹、而伺君之颜色，此怀禄固宠之便计，其为小人之道也无疑"（卷十二，怀帝八，P.342）。这一句揭出了刘殷之说的要害。

"得直谏之士易，得忧国之臣难。"王夫之在这里提出了两个概念：直谏之士与忧国之臣，并进而指明其难易观。直谏之士与忧国之臣的区别在哪里？直谏之士，"若夫直谏者，主德之失，章章见矣……习古之说而以证今之得失，不必深思熟虑，殷忧郁勃，引休戚于躬受，而斟酌以求宁，亦可奋起有言而直声动天下矣。"忧国之臣则是"以社稷为忧者，如操舟于洪涛巨浸，脉察其碛岸洑涡之险易，目不旁瞬而心喻之；则折旋于数十里之外而避危以就安也，适其所泊而止"。王夫之这里是以舟工为喻在生死问题上如何处之，"心壹于是而死生守之耳"。王夫之以三国之魏为例说明之："青龙、景初之际，祸胎已伏，盖岌岌焉，无有虑此为睿言者，岂魏之无直臣哉？睿之营土木、多内宠、求神仙、察细务、滥刑赏也，旧臣则有陈群、辛毗、蒋济，大僚则有高堂隆、高柔、杨阜、杜恕、陈矫、卫觊、王肃、孙礼、卫臻，小臣则有董寻、张茂，极言无讳，不避丧亡之谤诅，至于叩棺待死以求伸；睿虽包容勿罪，而诸臣之触威以抒忠也，果有身首不恤之忧。"王夫之说魏朝廷直谏之士甚至连"汉武、唐宗不能多得于群臣者，而魏主之廷，森森林立以相绳纠"。但是在国家败亡的根本点上却出了问题，"然而阽危不救，旋踵国亡"。"魏之且移于司马氏，祸在旦夕，魏廷之士或不知也，知而或不言也。隆与矫知之而不深也，言之而不力也。当其时，懿未有植根深固之党，未有荣人、辱人、生人、杀人之威福，而无能尽底蕴以为魏主告。无他，心不存乎社稷，浮沉之识因之不定，未能剖心刻骨为曹氏徘徊四顾而求奠其宗祏也"。于是王夫之的结论是"繇是观之，直谏之臣易得，而忧国之臣未易有也"（卷十，三国二〇，P.287），忧国之臣比直谏之臣更为宝贵。

"大臣不言，而疏远之小臣谏，其国必亡"。这是王夫之总结的南北朝之南陈后主时的一个历史现象。这句话是针对臣下而言的，也就是谏者而言的。为何这样说？王夫之的分析是："小臣者，权不足以相正，情不足以相接，聚而有言，言之婉，则置之若无，言之激，则必逢其怒，大臣虽营救而不能免，能免矣，且以免为幸，而言为徒设，况大臣之媚忌以相排也乎？……大臣不言，小臣乃起而有言，触昏昏者之怒，以益其恶，未有不亡矣。"在这样的情况下，王夫之发表自己的看法："夫大臣既导君以必亡矣，则为小臣者将何如而可哉？去而已矣。"（卷十八，后主一，P.553）小臣之言于国无补，于己有害，则不如不言，甚而"去而已矣"。王夫之是为小人物着想，其实也寓含着无可奈何的感叹，非不言也，也是对"大臣不言"的指斥。王夫之在有关唐代宗史事的文字中就有这样的意思："抑考古今巨奸之在君侧，大臣谏官缄默取容，小臣寒士起而击去之，若此类者不一，夫人君亦何赖有心膂股肱之臣哉？诚足悲已！"（卷二十三，代宗三，P.714）

4. 纳谏明君唐太宗

历史上君主纳谏大约以唐太宗最为著称，王夫之也多所论列。"太宗制谏官随宰相入阁议事，故当时言无不尽，而治得其理。"（卷二十，太宗三，P.606）有名的魏征其时便任谏议大夫。王夫之对唐太宗的这种制度有过评说："而太宗之明，足以折中群论而从违不爽，则可矣……然而有待于天子宰相之裁成者，则太宗之制，令五品以上更宿内省，以待访问，固善术也。下有利病得达于上，而上得诘其勤怠公私以制其欺；若夫小有过误，则包含教戒而俟其改。如使谏官毛举细过以相纠，则大体失而争党起于细微，乱世之所以言愈梦而事愈圮也。"

王夫之又对唐太宗一句有关受谏的话发表了一大通议论"太宗曰：'未能受谏，安能谏人。'此知本之论也。夫唯穷凶之主，淫虐无择，则虽以虚衷乐善之君子，陈大公无我之言，而亦祗以危身；非此者，君之拒谏而远君子，洵失德矣，谏者亦恶能自反而无咎哉？……君不受谏，则令焉而臣民不从；臣不受谏，则言焉而天子不信。"（卷二十，太宗九，P.614）

王夫之还具体地剖析了唐太宗纳谏的一个事例："唐太宗不恤高祖之温清视膳，处之卑湫之大安宫，而自如九成宫以避暑，嫁其女长乐公主，敕资送倍于长公主。此岂事之失哉？其憪不知恤者，仁孝忘于心也。马周言之，魏征言之，皆开陈天理民彝之显教，以思动其恻悱也。乃周言不听，决驾以行，于征之言，则入谋之长孙皇后而后勉从。"（卷二十，太宗一〇，P.615）对这一史例的剖析，王夫之指出唐太宗让父亲居住之所远不比自己所居，给自己女儿的嫁妆数倍于自己妹妹，不是事情做得不对那么简单，而是"仁孝忘于心"这样严重了。而唐太宗对马周与魏征的谏言，或是耳边风，或是谋之长孙皇后之后才勉强听之。王夫之接着说，假使长孙皇后像隋文帝的独孤皇后以及后来的武则天与韦皇后那样，魏征必死无疑了，"使后而如独孤、武、韦也，征死矣"。王夫之又发了一通议论，对君主谏臣却各有分析："夫大人者，苟以其言格君心之隐慝，贤主乐之，中主愧之，庸主弗敢侮之，何至以太宗之可与言而斥为田舍翁邪？不幸而遇暴主以杀身，亦比干之自靖自献于先王，而非滕口说以听凶人之玩弄，岂易言哉？大人者，正己而物正，己之正非一旦一夕之功矣。"这一段话阐述了贤主、中主、庸主对谏言的态度，也指出谏言者要有大人的品格，"正己而物正"，要不连一向善于纳谏的唐太宗仍然要骂魏征为"乡巴佬"，就是因为魏征此前有过不算太好的经历。"以此而欲警人子之心于不容己之愧疚，奚可得哉？"

二、人才论

司马光在《资治通鉴》第一卷就有"臣光曰"，专议有关人才问题，其中最重要的一句话是"才者，德之资也；德者，才之帅也"。王夫之的《读通鉴论》在第一卷也结合史例论及"秦始皇之宜短祚也不一，而莫甚于不知人"，知人是使用人才的起点，在第二卷也评述了陈平数项羽之失在"虽有奇士不能用"。故言《读通鉴论》这部书是人论和人才论并不为过，其书有关人才的思想颇为丰富。自然，作为一部政治史的评论著作，其书所言之人才乃是指治国理政之才。

1. 选天下之才

王夫之在理论上从正反两面强调了人才的重要性，以及人才使用的方法原则。

"用人与行政，两者相扶以治，举一废一，而害必生焉。……以要言之，用人其尤亟乎！"（卷十一，晋五，P.311）

"国无可用之人则必亡"（卷二十六，宣宗八，P.835）。王夫之认为人才与国运相连。

"人之云亡，邦国殄瘁"（卷十七，梁武帝一，P.492）。这是《诗经》里的句子，王夫之一再引用来说明人才的重要。

"选天下之才，任天下之事，以修政而保国宁民"（卷二十二，玄宗一五，P.683）。这句话所表达的内涵很多，包括选才的目光与范围要宽广，放眼天下；人才选拔后的任用和职任是天下事，选拔人才的目的是修政保国宁民。这是一句管总的话。

王夫之认为"驭才有道"，如下一句话可以概括王夫之的"驭才有道"："夫能用人者，太上以德，其次以信，又其次则惟其权耳。"（卷十四，安帝二〇，P.419）这句话原本是针对刘裕"狡于持天下之权而用人之死力"而发，"裕若揭其怀来以告众曰：吾且为天子矣，可以荣人富人，而操其生死者也。于是北归之疲卒、西征之孤军，皆倚之以效尺寸，而分利禄"，"则权之所归，冀依附之以取利名而已"。显然，在王夫之看来这并非上道。用人之人不仅要求人才要有德、信，而用人者本身首先要有德、信，手中的权要服从于德、信，或者说从属于德、信。

"圣人以仁义取天下，亦视其人而已矣"（卷十四，安帝二一，P.421）。这里的圣人意当指一国君主，其得天下有两条：一为仁义，二为得人。这就将人才的重要性摆到很高的位置，和儒家的仁义根本相辅相成。在说这番话时，王夫之将刘裕与曹操做了一个对比："裕之为功于天下，烈于曹操，而其植人才以赞成其大计，不如操远矣。"曹操这里，"方举事据兖州，他务未遑，而亟于用人，逮其后而丕与叡犹多得刚直明敏之才，以匡其阙失"；刘裕不同了，其"以敢战立功名，而雄侠自喜，与士大夫之臭味不亲，……当代无才，而裕又无驭才之道也"。王夫之说曹操并不只是一个奸雄，他会用人。"曹操之所以得志于天下，而待其子始篡者，得人故也。"

"故能用人者，可以无敌于天下。"（卷十，三国一一，P.279）这一句是从一个极端的史例中归纳出来的，这个极端事例就是"魏足智谋之士，昏主用之而不危"，说的是曹睿这样的昏主，身边有人才也可以保扶天下，更遑论明主之世有人才可以光大江山事业。

王夫之最擅长以史例来论证其观点，他同样以史例来论述其人才观，他对三国之争，乃是人才之争，论证是很充分的。除前面有说明外，他还有许多强调之论。

　　如曹魏一方："曹孟德推心以待智谋之士，而士之长于略者，相踵而兴。孟德智有所穷，则荀彧、郭嘉、荀攸、高柔之徒左右之，以算无遗策。迨于子桓之世，贾诩、辛毗、刘晔、孙资皆坐照千里之外，而持之也定。故以子桓之鄙、睿之汰，抗仲谋、孔明之智勇，而克保其磐固。"（卷十，三国一一，P.279）在这一段里，王夫之对曹氏三世用人做了分析，当曹操盛时国有人才，就是曹丕、曹睿之世，亦不乏人才。虽然孙权曾有谓"丕之于操，万不及也。今睿之不如丕，犹丕不如操也"。

　　东吴方："蜀汉之义正，魏之势强，吴介其间，皆不敢也，而角立不相下，吴有人焉，足与诸葛颉颃，魏得士虽多，无有及之者也。"（卷十，三国七，P.276）王夫之称道东吴顾雍为相乃"三代以下之材"，而以陆逊益济之宽仁，而使江东能够休养生息，安于一方。

　　王夫之也话说蜀汉方人才："先主……而客处于荆州，望不隆而士之归之也寡。及其分荆据益，曹氏之势已盛，曹操又能用人而尽其才，人争归之，蜀所得收罗以为己用者，江、湘、巴、蜀之士耳。楚之士轻，蜀之士躁，虽若费祎、蒋琬之誉动当时，而能如钟繇、杜畿、崔琰、陈群、高柔、贾逵、陈矫者，亡有也。"（卷十，三国五，PP.274-275）

王夫之将蜀汉与曹魏人才做了对比，明确说刘备人才相对不足，由此进而指出："蜀汉之亡必也，无人故也。"王夫之将蜀汉无人归因于"先主君臣之图此也疏矣。勤于耕战，察于名法，而于长养人才、涵育熏陶之道，未之讲也"（卷十，三国三二，P.300）。

清人赵翼《廿二史札记》有谓："人才莫盛于三国，亦惟三国之主，各能用人，故得众力相扶，以成鼎足之势。"但总体而言，曹操又最，孙权其二，刘备其三，而三国之消亡，又与这个人才名次大致相符。

而陈朝之灭在于无才。王夫之反复感叹："观于陈氏之代，抑不知当世之无才何以至此极也！"就武将言，"侯安都、周文育、程灵洗战而获，获而囚，囚而击以长锁，鼠窃而逃，仍为大将而不惭，其武人可知矣。"就文臣言，"刘师知、到仲举奉诏辅政，忌安成王之逼上，乃使殷不佞孤衔口敕入相府，麾王使退，内不令太后幼主知，外不与群臣谋，而不虑其拒命，五尺之童所不为者，身为托孤大臣，谋君国之安危而漫同儿戏，其为执政者，又可知矣"。为什么会出现这样的局面？王夫之从根本上找原因，还在皇帝这里："陈高祖一偏裨之才耳，任之为大将而固不胜者也，而使为天子，其仅足以致拳勇无廉之武夫，文墨不害之文吏，非是臭味莫相亲，精神不相摄矣。遍求其时而无其人，仅一虞寄，而出为藩王之记室。"王夫之一再提及陈高祖所使用的只是这样一个人，以至于"天下之士，相帅以趋于偷，天生之，人主不成之，当世不尚之，何怪其不碌碌哉？"因由在于这里，"故江东王气之将尽也，为之主者气先疲也。所知、所志、所好、所恶，不出于颎，则人胥奔走于颎中，夕阳之照，晨星之光，趋于尽而已矣。"（卷十八，临海王，P.541）

2. 人才作育

"天生之，人主必有以鼓舞而培养之。"（卷十五，文帝八，P.436）基于"江东之不振也久矣"（卷十五，文帝八，P.436）的状况，王夫之自问自答："将天之吝于生材乎？非也。"天生有用之才，但人主的责任就是要"鼓舞而培养之"。而且人君在鼓舞培养人才方面的作用是巨大的，他决定了人才的面目，你往哪个方向引，人才就会在哪个方向上出现，下面这段话就是这样的意思："当世之人，以人主之意指为趋，而文帝、孝宗之所信任推崇以风示天下者，皆拘葸巽谨之人，谓可信以无疑，而不知其适以召败也。道不足以消逆叛之萌，智不足以驭枭雄之士，于是乎摧抑英尤而登进柔软；则天下相戒以果敢机谋，而生人之气为之坐痿；故举世无可用之才，以保国而不足，况欲与猾虏争生死于中原乎？"王夫子在这里强调了人君和上位者对人才的主导作用。"江东之不振也久矣"，责任在人君。

"非天地之不生才也，风俗之陵夷坏之也。"（卷十五，营阳王二，P.429）不是国之无人，而是整个国家的风气坏了以致无人。王夫之是对东晋以来的历史状况发出这番感叹的。"江东自谢安薨，道子、元显以昏浊乱于内，殷仲堪、王恭以嬛薄乱于外。暗主尸位，寇攘相仍，王谧之流，党同幸免，廉耻斁，志趋下，国之无人久矣"。可见整个社会大氛围对人才的生成是有很大影响的。这种状况造成刘宋初年人才匮乏，人才出现断档。

"国无人焉则必亡，非生才之数于将亡之国独俭也。"（卷十五，顺帝，P.468）王夫之的意思，并不是将要灭亡之国的人才独少。那么问题在哪里？还是在君主那里。"上多猜，则忠直果断之士不达；上多猜而忠直果断者诎，则士相习于茸靡，虽有贞志，发焉而不成"。王夫之举的史例是，"宋自孝武迄于明帝，怀猜忌以待下，四十余载矣，又有二暴（为）君之狠毒以闲之，人皆惴惴焉且夕之不保，而茸靡图全之习已成"。王夫之一再地指出君主是人才出现与否的关键。

人才不仅是国君的事，也是大臣的责任。大臣的人才观也很重要。

"人才者，大臣之以固国之根本者也，时未有贤，则教育之不夙也。"（卷十四，孝武帝七，P.395）这句话还指出了人才不兴是教育不兴的结果。虽然谢安对稳定东晋政局颇有功劳，但王夫之对谢安有所批评，这一批评就是谢安在人才举荐方面的不足："安岂遂无道处此以保身而靖国乎？安秉国政于此十年矣，太后归政而己录尚书八年矣。夫岂晋廷之士举无可大受之人材，使及早而造就之以储为国之柱石者？冲死之后，内不私之于子弟，外不复假于诸桓，君无可疑，相无可谤，而桓氏亦无所倚以争权。安之识早弗及此也，则临事周章，亦其必然之势矣。量不弘而虑不周，有靖国之忠，而惘于大臣之道，安不能免于责矣。"

王夫之又以均为东晋宰辅大臣的王导和谢安做了一个对比："王导、谢安，皆晋社稷之臣也。导庇其族而不能公之天下，故庾亮得而间之；然其没也，犹有郗鉴、王彪之、谢安以持晋室之危，虽非导之所托，而树之者犹导也。安以族盛而远嫌，不私其子弟可矣，当其身而道子以乱，迨其后而桓玄以篡，廷无端方严正之士，居端揆以镇奸邪，不于安责，将谁责而可哉？"（卷十四，孝武帝九，PP.396-397）

王夫之还有一段话论述了君主对于人才的不同而又共同的责任："操树人之权者，君也。君能树人，大臣赞之；君弗能树人，责在大臣矣。君弗能树人，而掣大臣以弗能有为，大臣有辞也。君不令，而社稷之安危身任之，康济之功已著见，而为天下所倚重，乃及身而止，不能树人以持数世之危，俾免于亡，大臣无可辞矣。"（卷十四，孝武帝九，P.396）

"有才皆可用也，用之皆可正也，存乎树人者而已矣。"（卷十四，孝武帝九，P.396）

3.科举取士

科举作为专门名词，在宋代才定型，但作为士人进身入仕的路径则在隋代业已开通。或者说，科举制是隋唐开创的一项重要的制度。科就是设科考试，如唐代设的科目有进士、明经、制举三大类，几十个小门类；举是选拔官吏。科举就是通过考试选拔官员。

王夫之对历史上荐举人才之法做过一番考察，认为科举是一个历史的进步，"隋设进士科，而唐以下因之，益以明经、学究、童子诸科，与太学上舍之选，学校岁贡之士；逮及任子掾吏，皆特达而登仕籍；士无不可自达于天子"（卷七，安帝一七，P.204）。乃至出现王夫之所称的"唐之重进士也，贵于宰辅"（卷二十八，五代上三，P.891），而隋以上，"清直端洁之士，限以地，迫以时，失身于荐辟之匪人，而不免于公论之弹射，士之不幸也，古之不今若也"（卷七，安帝一七，P.205）。科举为人才之兴开创了一条新的道路，并成为相沿千年之久的一项人才选拔制度。

王夫之对王安石变法总体上不予肯定，但对王安石以经义取士给予肯定。王夫之认为董仲舒之策"不在六艺之科，孔子之术者，皆绝其道"，"非三代之法也"。但是"三代之精义存矣，何也？"在于"六艺之科，孔子之术，合三代之粹而阐其藏者也。故王安石以经义取士，踵仲舒而见诸行事，可以行之千年而不易"。王夫之说："元祐改安石之法，而并此革之，不知通也。"（卷三，武帝二，P.54）王夫之认为以经义取士不仅对人才选拔很重要，而且对保存阐扬三代精义也是重要的，可行之千年而不易。

王夫之还对科举取士做了具体的分析，他以唐和宋为例，"制科取士，唐之得元、白，宋之得二苏，皆可谓得人之盛矣。稹、居易见知于裴中立，轼、辙见重于司马君实，皆正人君子所嘉与也。观其应制之策，与登科以后忼慨陈言，持国是，规君过，述民情，达时变，洋洋乎其为昌言也。而抑引古昔，称先王，无悖于往圣之旨，则推重于有道之士而为世所矜尚，宜矣。推此志也，以登三事，任密勿，匡主而庇民，有余裕焉"。这是说的科举取士有其得当之处，能够通过考试发现人才，王夫之也指出科举的不足也在这里，仅通过一次考试来察士取士也有其不科学性，他还是以"此数子者"为例，"既获大用，而卞躁诪张，汇引匪人以与君子相持而害中于国，虽裴、马秉均以临之，弗能创艾也"（卷二十五，宪宗三，P.774），意思是这些通过科举而上位的人，既不足以察其人品，当政后的表现其实是另一回事。王夫之在别的段落里，对元稹当权时的作为还是持批判态度的，评价很低，并斥为"積小人"。因此他对科举取士又持一定的保留性的批评，"夫非谓之可以得士也，设取士之科者，止以别君子野人而止耳。虽有知人之哲，不能于始进而早辨其贤奸也"（卷二十三，代宗二，P.714）。其最严厉的批评是："设制科以取士，唯其言以登用之，则国是乱，佞人进，治道之大蠹也。"因此他认为"君子不以言举人，诚千古片言之居要矣"，并主张"节宣之权，人主大臣司之，可弗慎与！"（卷二十五，宪宗三，P.775）并提出若干改良性意见，如"若夫学校之设，清士类于始进，不当专求之文，而必考其闺门之素履；正士习，育贤才，严不淑之惩，又不待登进之日也。然而方在子衿之列，修子弟之敬爱，绝公门之请谒，亦士之常耳。或既贵而丧其所守，讵可遽以此为贤，而授之大官大邑乎？以行按不肖之罚，而以文求君子之度，流品清而伪行抑不敢冒，斯其于取士之法，殆庶几与！"（卷二十三，代宗二，P.714）主要意思是以学校辅以科举之基，以考素履与考文才结合，以学风之端正以助考试之庄严。王夫之认为如果能做到如此这般，或许可以完善科举取士之法。

王夫之考察的历史时段的科举制总体上尚处在良性发展之中，尚未衰退没落，因此他对科举取士总体上也是肯定的。他本人也曾多次参与科举考试，在乡试中成绩优秀，赴京会试途中因为明末农民战争爆发，道路中绝而返回。紧接着明亡，王夫之的政治态度决定了他不会参加清朝的科举考试。

三、夷狄论

"夷狄"问题是古代中国的民族问题，民族问题从来就是一个政治问题，而且往往是最大的政治问题。

"夷狄非我族类者也"（卷十二，怀帝三，P.337），这是王夫之对夷狄的定义。王夫之夷夏之辨思想由来有因，除了当时历史实际情形的赋定以外，其思想来源在于父亲王朝聘。其父乃读书之人，一生从事《春秋》研究，多病之暮年又适逢国破家亡，更觉要将《春秋》"尊王攘夷"之说加以阐发，而其强调"夷夏之别"的目的显然是服务于抗清事业。但病不假年，当其预感不久于人世之时，便责令王夫之完成其遗志编写《春秋家说》。王夫之用了二十多年时间在五十岁时定稿。可以说父亲与《春秋》便是王夫之"夷夏之辨"的思想理论来源，当然王夫之自有其更进一步的探索。

1. 夷狄的生存聚散与消长

在古代中国也就是中原周边，居住着现为我国少数民族先民的部落。这些历史上的民族部落被古代中国人称为"夷狄"。

夷狄自有其生存之地。"天以洪钧一气生长万族，而地限之以其域，天气亦随之而变，天命亦随之而殊"。夷狄的生存生活区在中国（华夏、中原）以外，"故裔夷者，如衣之裔垂于边幅，而因山阻漠以自立，地形之异，即天气之分，为其性情之所便，即其生理之所存"。"于是而东自濊貊，西及破落那，南距阴山，北尽沙漠"，"拓跋氏之兴，延及百年，此基之矣"。如若"滥而进宅乎神皋焉，非不歆其美利也，地之所不宜，天之所不佑，性之所不顺，命之所不安"。所以拓跋氏离开了他们的生存生活之区"迁雒而败"，还有"完颜氏迁蔡而亡"。所以王夫之以一系列比喻说明"夷狄"自有他们的生活之地："鲸鲵不脱于渊，豺虎不脱于林，失其所据，力殚而无所归”，“游鳞于沙渚，啸狐于平原，将安归哉？待尽而已矣”。王夫之作这一番分析得出的结论是，“延之入者，中夏之人也，不足以保彼之命而徒自溃乱也。聪明神武者，知其得据而只以失据也，无足惧也。筌之蹄之，不能有余种矣”（卷十三，成帝一三，P.369），夷狄离开了他们的生存之地是不可能生存下去的。

王夫之还据地理气候等因素总结出一个规律：“故三代以上，华、夷之分在燕山，三代以后在大河，非其地而阑入之，地之所不宜，天之所不佑，人之所不服也。”（卷十二，怀帝七，P.341）

王夫之以地理环境及由此而产生的风习不同作为其民族区别的依据，其理念是科学的，也是进步的。虽然其中不无地理环境决定论的因素。

王夫之还进一步以当时人们普遍理解的君臣之义与地理风习之分来对应，阐述民族区分与识别：“为天下所共奉之君，君令而臣共，义也；而夷夏者，义之尤严者也。五帝、三王，劳其神明，殚其智勇，为天分气，为地分理，以绝夷于夏，即以绝禽于人，万世守之而不可易，义之确乎不拔而无可徙者也。”（卷十四，安帝一四，P.413）

王夫之注意到“夷狄”的聚散消长之势，并在理论上做了阐述。王夫之揭示这种规律：“夷狄居塞内，乘中国之虚，窃为主于中国，而边远之地虚，于是更有夷狄乘之，而为主于所虚之地。”（卷十二，惠帝二，P.324）王夫之是在论述魏晋南北朝史事时说这番话的，其时正是中国历史上各民族十分活跃的时期。后来历史民族的变化也符合这个规律。王夫之又从不同角度来说明这种聚散消长。"夫夷狄聚则逆而散则顺，事理之必然者也"（卷二十六，文宗四，P.810）。

"夷狄之势，一盛一衰，必然之数也。当其衰而幸之，忘其且盛而无以御之，故祸发而不可止"。"夫其人衰矣亡矣，其土则犹故也，天不能不为之生种姓，地不能不为之长水草，后起者不能戢止其戎心；曾无虑此，而可以其一族之衰为中国幸邪？其族衰，其地无主，则必更有他族乘虚而潜滋暗长于灌莽之中。故唐自贞观以后，突厥之祸渐息矣，而吐蕃之害方兴，继之以契丹，皆突厥两部之域也。"（卷二十，太宗七，PP.611-612）王夫之是在论述唐代突厥势衰时做这番论述的，他赞赏唐太宗的有关对策，其意在揭示夷狄的此消彼长的现象与规律，指出要根据这种现象与规律来作出相应的对策。"已衰者，存之不足为忧，存已衰者，则方兴者不能乘无主以擅其地，则前患息而后衅可弭"。但是历史上的多数统治者及其阶层做不到这一条，而往往以"株守安内之说为讦谟"，之大计。

王夫之又据华夷之短长发表议论说："梁商之策匈奴曰：'良骑夜合，交锋决胜，夷狄所长，中国所短。乘城固守，以待其衰，中国之长，夷狄之短。'马续从其教令，而右贤王力屈而降，此万世之讦谟也。佛狸之强，而不能拔盱眙；完颜亮之众，而不能渡采石；其衰可待，躁者不能待而自败耳。"（卷八，顺帝五，P.212）王夫之赞赏梁商对匈奴的判断，这其实是对"夷狄"之类的优劣势的判断，游牧民族之长在于骑射兵锋，中原民族当以长克其短，所以守城是中原民族之长。王夫之又以具体的史例证明之，佛狸（拓跋焘）、完颜亮是夷狄中的强者，也会挫败于城下。王夫之同时指出对付夷狄当取待其衰的策略。这样两条是讦谟大计。

王夫之也很重视华夷关系之历史考察，尤为关注各方面关系之始，如以下加着重符号标出的文字。这大概就是他所说的历史溯源的研究方法。

"中国夷狄之祸，自冒顿始。冒顿之阑入句注、保太原，自韩王信之叛降始。信失韩之故封而徙于太原，其欲甘心于汉和久矣。请都马邑，近塞而易与胡通；数使之胡求和，阳为汉和而阴自为降地；畜不逞以假手于冒顿，不待往降之日，而早知其志在胡矣"（卷二，汉高帝一一，P.17）。王夫之指出正是由于有韩王信这样的人才使夷狄成为中国之祸。而汉高帝也有失误："然则以狡焉不逞之强帅置之边徼，未有不决隄焚林以残留内地者也。饥鹰猘犬，不畜之樊圈，而轶之扬飞薨走之地，冀免祸于目前，而首祸于千古。甚哉高帝之偷也！"（卷二，汉高帝一一，P.18）

"古今之亡国者，有二轨焉，奸臣篡之，夷狄夺之也。而祸各有所自生。夷狄之夺，晋、宋是已。"（卷二十六，宣宗六，P.832）

"中国输岁币于夷，自宇文氏始。突厥挟两端以与宇文、

110

高氏市，宇文畏其为高氏用也，岁给缯絮锦彩十万以縻之，高氏亦畏其为宇文氏用而厚赂焉。夫宇文与高于突厥，何中外高卑之有哉？弱役于强，屈者其常也，而突厥固曰：宇文、高氏，中国之君也，中国之奉我，常也。此骄夷狄之始祸也。宇文、高氏朘削中国以奉于其类，非其士，非其民，无不可也。而后世弩窃之君臣，且曰：宇文、高氏，中国之君也，不惜悉索之于民以奉突厥而国以安，吾亦奚不可邪？此启惰君陋臣之祸始也"（卷十八，宣帝三，P.543）。这"输岁币于夷"对后世影响是很大的，五代石敬瑭之于契丹、两宋与金人的关系中均有此项，可称之为遗祸。

"滑台陷，青州没，宋师熸，而拓跋氏旋遣使人聘宋以求和亲，逾年而宋报礼焉，此南北夷夏讲和之始也"（卷十五，文帝一〇，P.438）。这是魏晋南北朝时刘宋与北魏间事。其时北魏有胜，刘宋兵败，北魏因为"力疲于蠕蠕"，不能两线作战而提出和议。王夫之认为此次和议"利于夷狄而不利于中国，利于屡胜之兵，而不利于新败之国者也"。其理由是"夷狄以战而强，以战而亡者；其能悔祸以息兵，则休息其兵，生聚其民，蕃育其马，而其骑射技击，则性焉习焉，而不以不用而废。中国则恃和以安而忘危矣；士争虚名于廷，兵治生计于郊，人心解散，冀长此辑睦而罢兵以偷安，一旦闻警而魂摇，其败亡必矣"。

"国之将亡，惧内逼而逃之夷，自司马国璠兄弟始。楚之、休之相继以走归姚兴，刘昶、萧宝寅因以受王封于拓跋

111

氏，日导之以南侵，于家为败类，于国为匪人，于物类为禽虫，偷视息于人间，恣其忿戾以徼幸，分豺虎之余食，而犹自号曰忠孝，鬼神其赦之乎？"（卷十四，安帝一五，P.414）。

在这一段文字里，王夫之谴责魏晋南北朝时自司马国璠兄弟率先投奔狄，以及其他一些人投奔夷狄，王夫之斥责他们为败类、匪人、禽虫，撕下他们自号忠孝的脸面，在后面的文字中王夫之还进一步揭露司马国璠此举对后世的流毒与影响："然则国璠之流，上非悼宗社之亡，下非仅以避死亡之祸，贪失其富贵，而倒行逆施以侥幸，乃使中夏之士相率而不以事夷为羞，罪可胜诛乎？"（卷十四，安帝一五，P.414）

"宋师燔，而拓跋氏旋遣使人聘宋以求和亲，逾年而宋报礼焉，此南北夷夏讲和之始也"（卷十五，文帝一○，P.438）。

"银、夏之乱，终宋之世，勤天下之力，困于一隅，而女真乘之以入，其祸自李彝超之拒命始"（卷二十九，五代中一二，P.928）。赵宋时西夏的侵袭其始在后唐明宗长兴四年（929）李彝不奉诏赴建安，事见《资治通鉴》卷二百七十八。

王夫之注意到华夷关系中中原民族常居于弱势，从而也致力于这种原因及其对策的探讨。

"夫夷狄亦何尝不畏中国哉？人所胥戴之共主，一再为其所获，而后知中夏之无人，不足惮也。"（卷十二，愍帝一，P.344）

中原常遭夷狄侵袭，这一次是西晋末年，刘聪、石勒等夷对中原再一次发起侵犯，王夫之感叹中原总是抗敌无力，而这样的局面在历史上反复出现，愈弱愈遭逼迫，国内民族关系尚且如此，近世以后夫复何论！

"夷狄之蹂中国，非夷狄之有余力，亦非必有固获之心也，中国致之耳。致之者有二，贪其利，贪其功也。贪其货贿而以来享来王为美名，于是开关以延之，使玩中国而羡吾饶富，以启窃掠之心"（卷二十一，中宗六，P.649）。王夫之从中原自身反省了夷狄入寇的原因在于中国的富饶对于夷狄的吸引，以及朝廷官员贪剥贪功，因而主张"闭关"，"故光武闭关，而河、湟巩固"。

历史上有一种论调："夷狄相攻，中国之利。"王夫之有多则札记论证该论是误国祸国之论。他以历史事实为其立论的依凭："女直不灭辽，蒙古不灭金，不敢亡宋。汉之赵充国藉藉称凤将，曾有言：'乌桓数犯塞，匈奴击之，于汉便。'"王夫之认为这是"宋人借金灭辽、借元灭金之祸本"。赵充国虽然不因为其言论误国，而历史上其他都是误国的。所以王夫之赞赏"霍光听范明友追匈奴便击乌桓，匈奴巤是恐，不能复出兵，韪矣哉！"（卷四，汉昭帝二，P.79）在另一则札记里，王夫之描述"夷狄"发家史及"中国人"的侥幸心态："夷狄之起也，恒先并其丑类，而后及于中国……地益广，人益众，合众小而成一大，犹疥癣之毒聚为一痈也。屡胜之气益壮，习于攻击之术益熟，得利而其愿益奢，我且鼾鼽自得，以为虎斗于穴而不暇及于牧厩也，祸一发而不可收矣。"王夫之认为制夷之策应该是："善制夷者，力足以相及，则抚其弱。抑其强，以恩树援，以威制暴，计之上也，力不足以相及，闻其相攻也而忧之，修城堡，缮甲兵，积刍粮，任将训卒，以防其突出，策之次也。听其蹄啮以增其强，幸不我及以缓且夕之祸，坐毙之术也。其尤烈者，激之、奖之、助之，以收兼弱拾残之余利，不知戎心之熟视我吭而思扼之也。"

2.夷夏大防

夷夏大防是王夫之民族思想的核心，他认为这种大防不是人为的，而是客观存在的。

"天下之大防二：中国、夷狄也，君子、小人也。非本末有别，而先王强为之防也。"王夫之在这里将华夷之别等同平列于君子小人之别。为何是客观存在的？他又具体说："夷狄之与华夏，所生异地，其地异，其气异矣；气异而习异，习异而所知所行蔑不异焉。乃于其中亦自有其贵贱焉，特地界分、天气殊，而不可乱；乱则人极毁，华夏之生民亦受其吞噬而憔悴。防之于早，所以定人极而保人之生，因乎天也。"他又总结说："以要言之，天下之大防二，而其归一也。一者，何也？义、利之分也。生于利之乡，长于利之涂，父兄之所熏，肌肤筋骸之所便，心旌所指，志动气随，魂交神往，沉没于利之中，终不可移而之于华夏君子之津涘。故均是人也，而夷、夏分以其疆，君子、小人殊以其类，防之不可不严也。夫夷之乱华久矣，狎而召之、利而安之者，嗜利之小人也，而商贾为其最，夷狄资商贾而利，商贾恃夷狄而骄，而人道几于永灭。"（卷十四，哀帝三，P.384）

　　王夫之的这段议论其实有诸多不当，其一，将华夷之别等同平列于君子小人之别，其中既有历史的局限，也包含了民族偏见，反映了历史上的民族隔阂；其二，其论述应为大防的理由并不充分，他正确地指出了地异、气异、习异会造成所知所行有异，但这并不是"防之不可不平"的主要理由，而历史上民族融合的事实与趋势对王夫之此言即是一种驳证；其三，将天下大防归于义利之分，并将夷狄、小人与商贾绑到一起，指为"人道几于永灭"，显然既言之过重，又非事实所在。利其实是人类社会发展的动力之一，不可将义与利截然判断，正确的利永远都是重要的，但王夫之的这番理论仍有历史的认识价值。夷夏之防确实是中国历史上的重大矛盾冲突，某种意义上也是人类文明史上农耕文明与游牧文明的分野，也是中国农耕文明的主流社会价值和历史上中原民族的民族气节的主要依据，王夫之全书充溢着这种气节，对合于这种气节的给予高度赞赏，在论刘宋史事时有一段故事，"殷琰在寿阳，畏明帝之诛己，欲降于拓跋氏。"夏侯详曰："今日之事，本效忠节，何可北面左衽乎？"王夫之称："至哉言乎！"（卷十五，明帝二，P.460）王夫之还有一段话："舍夷、夏之大防，置君父之大怨，徒为疑忌以沮丧成功，庸主具臣之为天下僇，晋、宋如合一辙，亦古今之通憾矣!"（卷十四，帝奕二，P.386）对晋、宋庸主具臣挞伐的主要依据便是其"舍夷、夏之大防"。

王夫之进而论述"古今夷夏之通义"（卷十四，安帝一四，P.413）是高于一人之义、一时之义的。据此，他将中原民族的利益放在高于一切的位置。这是王夫之爱国主义和民族思想的灵魂。

由于有夷夏大防，一切都要以这个"古今夷夏之通义"来衡量，来取舍，来评价。

"桓温抗表而伐李势，讨贼也。李势之僭，溃君臣之分也；温不奉命而伐之，温无以异于势。论者恶其不臣，是也，天下之义伸也。刘裕抗表以伐南燕，南燕，鲜卑也。慕容氏世载凶德以乱中夏，晋之君臣弗能问，而裕始有事，暗主不足与谋，具臣不足与议，裕无所可奉也。论者亦援温以责裕，一时之义伸，而古今之义屈矣。"（卷二十四，安帝一四，P.413）

这段文字将东晋桓温讨李势和刘裕伐南燕两件史事放在一起评述，他们有些相同性即都是"抗表"而采取的军事行动，不是奉命行事。而且有论者也就是有史家将他们相提并论，认为这都是"不臣"行为，是大义不道的，桓温与僭主李势"无以异"，刘裕和桓温也无区别，都要谴责。但王夫之却据天下古今之大义，重新评价刘裕，如若谴责他就是"一时之义伸，而古今之义屈"，他肯定刘裕"抗表以伐南燕"，合于"古今夷夏通义"。他还在另外的札记里高度肯定了刘裕一系列讨伐各方夷狄的征战，并不因为他后来篡夺后晋江山而否定他。"宋武兴，东灭慕容超，西灭姚泓，拓跋嗣、赫连勃勃敛迹而穴处。自刘渊称乱以来，祖逖、庾翼、桓温、谢安经营百年而无能及此。……汉以后，唐之前，唯宋氏犹可以为中国主也。"（卷十五，宋武帝一，PP.424-425）

由于有夷狄之大防，王夫之特别强调仁义礼智信不适用于夷狄。

"萧望之曰：'恩足以服孝子，谊足以动诸侯，故春秋大士匄之不伐丧。'遂欲辅匈奴之微弱，救其灾患，使贵中国之仁义，亦奚可哉？恩足以服孝子，非可以服夷狄者也；谊足以动诸侯，非可以动夷狄者也。"（卷四，宣帝一五，P.92）

"人与人相于，信义而已矣；信义之施，人与人之相于而已矣；未闻以信义施之虎狼与蜂虿也。……故曰：夷狄者，歼之不为不仁，夺之不为不义，诱之不为不信。何也？信义者，人与人相于之道，非以施之非人者也。"（卷四，汉昭帝三，PP.79-80）

"故曰：夷狄者，欺之而不为不信，杀之而不为不仁，夺之而不为不义者也。"（卷二十八，五代上二，P.890）

"突厥、回纥，唐曲意以下之者，皆有功于唐，舍其暂时之恶，而以信绥之，犹之可也。然而且有不必然者，其顺逆无恒，驭之有制，终不可以邦交之道信其感孚也。况乎吐蕃者，为唐之封豕长蛇，无尺寸之效，有邱山之怨，偶一修好，约罢戍兵，而于此言诚信乎？"王夫之说牛僧孺针对吐蕃的

言论："徒弃诚信，匹夫之所不为。""其所谓诚信者，盖亦匹夫之谅而已矣。"（卷二十六，文宗四，P.809）

"夷狄非我族类者也，蟊贼我而捕诛之，则多杀而不伤吾仁。"（卷十二，怀帝三，P.337）

"故鬻诗书礼乐于非类之廷者，其国之妖也。其迹似，其理逆，其文诡，其说淫，相帅以嬉，不亡也奚待？"（卷十七，梁武帝二一，P.512）

"诗书礼乐之化，所以造士而养其忠孝，为国之桢干者也。拓跋氏自以为能用此矣，乃不数十年之间，而君浮寄于无人之国，明堂辟雍，养老兴学，所为德成人、造小子者安在哉？沐猴之冠，冠敝而猴故猴矣，且并失其为猴矣，不亦可为大笑者乎！"（卷十七，梁武帝二一，P.512）

儒家的价值观与中原文化对非汉族之人是不适用的。从以上引述的几段王夫之言论看，这一主旨自始至终都贯注于全书。王夫之这一思想的价值在于正确地观察到了夷夏具有不同的价值观体系，但以这种价值观的差别或者对立作为民族对立的依据，并进而作为处理历史上民族间冲突的原则未必妥当。

由于有华夷之大防，王夫之对夷狄所建立的国家政权是鄙视的，甚至是不予承认，不纳入中国历史的系统的，他将夷狄所建的国家政权和窃位所得的国家政权等而视之，称之为或窃或夷："汉祚既终，曹魏以下二百余年，南有司马、刘、萧、陈氏，皆窃也；北有五胡、拓跋、宇文，皆夷也。"

"汉之已亡，曹、吴、司马、刘、萧、陈、杨、五胡、索虏、宇文，割裂僭号，皆彗孛之光，前不继西没之日，后不启东生之月者也。"（卷二十二，玄宗一九，P.688）

北魏政权应该是魏晋南北朝时期由夷狄建立的比较成功、持续时间较长的政权，但王夫之对北魏政权持基本否定的态度。

"拓跋氏有中原数世矣，而其挟持天下者，唯秀容之裔夷，六镇之残胡，此外更无一人焉，而其主舍此而更将何依？"他将北魏政权称之为猴类，"自迁雒以来，涂饰虚伪，始于儒，滥于释，皆所谓沐猴而冠者也。……沐猴之冠，冠敝而猴故猴矣，且并失其为猴矣，不亦可为大笑者乎！高欢、宇文泰适还其为猴，而跳梁莫制，冠者欲复入于猴群，而必为其所侮，不足哀而抑可为之哀也！"（卷十七，梁武帝二一，PP.511-512）虽然这只是一种比喻和拟写，但不耻人类的鄙视则是实实在在的。高欢与宇文泰正是析分北魏成东西魏之人，王夫之却认其为将北魏还为猴类的人。

王夫之对北魏政权所推行的政策措施基本上也是不予以肯定。

"拓跋氏，夷也，闻中国有圣人之道焉，取其易行者而行之，于是奔走郡县而名为劝农；又勒取民牛力之有余者，以借惰窳之罢民。其挠乱纷纭，以使民无宁志也，不知何若，守令乃饰美增赋以邀赏，天下之病，尚忍言哉！蒙古课民种桑，而桑丝之税加于不宜桑之土，害极于四百余年而不息。

读古人书而不知通，且识而夕行之，以贼道而害及天下，陋儒之妄，非夷狄之主，其孰听之？"（卷十五，明帝七，P.465）

北魏主拓跋宏"欲迁雒阳，而以伐齐为辞，当时亦孰不知其伪者，特未形之言，勿敢与争而已"。又"自冯后死，宏始亲政，以后五年之闲，作明堂，正祀典，定祧庙，祀圜丘迎春东郊，定次五德，朝日养老，修舜、禹、周、孔之祀，耕藉田，行三载考绩之典，禁胡服胡语，亲祠阙里，求遗书，立国子大学四门小学，定族姓，宴国老庶老，听群臣终三年之丧，小儒争艳称之以为荣。凡此者，典谟之所不道，孔、孟之所不言，立学终丧之外，皆汉儒依托附会、逐末舍本、杂谶纬巫觋之言，涂饰耳目，是为拓跋宏所行之王道而已。尉元为三老，游明根为五更，岂不辱名教而羞当世之士哉？故曰儒者之耻也"（卷十六，明帝二，PP.485—486）。

应该说，文中所述拓跋宏推行的所谓王道，实际上是北魏实行汉化的一系列改革，以今天的目光来看，本是中华各民族大融合过程中具有进步性的举措，但王夫之囿于历史的局限性以及对"夷狄"的仇视心理，对北魏这一系列改革表现出鄙视，斥拓跋宏为伪，后文还称："视宏之所为，沐猴之冠，优俳之戏而已矣。"驳为拓跋宏改革提供政策咨询与谋划的汉族知识分子"辱名教而羞当世之士"，为"儒者之耻"。而其斥拓跋宏为伪的方法也是不太科学的，纯粹是推定，读如下文字更为明显，王夫之写道："至于天不雨而三日不食，将谁欺？欺天乎？人未有三日而可不食者，况其在豢养之子乎！高处深宫，其食也，孰知之？其不食也，孰信之？大官不进，品物不具，宦官宫妾之侧孰禁之？果不食也欤哉！而告人曰：'不食数日，犹无所感。'将谁欺，欺天乎？宏之习于伪也如此。"（卷十六，明帝二，P.485）

五代时期的刘知远，算是王夫之很少认可的夷狄人物，虽然如此，他仍始终认为："盖自朱温以来，差可许以长人者，唯知远耳。嗣子虽失，而犹延河东数十年之祀，亦其宜矣。然而不足以延者，知远亦沙陀也。于时天维地纪未全坼也，固不可以为中国主也。"（卷三十，五代下七，P.944）还有一个是汉代的金日磾，王夫之称"金日磾，降夷也，而可为大臣，德威胜也"（卷四，汉昭帝一，P.78），又从金日磾个人的品质以汉武帝"知人卓也"双重角度对金日磾给予了肯定，"重用之而受托孤之命"（卷三，武帝一六，P.65）。这虽为特例，也反映了王夫之思想的朴素辩证法特点，即便是在最为绝对的问题上也会自然、不自觉地有所体现。

从某种意义上说，夷夏大防既是王夫之民族思想的核心，也是他心目中最高的政治，是国家最高利益的所在，夷夏大防，重在防。既有观念价值之防，也有自然地理之防，而历代王朝的边防，某种意义上说就是夷夏大防的实务，参见本书之"边防论"。

3. 借用"夷狄"之力

在古代中国四边的历史民族，在漫长的民族融合过程中，或曾是华夏民族的敌友。王夫之注意历史上中原民族曾与之有过历史的交结，其中一种特殊的形式是"借兵"。

"唐起兵而用突厥，故其后世师之，用回纥以诛安、史，用沙陀以破黄巢，而石敬瑭资契丹以篡夺，割燕、云，输岁币，亟病中国而自绝其胤；乃至宋人资女直以灭辽，资蒙古以灭金，卒尽沦中原于夷狄，祸相蔓延不可复止。"（卷十九，炀帝九，P.582）像突厥、沙陀、契丹等长期是中原民族的外部力量，是异族，对中原有相当的破坏性，某种意义上也是世界范围的游牧文明与农耕文明的冲突。

王夫之生当明末清初，对这种"异族侵入"有切肤之痛，故而对借用边地"夷狄"的做法持不赞成态度。他分析借助外族的唐高祖是洞悉利害关系的，"夫唐高祖则已早知之矣，既已知之，而不能不用突厥者，防突厥为刘武周用以袭己于项背，可与刘文静言者也。"这一点考虑，王夫之认为唐高祖可以与其谋臣刘文静言说，但唐高祖实在还有另一深层的用意不便与刘文静言，这就是假突厥之名以恐喝河东、关中，而遥以震惊李密。正是由于知道这样的利害关系，唐高祖只向突厥借兵数百人，而曰"无所用多"，借来了兵而并未让其投入实质性战斗。王夫之认为这是唐高祖"已灼见非我族类者之不可使入躏中国以戕民而毁中外之防"。这一层灼见，后世法者却很难察知借鉴。后世不能像唐高祖这般借用者，不能得唐高祖借用之神髓，却从形上相习而用之，"无其慎重而其贪成功"，唐高祖则要无端承受"千古祸媒之罪"了。

在另一则札记里，王夫之又不惜文字展开来专论此一问

122

题："借援夷狄，导之以蹂中国，因使乘以窃据，其为失策无疑也。然而有异焉者，情事殊，而祸之浅深亦别焉。"这一句之后，重点分析天宝以后局势，唐借回纥兵平安史之乱，其中关键文字是："乃以势言之，朔方之军虽弱，贼亦……唐亦殆矣。"所以王夫之结句是"故用夷者，未有免于祸者，用之有重轻，而祸之有深浅耳"。（卷二十三，肃宗五，P.702）

借用夷狄之力以获得或维持自己统治地位最极端的事例，则是后晋主石敬瑭。石敬瑭引契丹兵入中原，甘心充当"儿皇帝"，"契丹以外，敬瑭无可依以立命也可知矣。"（卷三十，五代下一，P.937）在王夫之眼里，石敬瑭以及为其出谋划策的桑维翰是罪大恶极的民族败类，"万世罪人"。

4. 夷夏融合

中华民族是由许多历史民族融合而成的，大融合是大趋势。王夫之也注意到了历史上的民族融合的事实。

"夷狄之强也，以其法制之疏略，居处衣食之粗犷，养其犷悍之气，弗改其俗，而大利存焉。然而中国亦因之以免于害。一旦革而以中国之道参之，则彼之利害相半矣。其利者，可渐以雄长于中国；而其害也，彼亦自此而弱矣。"在王夫之看来，夷狄本有其自性和风俗，和中原本可两不相干、两不相容，但是这些夷狄如果接受了中原文化，他们的本族性就削弱了。故而王夫之主张："彼自安其逐水草、习射猎、忘君臣、略昏宦、驰突无恒之素，而中国莫能制之。乃不知有城郭之可守，墟市之可利，田土之可耕，赋税之可纳，婚姻仕进之可荣，则且视中国为不可安之丛棘；而中国之人被掠以役于彼者，亦怨苦而不为之用。"这样"两相忘也，交相利也，此顺天之纪，因人之情，各安其所之道也"。王夫之又用一系列史例来论证其观点，一是汉代中行衍之说"匈奴不贵汉之缯帛，而匈奴益强，然其入寇之害，亦自此杀矣"。匈奴不贵汉之玉帛子女，匈奴各阶层就不会生羡慕中国之心，也不会跟着他们的单于效死来掠，匈奴自强而汉亦安，此为相安之利的例子；二是曹操迁匈奴余众于河西，与汉族杂处而"杂用中国之法"，"于是乎启怀、愍之祸；然而刘、石、慕容、苻、姚、赫连之族，亦如朝菌之荣，未久而萎"。这是"其俗易，其利失，其本先弱也"的例子。

还有韩延徽入契丹为相，以中国文化改造化育契丹风俗和社会，而契丹之俗乃变。王夫之认为"杂华夷而两用之，其害天下也乃烈"。如果"中国有明君良将，则夷以之衰"，如果中国无人，则会导致夷狄以为："中国之可欲，而人思掠夺，则中国以亡。"所以王夫之认为韩延徽的方法不如汉代"中行衍之强匈奴即以安汉也"。（卷二十八，五代上一二，PP.901—902）

王夫之对汉代娄敬有关"遣女嫁匈奴，生子必为太子，谕以礼节，无敢抗礼，而渐以称臣，以为用夏而变夷"的主张，认为似是而非，是以小智以动人主，"而其祸天下也烈"，是不可以实现的。王夫之做了具体的批驳："匈奴之有余者，猛悍也；其不足者，智巧也。非但其天性然，其习然也。性受于所生之气，习成于幼弱之时。天子以女配夷，臣民狃而不以为辱，夷且往来于内地，而内地之女子妇于胡者多矣。杂母之气，而狎其言语，轻剽如其父，慧巧如其母，益其所不足以佐其所有余。故刘渊、石勒、高欢、宇文黑獭之流，其狡狯乃凌操、懿而驾其上。则礼节者，徒以长其文奸之具，因以屈中国而臣之也有余，而遑臣中国哉！"王夫之认为娄敬的和亲之议乃"无耻"之说，是不值得一驳的，中原女子与夷狄通婚，改进了夷狄的人种，使其由智巧不足变为慧巧狡狯，甚至超过以智谋著称的曹操、司马懿，而让夷狄懂得中原礼节也成为他们侵凌中原文明的工具。因此，王夫之说："不待辨而折者也。"（卷二，汉高帝一五，PP.21-22）

　　王夫之的这一系列评述反映了中原民族在夷狄长期侵扰之下的一种守势心态与夷夏和平相处互不往来的意愿，具有较强的历史局限性，没有看到民族大融合是一个历史的进程，在这个进程中，文化与文明的交流与冲突毕竟是不可避免的，文明的交流及其冲突对历史具有一种推动作用。孟子也曾有言："吾闻用夏变夷者。"王夫之也引用孟子的这句话，也正确地阐释这句话具有"帝王之至仁大义存乎变"的内涵（卷三，武帝三，P.55）。王夫之对中原文明与南方少数民族的融合持肯定态度，他本人为避清人之逼还一度化装为瑶人，也用瑶人名姓为化名。但他对北方夷狄及其政权持强烈的否定，这既是北方夷狄对中原文明的冲击更大的反映，必定影响他的心胸与眼界。

在司马光《资治通鉴》截止于五代之后以及王夫之《读通鉴论》所论历史时段之后的历史年代，夷夏融合仍在继续，并且体现出新的特点。

赵宋时，与之并立的西夏、辽等"夷狄"建立的国家政权，都在学习与效仿中原文化，甚至挑战宋的中原文化的正统地位。西夏尊孔子为文宣帝，辽则对燕云十六州都依汉族政权的三省六部以及州县制架构管理。辽对《新五代史》将自己归为"夷"类并不接受，他将自己作为中华文化的平起平坐者，而将赵宋发家史附在辽国史里。女真人的汉化也在持续进行，到金章宗时甚至用秦代的"五德始终论"作为其政权合法性的理论支柱，以"土"作为金的德运，对应于宋之"火"德，土是火的下一循环，"土"可以克"火"。蒙古人跟西夏、辽、金一样，也以中原文明体系的政权自居，他们在元大都修建了孔庙。1237年，蒙元开科取士，南北争夺儒学正统地位，他们声称是北京五大儒激活了儒学血脉，元朝的学者杨时将这一血脉传到南宋以及朱熹学派。1241年，南宋为了申明自己中原文明体系的正统地位，朝廷举行仪式正式宣布朱熹理学为国家正统。到王夫之生活的年代，清朝更推行汉化政策。

这是王夫之能够又不能够体认到的，尽管王夫之在清朝生活了将近半个世纪，他对清最终摧毁明，几乎一生都不能接受。他所见到的清朝的治理比晚明要强胜许多，但就是有情感上和思想上的夷夏之界，强烈的反异族思想乃是《读通鉴论》的主旨。这种历史的局限性影响了王夫之的视野和思维理性。但是在当时的历史条件下，《读通鉴论》却真实地反映了当时中国知识界的民族主义思想和民族气节，也反映当时的民族矛盾仍然是社会的主要矛盾。

这种强烈的民族思想是王夫之系列著作里的主旨之一，如其《礼记章句序》有云："人之所异于禽兽，仁而已矣，中国之所以异于夷狄，仁而已矣。"人与禽兽的区别，中国与夷狄的差异就在于有没有仁这种社会属性。《春秋家说》则云："夷狄者，歼之而不为不仁，夺之而不为不义，掩之而不为不信。"《黄书·原级》也说，君主也是"可禅、可继、可革"的，但"不可使夷类间之"。政权必须握在本民族手中而不落入"夷狄"，或许《黄书》的反夷主张更为突出，以至章太炎举其为例说："衡阳所著，则有《黄书》、《噩梦》，其尊汉族而拒羯夷，成文具在。"

章太炎认为王夫之思想的精髓就在其夷夏之防思想的绝对，正好是反满革命的思想武器和教科书。他自己的"革命思想也伏根于此"。

近世黎元洪曾有语："沦于异族，不如屈于同胞。"应该是深受辛亥时期王氏思想滥觞的影响。20世纪30年代章太炎为孙传芳写墓志，认定孙传芳服膺黎氏此语，谓之知大义给予肯定。

第七章 君主论

司马光曰："天生烝民，其势不能自治，必相与戴君以治之。"（《资治通鉴》卷六十九）司马光如此论述君主的产生。王夫之在《读通鉴论》里所论述的君主，是阶级社会形成之后作为统治阶级最高代表的君主。评史论史者比叙史者有更多发言的空间，故而王夫之对君主的直接论述更为充分。而学界也已注意到王夫之有明显的尊君思想。他认为"至贵者天子也"，"天下之恶，无有逾于臣弑其君者"。君主应得有至尊至贵之位，拥有最大的权力，"三代之盛，大权在天子也"。但天子之权要通过逐级管理，天下"分统之则治"。总之是希望有明君圣主来使天下达到大治。本章试图对王夫之的君主思想做进一步的论述。

一、既合天道更须人道

在王夫之看来，君主的出现是合乎天道的。"原于天之仁，则不可无父子；原于天之义，则不可无君臣。"（卷十一，晋一，P.307）一个社会必须有君。

"人不可一日而无君，天佑下民，作之君，作之师，伪者愈于无，况崛起于厌乱之余以又安四海者哉。"（卷十九，炀帝五，P.578）

君主的产生既合于天道，但天道其实也是人道，王夫之就是这样认为的。所以君主必须和他的人民融合到一起。"圣人之大宝曰位，非但承天以理民之谓也，天下之民，非恃此而无以生，圣人之所甚贵者，民之生也，故曰大宝也。"（卷十九，炀帝五，P.577）贵民之生，也就是为人民带来福祉。

君主有名实，王位是为名。有德之君主才有实。"天下有道，保以其德；天下无道，保以其名。"（卷十九，炀帝五，P.578）所以对君主来说，有德是最重要的，而有德是有德于民。

王夫之在阐述汉顺帝朝事时有一句归总的话："帝德不终，而汉衰不复，良有以也。"（卷八，顺帝一，P.208）而历史之无德而失位的君王太多。"后主失德而亡"（卷十，三国三七，P.304），一部《资治通鉴》的主题便在此，一部《读通鉴论》探索天下兴亡得失的归结点也在此。

人君"承天理民，掌握着国家治乱之枢机"。皇帝对江山的兴亡承担有责任，其兴也皇帝，其灭也皇帝。王夫之在是书最早谈到皇帝对国之灭有责的是这样一段文字："秦始皇之宜短祚也不一，而莫甚于不知人。非其不察也，惟其好谀也。托国于赵高之手，虽中主不足以存，况胡亥哉！"（卷一，秦始皇三，P.3）

谈及西汉政权灭亡时，王夫之写道："汉之亡，非元帝之咎也，帝弱而寡断，然而无所伤于天下，石显仅逞于异己，而恶不及于民，国之元气未斫焉。"故曰：非元帝之咎也。（卷四，元帝七，PP.102-103）而元帝的承继者是成帝，王夫之说："成帝之无道也，足以亡国。"（卷五，成帝一，P.105）王夫之的论据是成帝将大权交予王氏，导致西汉为王莽篡。

"天之下，民所仰者君也；君之下，民所仰者相也。君非君，则天不能息其乱；相非相，则君不能保其国。"（卷三十，五代下九，P.946）王夫之这段话虽然是从君相关系的角度说的，君的主要职责是择相，"君非君"的主要意思是君择相不当，天下必乱。但我们可以读出王夫之的更重要的意思，君如果不能作为德之君，仁之君也就是明君圣主，则要达到天下之治也是不可能的。

王夫之通过隋炀帝之逆表达了君臣无德是可以推翻的，新的继起者取而代之也是合理的。"则递相为王，惩其不道而代兴，亦奚不可？"（卷十九，炀帝八，P.581）不道也就是不符合人民的意愿。

二、皇位的承继

在皇位继承上，王夫之有"亦唯天所授"的思想，这有两个意思：一是皇帝"君权神授"，这是汉代董仲舒所倡立的观点，王夫之一定程度上是认可的；二是强调人的自然授予。"自禹以后，传子之法定。无子而以次相继，为母后者不敢择也，为大臣者不敢择也。庶支无觊觎之心，外戚奄人无扳援之望，则虽得之不令，而亦唯天所授，非臣子所敢以意为从违。……忠者无所容其忠，奸者无所容其奸，然后权臣不能操天位之取舍以与人主市。"（卷八，桓帝一，P.214）这种人的自然授予也是天道，也是王夫之有所发展的"唯天所授"。嫡长制有利于政权和统治的稳定，否则就会出现相反的结果。"择子之说行，则后世昵宠嬖而易元良，为亡国败家之本，皆托之以济其私。君子不敢以一时之利害，启无穷之乱萌，道尽而固可无忧也。"（卷七，章帝六，P.177）

立嫡以长是皇位继承的一般原则，王夫之也予以认可。

"天位者，天所位也；人君者，人所归也。为主器之长子，膺祖宗之德泽，非窃非夺，天人所不能违。"（卷四，元帝七，P.103）

"与贤者在于得人，与子者定于立嫡，立嫡者，家天下一定之法也。"（卷七，章帝六，P.177）

嫡长子有不聪不贤，王夫之归纳分析了历史上这种现象，指出"嫡子不必贤"。但如果有不贤的苗头，则通过教育来弥补。嫡子"无以君天下而保其宗祜，故必有豫教之道，以维持而不即于咎"。尽管如此，历史上还是有这种事情发生："和峤困于晋惠帝之愚，而教且穷，故汉元、晋武守立适之法，卒以亡国。"在这样的情况下，后世乃有择子之说行。王夫之认为"择子之说行，则后世昵宠嬖而易元良，为亡国败家之本，皆托之以济其私"。王夫之说最好还是听天命："天下虽危，宗社虽亡，亦可听之天命而安之。"其总体意见还是主张立嫡。"故立适与豫教并行，而君父之道尽。"（卷七，章帝六，P.177）

嫡长子不足以卫社稷,怎么办？这样的情形历史上多有，也是明君贤主多所考虑的。

汉文帝时，"有司请建太子，犹迟久而不定，诚慎之也，非敢执嫡长以轻天位。"（卷二十，太宗二〇，P.625）"非敢"说明汉文帝对嫡长子尚待观察。王夫之对嫡长子不足以继位的状况还有进一步的分析："立子以适，而适长者不肖，必不足以承社稷，以此而变故起于宫闱，兵刃加于骨肉，此人主之所甚难，而虽有社稷之臣，不能任其议也。"（卷二十，太宗二〇，P.625）这确是关乎社稷的头等大事，不容差错。

王夫之还对唐太宗在选立继承人问题上的失策有所责备。唐太宗认为嫡长子过弱，而另一个儿子则更为合适，但唐太宗还是在与长孙无忌的对话后放弃了更为合适的非嫡长子，维持嫡长子继位。王夫之责备说："太宗既知恪之可以守国也，则如光武之立明帝，自决于衷，而不当与无忌谋。"（卷二十一，高宗一，P.633）

王夫之还以历史上最无能懦弱的晋惠帝、晋安帝为典型，剖析君主继承制的问题，一方面"与子之法，定于立适……藉废之而更立支庶之贤者，则抑凌越而为彝伦之蠹"，但是另一方面，"虽然，为君父者，苟非宠嬖孽以丧元良，念宗社之安危，亦奚恤哉？抑非徒前君之责也，大臣有社稷之任，固知不可，而选贤以更立焉，自靖而忧国如家者所宜然也。"（卷十四，安帝一，P.399）

王夫之还对旁姓继位之特例，做过分析。

"无子而立族子，因昭穆之序、为子以奉宗祀，自天子达于士，一也；而天子因授以天下为尤重。异姓者不得为后，大法存焉。"这是一般的原则，但"事有至变者焉，则郭氏是已。郭威起于卒伍，旁无支庶，年老无子，更无可立之群从；柴氏之子，既其内姻，从之鞠养，而抑贤能可以托国，求同姓之支子必不可得，舍郭荣亦将孰托哉？"郭荣者乃柴姓，从郭威姓。郭威则是五代后周的创立者。郭威无后将国家交给了郭荣。王夫之说，郭威"故立异姓以为后，未可为郭氏责也"。"为天子而旁无可立之支庶，古今仅一郭氏，道穷则变，变乃通也。"（卷三十，五代下一四，PP.952－953）

王夫之有一段话，可见其有关无子继位的逻辑："而天子之位，父死子继，兄终弟及，乃至本支绝而旁亲立，国中斩而支庶兴，初非世次相承而不可越。"（卷六，光武三一，P.158）

在皇位继承问题上王夫之的看法其实是有经有权的。经就是嫡长制，权就是根据实际情况的变通，立贤，立爱，均无不可。

除了继承之外，王夫之还对改朝换代君主上位做了考察，对不当得天子位者提出告诫之语："朱友贞、李从珂、石敬瑭、刘知远皆自曰吾天子也。悲夫！一日立乎其位，而万矢交集于梦寐，十年之内，幸鬼祸之先及者，速病以死，全其腰领，而子姓毕血他人之刃；其未即死者，非焚则戮，一如狂狙之戮民，待秋冬而伏法耳。刑赏不得以自主，声色不得以自娱，血胤不得以相保，贱莫贱于此焉。而设深机、冒锋刃，以求一日之高居称朕。袭优俳之充冕，抑无其缠头酒食之利赖，

夫亦何乐乎此邪？"（卷二十九，五代中一七，P.934）

三、君之道

君道，君之道，就是君主治天下之道，其实也就是君德行之于治道。有德之君与有道之君是合一的。

1. 刑赏

古代思想家认为刑赏是君主的两大权柄，刑有关法治，赏则主要是爵禄，而爵禄还是国家吏治之钥。

对于赏罚，王夫之有自己的见解："王者代天而行赏罚，参之以权谋，则逆天而天下不服，非但论功行赏、按罪制刑于臣民也。……既代天以赏罚，则洞然与四海公其衮钺，而无所委曲于操纵以为驾驭之术。"（卷六，光武三，P.135）这段话的核心是两组词："代天"与"无所委曲"。在王夫之那里，天即人，"代天"其实与合民意的意思相同，"无所委曲"就是公平公正。君王行使赏罚之权，必须合民意并且公平公正。

对于爵禄，王夫之指出："夫爵禄者，天之秩而人君制之者也。"（卷四，宣帝七，P.86）既然是权柄，就要掌好这个权柄："爵赏者，人君驭下之柄，而非但以驭下也，即以正位而凝命也。辞受者，人臣自靖之节，而非但以自靖也，即以安上而远咎也。故赏有所不行，爵有所不受，而国家以宁。"（卷四，宣帝一，PP.80-81）王夫之认为赏罚问题既是人君的权力，也是国家安宁的保障，这是君道。王夫之此番言论是针对汉宣帝与霍光事例而发，却揭示了相当重要的一个原则，霍光废昌邑王之后，迎立汉宣帝。"宣帝纪定策功，加封光以二万户，侯者五人，关内侯者八人。"王夫之指汉宣帝此举"失君道矣"。"己为武帝曾孙，遭家不造，以贤而立乎其位，所固有也。震矜以为非望之福，德戴己者而酬之，然则觊非望者，可县爵赏以贸天下之归，而天位亦危矣。爵赏行，而宣帝之立亦不正矣，以爵赏贸而得之者也。"本来是应该的，由于赏爵把自己继位也变成是一种交换所得，不正当之得。王夫之以为霍光接受这个赏爵也属不当。

2. 谋身与谋国安民

"不能谋身而与之谋国，其愚不可瘳；不能谋国而许之以安民，则论史者之耳食而涂说者也。"（卷二十九，五代中九，P.924）王夫之这里推出了一个"生物链"：谋身—谋国—安民，后两者必须以第一者为前提，舍此便是愚蠢至极。这其实是儒家修齐治平的另一版本。王夫之提供的史例是李嗣源，后唐国主，"胡人之铮铮者耳"。李嗣源夺位时已年老，也有恤民苏民之志，但时不我待，关键在于其所托国者安重诲却是所托非人。身死国乱都因这个安重诲而起，其谋身之愚、谋国有误，自不待言。"如是而欲求斯民一日之安，其可得乎？"所以王夫之说，"民之有生也，恃上之不绝其生也；上能保民之生也，必先知自保其生也。"而历史上皇帝死于非命或者死于短命的太多，君主自身生命的安全是君主不能不首先重视和珍视的。这样的意思，王夫之还有另一种表达："故君子之爱身也，甚于爱天下；忘身以忧天下，则祸未发于天下而先伏于吾之所忧也。"（卷五，成帝一，P.105）

"自唐以来，人主之速趋于亡者，皆以姑息养强臣而倒授之生杀之柄，非其主刚核过甚而激之使叛也。"（卷三十，五代下三，P.938）这还是一个生死的问题，但这里的趋于亡者，既是指自然与物理形态的亡，也是指社会和政治意义的亡，王夫之总结出一个重要的历史现象，并提醒当权者高度重视，这就是"姑息养强臣而倒授之生杀之柄"。王夫之的史例是石敬瑭与刘知远，石敬瑭是后晋开国之君，刘知远是石敬瑭的大将，刘知远就是王夫之所说的强臣，最后灭亡后晋，建后汉，虽然王夫之对石敬瑭极为鄙夷，对刘知远许为五代"有志略而几于豪杰者"，但王夫之还是将这作为作君主的一种历史教训，驭臣的教训。

3. 前朝之弊

对于前朝弊政如何救治的问题，王夫之提出了一个"三年无改于父之道"的命题，这实际是儒家有关孝道的一个重要思想。王夫之将之引入政治的范畴。王夫之的起论是："'三年无改于父之道'，道者，刚柔质文之谓也。刚柔质文，皆道之用也，相资以相成，而相胜以相节。则极重而必改，相制而抑以相生，消息之用存乎其闭；非即有安危存亡之大，则俟之三年而非需滞，于是而孝子之心遂，国事亦不以相激而又堕于偏。"东汉朝明帝死，章帝继位就面临这样的问题，自然中国历史上这样的历史场面太多，王夫之是以东汉明帝章帝之际为例而已。"明帝之明察，诚有过者；而天下初定，民不知法，则其严也，乃使后人可得而宽者也。章帝初立，鲍昱、陈宠急挢先君之过，第五伦起而持之，视明帝若胡亥之惨，而己为汉高，章帝听而速改焉，将不得复为人子矣。"面对这样的局面，王夫之为新嗣之君给出了一个忠告："人君当嗣位之初，其听言也，尤不容不慎也。"为何要慎，王夫之分析当此之际的情形："臣下各怀其志于先君之世，而或不得逞，先君没，积愤懑以求伸，遂若鱼之脱于鉤，而唯其洋洋以自得。斯情也，名为谋国，而实挟怨怼君父之心，幸其死以鸣豫者也。……君而尚严察与，则人臣未有不怨矣。故察吏治、精考核、修刑典，皆臣下之所大不利焉者；幸先君之没，属望于新君，解散法纪以遂其优游，啧有烦言，无所顾忌；立心若此，而殉之以干臣民之誉，过听之病，成乎忘亲，而可不慎哉！"王夫之的结语："此道不明，唐、宋以降，为君子者，矫先君之枉以为忠孝，他日人更矫之，一激一随，法纪乱，朋党兴，国因以敝。然后知三年无改之论，圣人以

示子道也，而君道亦莫过焉矣。"（卷七，章帝二，P.174）

陈宠之言是："荡涤烦苛之法。"章帝诏准："进柔良，理冤狱。"

"治天下以道，未闻以法也。道也者，导之也，上导之而下遵以为路也。"这是王夫之在谈论西汉限田令时所写的文字。推而言之，王夫之是主张以道而非以法治天下的，而这里说所说的是引导，具体而言，只要引导得法，田不须限，兼并自然可止。王夫之所说的引导之法是："轻其役，薄其赋，惩有司之贪，宽司农之考，民不畏有田，而强豪无挟以相并，则不待限而兼并自有所止。"（卷五，哀帝二，P.115）这里体现了王夫之一定的民本思想，王夫之说："上失其道民散久矣。"

4. 京畿慎聚兵

王夫之认为不能聚兵于京畿王室。"语曰：'明王有道，守在四夷。'制治保邦之道至矣。"意思是将兵力放在防边，制服四方之夷，是天下治理保家卫国之道。他从理论和历史实际结合阐述了他的见解。从理论上说，"书曰：'迪惟有夏，乃有室大竞。'"这竞是以德竞，而非以兵竞。"诗曰：'邦畿千里，惟民所止。'"民所止即非兵所聚也。"《易》曰：'除戎器，戒不虞。'"京畿"近九五者阳，而屏阴于外"。阳为文德，阴为武功。在京畿王室重在推德。从历史现实说，汉代便提供正反两面的历史教训。汉聚劲兵于南北军，在天子肘腋之地形成兵积强之势，这本是要巩卫王室防备不虞。

但是天子不能亲自掌握这些军事力量，必定委之他人，到了吕氏掌握了南北两军，"据兵卫宫以遂其狂逞，而刘氏几移于吕"。国之利器未掌握在天子手上，百官不敢发声，兵则"近在肘腋而或制之矣"，"人主赘立于上，而莫必其操纵，则亦危矣"。王夫之的结论是"天子未能有兵，聚兵以授人之乱而已"，"聚兵于王室以糜天下于转输，只以召乱而弗能救亡，岂非有天下者之炯戒哉！"（卷二，惠帝二，P.25）

5. 天子不宜有私财

"有天下者而有私财,则国患贫以迄于败亡,锢其心,延及其子孙"①,"祸切剥床,而求民不已,以自保其私,垂至其亡而为盗资,夫亦何乐有此哉！""天子而斤斤然以积聚贻子孙,则贫必在国。"（卷二,汉高帝一,PP.9-10）

天子不宜有私财，更不能将此私财留给子孙后世，否则国必贫，而且相反而为"盗资"，也就是给灭自己江山的人提给了财富与资用。这样的事例史上太多。"灭人之国，入其都，彼之帑皆我帑也，则据之以为天子之私。唐克西京，而隋氏之有在唐；宋入周宫，而五代之积在宋。"王夫之还有一段说得更明白："逆广之离宫别馆，涂金堆碧，龙舟锦缆，翦采铺池，裂缯衣树，皆取之有余，而仓粟陈红，以资李密之狼戾，一皆文帝心计之所聚，而以丰盈自侈者也。只速其亡，又何怪乎？"（卷十九，隋文帝一五，P.571）

---

① "则国患贫以迄于败亡,锢其心,延及其子孙"补充在校注中。

6. 忧患意识

"高丽，弱国也，隋文攻之而不克，逆广复攻之而大败，其后唐太宗征之而丧师。"（卷十九，炀帝三，P.575）为什么会这样，王夫之分析原因在于高丽有忧患之心，"非隋、唐之不克，而丽人之守固也。隋方灭陈，高丽丽闻之而惧，九年而隋文始伐之，二十二年而广复伐之，则前此者，皆固结人心，择将陈兵、积刍粮、修械具之日也，成不可克。……乃闻陈亡而惧，惧于九年之前，机发于九年之后，效著于二十三年之余，兴国，于五十余年之久，其君臣之惧以络始，则能抗强大以保邦也。"王夫之所说的这种"惧"实际上就是忧患意识，他并且分析说："惧者，自惧也，非惧人也。"

7. 君王戒猜疑

王夫之还注意到了君主有一个通病，就是好猜疑。而这种猜疑的后果是可怕的，甚至会导致亡国。

光武帝刘秀主国之后，"崇三公之位，而削其权，大臣不相亲也；授尚书以政，而卑其秩，近臣不自固也。"这样做就是由于猜疑之心使然，"西汉之亡也，张禹、孔光悬命于王氏之手而宗社移矣。光武弗知惩焉，厚其疑于非所疑者，使冲人孤立于上，而权臣制之，不委心膂于刑人，将谁委乎？明主一怀疑而乱以十世，疑之灭德甚矣哉！"（卷七，和帝三，PP.182-183）光武帝刘秀是王夫之最推崇的帝王，甚至超过唐太宗。但王夫之还是认为刘秀之疑误了东汉，君德是王夫之认为最重要的君王品质，王夫之认为好猜疑构成了对君德的直接毁灭。

"以疑而不能不召乱亡之祸者无有。"王夫之举例说，"魏之削诸侯者，疑同姓也；晋之授兵宗室以制天下者，疑天下也。疑同姓则天下乘之，疑天下则同姓乘之，力防其所疑，而祸发于所不疑，其得祸也异，而受祸于疑则同也。"（卷十一，晋九，P.315）王夫之进一步指出这是庸人之疑，以一人之疑敌天下，愚不可瘳。

"上多猜，则忠直果断之士不达；上多猜而忠直果断者诎，则士相习于葺靡，虽有贞志，发焉而不成。"（卷十五，顺帝，P.468）王夫之提供的史例是："宋自孝武迄于明帝，怀猜忌以待下，四十余载矣，又有二暴君之狠毒以闲之，人皆惴惴焉旦夕之不保，而葺靡图全之习已成。其不肖者，靡而之于恶，以戴叛逆、戕君父而不愧，则褚渊之流是已。其贤者，虽怀贞而固靡，其败也，则不足立皎皎之节……史称粲简淡平素无经世材，非无材也，狎于全身避咎之术，以逃猜主之鼎镬，气已荼而不可复张。"君主的猜疑对官场风气的恶化，官员心态的影响十分巨大，乃至对人才队伍的建设也具有相当的破坏性，所以王夫之的结论是："故以猜驭下者，其下慑焉而旁流，刚化为柔，直化为曲，密化为疏，祸伏而不警，祸发而无术，为君子者，无以救其亡，而小人勿论己。"

王夫之还论述了唐德宗朝事"然而卒为后世危亡之鉴者，论者以为好疑之过，是已。虽然，好疑者、其咎之流也，非其源也；穷本探源，则好谀而已矣。……是故德宗之得失，恒视所信而分，专有所信，则大有所疑"。王夫之这一段文字很深刻，从猜疑的表象鞭辟入里，揭示了其根源在好谀，又进一步剖析有所疑必有所信，"有大信者，必有厚疑；有厚疑者，必有偏信；或信或疑，贤奸俱不可恃，唯善谀者能取其深信，而天下皆疑矣。"（卷二十四，德宗三六，P.768）

王夫之又有一段文字进一步阐述："疑其所不必疑，则可疑者进矣；疑其所不必疑，则奸雄知我之徒疑而无能制矣。故畜疑者，召祸之门也，而况乎其加这以忌也！"（卷十三，穆帝一，P.374）这一段话重点是针对掌国大臣而言，所引述的史例是东晋王导等的故事，主要大臣一茬一茬相互猜疑猜忌、相互防范，"王氏既衰，庾氏又替，王彪之、谢安方在下位而不足以持权，何充不谋固其国，唯庾氏之是竞，晋之亡肇于此矣。"王夫之说："故唯无疑者可以当大任而不倾。"

必须建立君臣的信任关系，君臣的信任体系受到破坏，其运行是成问题的。在中国政治史上，政治信任应当是关键，起着支撑社会信任和政治进行的底座作用和风向标作用。《吕氏春秋·贵信》曰："凡人主必信。信而又信，谁人不亲？故周书曰：'允哉允哉！'。以言非信则百事不满也。故信之为功大矣。信立则虚言可以为矣。虚言可以赏，则六合之内，皆为己府矣。"

8. 帝王之典范光武帝

东汉光武帝刘秀是王夫之最推崇的古代帝王，《读通鉴论》各卷以帝王为目，"光武"目下计有三十八则读史札记，而唐朝"太宗"目下为二十五则。在下断语时，不吝给予最高级的赞语，如"自三代而下，唯光武允冠百王矣"（卷六，光武一〇，P.143）。虽然这只是就某一方面而言："前而高帝，后而唐、宋，皆未有如光武之世，胥天下以称兵，数盈千万者也。"

"光武则可谓勿忘其能矣。天下未定，战争方亟，汲汲然式古典，修礼乐，宽以居，仁以行，而缘饰学问以充其美，见龙之德，在飞不舍，三代以下称盛治，莫有过焉。故曰：光武远矣。"（卷六，光武一五，P.146）王夫之最推崇东汉开创之主光武帝刘秀，本段文字称扬刘秀不仅有武功，而且有文治，重心还在"缘饰学问以充其美"。本则文字前后都是说"古无不学之天子，后世乃有不学之相臣"，都似在倡导天子要有学。而有文治武功的刘秀与一般"英雄起于草莽者有异"。远矣的地方亦在此。

"任为将帅而明于治道者，古今鲜矣，而光武独多得之。来歙刺伤，口占遗表，不及军事，而亟荐段襄，曰：'理国以得贤为本。'此岂武臣之所及哉？歙也、祭遵也、寇恂也、吴汉也，皆出可为能吏、人可为大臣者也。然而光武终不任将帅以宰辅，诸将亦各安于鞴鞑而不欲与于鼎铉。呜呼！意深远矣。故三代以下，君臣交尽其美，唯东汉为盛焉。"（卷六，光武二三，P.152）

"诸将之贤也，帝有以镇抚之也；奖远臣以忠鲠，而

化近臣于公坦，帝之恩威，于是而不可及矣。"（卷六，光武二四，P.153）

王夫之对刘秀的某些具体政策措施不以为然。

王夫之不赞成刘秀"南单于降汉，光武置之西河塞内"的做法，针对"光武招怀南单于，非谓可永安内地，正以权计之算，捍御北狄"的说法，认为"夫光武岂可谓之权哉？"而是"倒置重轻，而灭五帝、三王之大经也"。王夫之认为到和帝时"袁安、任隗欲乘朔漠之定，令南单于反北庭，驱逐于除鞬，而安其故庐，此万世之长策也"。（卷七，和帝二，P.181）

王夫之很有点朴素辩证法，从刘秀的政治和政局之得看出其失以及其后东汉政局之失的原因。

光武因郭后失宠而"废太子强，群臣莫敢争者。幸而明帝之贤，得以掩光武之过"（卷七，章帝六，P.177）。但是类似的事情再次发生，明帝之后的章帝"废庆立肇，而群臣亦无敢争焉。呜呼！肇之贤不肖且勿论也，章帝崩，肇甫十岁，而嗣大位，欲不倒太阿以授之妇人而不能"。这样的局面终汉之世，后来的帝王"皆以童昏嗣立，权臣哲妇贪幼少之尸位，以唯其所为，而东汉无一日之治"。王夫之认为，"此其祸章帝始之，而光武实贻之也"。

和帝之时，"窦宪之党，谋危社稷，帝阴知而欲除之，莫能接大臣与谋，不得已而委之郑众，宦寺之亡汉自此始。"王夫之认为，"揆所自始，其开自光武乎！"刘秀在位时，

"崇三公之位，而削其权，大臣不相亲也；授尚书以政，而卑其秩，近臣不自固也。故窦宪缘之制和帝不得与内外臣僚相亲，而唯与阉宦居。"这一切的根源在于，"光武弗知惩焉，厚其疑于非所疑者，使冲人孤立于上，而权臣制之，不委心膂于刑人，将谁委乎？明主一怀疑而乱以十世，疑之灭德甚矣哉！"王夫之认定刘秀疑心太重，"天下皆可疑，胡独不疑吾子孙之智不逮，而昵于宴安也乎？"王夫之主张，"创业之主而委任大臣，非仅为己计也"。（卷七，和帝三，P.183）

王夫之对光武帝的推崇，我们在另外的章节里还会有所论述，此不再赘论。

四、驭臣有道

在王夫之看来，君有君道，臣有臣道，君还有驭臣之道，驭臣之道实际上也就是君臣关系。在论述君道时已不可避免地涉及君臣关系，这里从不同角度论列。

君臣关系的第一要素就是君相关系，选相与顾命大臣是君主最主要的职责。

"则天子命相，倚之以决大疑、定大事，亦必有道矣。"

（卷二十五，宪宗一一，P.785）宪宗还"自谓得驭之之道"。（卷二十五，宪宗一○，P.782）关于君相关系宜在"宰相论"详论。

在评述西汉宣帝临终属萧望之辅政时，王夫之写下如后一段话："盖宣帝之为君也，恃才而喜自用，乐闻人过以示察者也，故于望之有臭味之合焉。以私好而托家国之大，其不倾者鲜矣。"（卷四，宣帝一八，PP.94-95）在这一段话之前，王夫之有约200字陈述萧望之此人不足以承担托国辅大任。而宣帝为何又选择了萧望之，就是所引文字所言君臣"有臭味之合"。王夫之末一句感慨，是值得人君和上位者深思并为之戒。

在论宣帝之继任者元帝史事时追溯宣帝史事，王夫之又写一段意思略为接近的话："屈伸之理，一彼一此；情伪之迁，一虚一盈。故人主驭天下之人才，不轻示人以好恶而酌道之平，诚慎之也。畏其流而尤畏其反也。"（卷四，元帝二，P.97）人君随意表达自己的好恶对流风形成以及逆动都有很大影响，是应当戒而慎之的。

"人君不可禁大臣之交游，而大臣固当自重其颦笑。"（卷二十五，宪宗一五，P.789）王夫之讥嘲"德宗令廷臣相过从者，金吾伺察以闻，愚矣哉！"故而有此论。他认为大臣交游于私第不妥当，"然则当日私第之所接纳，其能益于公以益于国者，盖亦鲜矣。"

王夫之几乎自始至终都在申说这个道理："臣之于君，

可贵，可贱，可生，可杀，而不可辱。""高忠宪曰：'辱大臣，是辱国也。'大哉言乎！"（卷二，文帝一四，P.37）

"士可杀不可辱，非直为君言，抑为士言也。高忠宪公于缇骑之逮，投池而死，曰：'辱大臣即以辱国'。韪矣"。（卷三十，五代下二，P.938）士有气节，可杀不可辱。王夫之高度肯定了这种气节，既用具体的史例说明之，又指出这种不可辱的气节，君主要重视，士大夫本身更无论矣。

"夫大臣者，衷之以心，裁之以道，持之以权，邦之荣怀与其机阱系焉者也。"（卷二十，宪宗一〇，P.783）王夫之在这里实际是以大臣的职责来定义何谓大臣的。王夫之的意思是大臣要充分认识所肩负的重责，他围绕这段文字所展开的论述是唐宪宗时宰相李绛与李吉甫史事，此两人虽贞邪有辨，但"各得其朋党以相抵牾，而党祸成矣"，"朋党交持，祸延宗社"，显然与此大臣之道有违。王夫之看来，大臣不可"以辩论之长与争消长"，而要守此大臣之道。而要命的还在唐宪宗，"李吉甫之专恣，宪宗觉之，而拜李绛同平章事以相参酌，自谓得驭之之道矣"。而宪宗虽然察知李吉甫奸诈，但宪宗有通常帝王都有的短板，被李吉甫"恃宪宗之好谀在心"。而好谀是足以致命的弱点，"天下之足以丧德亡身者"。唐宪宗试图通过两方面的平衡而达到驭臣的目的，实际效果极差，被自己好谀的短板给抵消了，由此造成党争之起的局面，日后将成为唐代一大毒瘤。唐宪宗在这一点实际上未弄通驭臣之道。

这又带出了一个问题，要明白驭臣之道，必须更多地懂得大臣及其职责。

"论守令之贤，曰清、慎、勤，三者修，而守令之道尽矣？夫三者，报政以优，令名以立，求守令之贤，未有能置焉者也。君子修此三者，以宜民而善俗，用宰天下可矣"，但是仅此还不够，"欲矫行以立官坊而不学……岂仅恃三者哉！"（卷七，章帝四，PP.175-176）

"故大臣之以身任国事也，必熟识天下之情形，接纳边臣之心腹，与四方有肺腑之交，密计潜输，尽获其肝胆，乃可以招携服远，或抚或剿而罔不如意"。（卷二十五，宪宗一一，PP.784-785）大臣的职责在于内政外交，此节文字重在言边防，是内政外交的结合点。

"君子之道，不可则去耳"（卷二十五，宪宗一六，P.790）。这是君子的交际之道，运用于官场也是可以的。

"择君而后仕，仕而君不可事则去之，君子之守固然矣"（卷十九，炀帝一二，P.585）。王夫之的这个观点既是对先圣之言的具体阐发，先圣孔子有言："天下有道则现，无道则隐。"这也是士大夫的一种传统，也很符合现代性的要求。君臣可以互择，不可事之君也就是不道之君，君子可以离而去之，既可以避免从邪，保留了节义。这不仅体现了臣下的一个基本立场，也对君主是一种压力与警示，君主必须得人心。这对君臣其实都是一种约束，因为一旦君臣关系形成，便有"臣主之义，生于人心"，便要尽责尽职尽忠。以上所述既是对王夫之这句话的生发，其实也是对王夫之围绕这句话展开论述的概括。在另一则文字里，王夫之还用实例再次阐发这一观点，他以唐宪宗时宰相李绛与李吉甫本道不同，"绛而知此，则当命相之日，审吉甫之植根深固，不可卒拔，辞平章不受，使人主知贞邪之不可并立，而反求其故，吉甫可逐也"（卷二十五，宪宗一〇，P.783）。只不过这段文字里，非君不可事，而是同侪李吉甫奸诈不可为同事。王夫之还进一步发挥说："即受之而姑舍他务，专力昌言，斥吉甫之奸，必不与同谋国事，听则留，否则去，不但无自辱之憾，且正邪区分，可俟小人之偾辀折轴，而徐伸其正论，于国亦非小补也。不此之务，屈身以与同居论道之席，一盈一虚，待下风者随之而草偃，朋党交持，祸延宗社，绛能辞遇雨之濡哉？""此大臣之道，所不欲以身任天下之纷纭者也"。在官场坚持去留在自己，不为官场奴，是一种自我意识的觉醒。

与之相关联的，王夫之提出大臣处事的"大臣之道"："大臣之道，不可则止，非徒以保身为哲也，实以静制天下之动，而使小人之自敝也"（卷二十五，宪宗一六，P.790）。王夫之以宪宗时裴度不知退止，指为"大臣之道以诎"，结果造成的局面是："晋公（指裴度——引注）之不去，公之衰也，唐之病也，朋党之祸，所以迄于唐亡而后止也。"由此王夫之认为："国家之患，莫大乎君子以若进若退之身与小人迭为衰王，而祇以坚小人之恶。"（卷二十五，宪宗一六，P.790）

"进以树特立之操，退以养和平之福，大臣之常度也。"（卷二十五，宪宗一三，P.787）王夫之还是以李绛为例，说他"绛虽忠，未讲于此，上不能靖国，而下以危身，抑有以致之矣"。王夫之反复以李绛为例，论说其在大臣之道方面有欠缺。

王夫之在是书中反复强调这种君子的进退观，是对孔孟学说的继承发扬。孟子曾经赞扬孔子说："可以仕则仕，可以止则止，可以久则久，可以速则速。"（《孟子》公孙丑上）王夫之以孔孟的这种君子价值观来考察历史发表评论，颇为中的。

君道与臣道是相辅相成的，这样一些道理，王夫之所言是"尽臣道者不可不知，正君道者尤万不可不知也"。（卷二十五，宪宗一〇，P.783）

五、母后临朝

中国历史上的母后临朝以近世慈禧为国人所知，清朝在其手中覆灭向为共识。此前王夫之对中国历史上的母后临朝现象就特别注意，并多所批判且很激烈。他有一句管总的话：

"母后临朝，未有不乱者也。"（卷七，安帝三，P.192）

1. 由东汉说起

"母后临朝，未有不乱者也"这句话是在论述东汉安帝时邓后临朝时说的。他对邓后临朝的批判可算一分为二，但总体持批判态度。

一方面，"邓后之视马后也为尤贤，马后贤以名，邓后较有实矣。厚清河王庆而立其子，诏有司捡敕邓氏家门非过，遣邓骘兄弟还第，皆实也，宜乎其贤无以愈也"。另一方面，"然而听政十年，国用不足，至于鬻爵，张伯路起于内，羌叛于外，三辅流亡，天下大困，非后致之而孰使然邪？"

王夫之所分析的这两个方面，就前一方面来说是小，就后一方面来说是大，故而小大比较，王夫之总体是持批判立场的。王夫之随后也说得很明白："盖后之得贤名者，小物之俭约、小节之退让而已，此里妇之炫其修谨者也。"通过对邓后临朝的分析，王夫之强化了他起首的一句，更进一步说："故奖妇之贤者，非良史之辞也；事女主者，非丈夫之节也。"这话说得很决绝。他在这一则札记里说母后不能临朝的一个理由倒也不无道理："所见所闻，不出于闺闼。其择贤辨不肖，审是非，度利害，一唯琐琐姻亚之是庸。"至于引文提到的马后乃是东汉章帝之母，王夫之也有专门的札记论其"好名而巧于言者也"，"以欺世而有余，可不畏哉！"（卷七，章帝三，PP.174-175）此不赘述。

王夫之在另外一则札记里对邓后办学也有批驳。"言治

152

者，知兵权之不可旁落，而不知文教之不可下移，未知治道之纲也。"（卷七，安帝一〇，P.198）这是由东汉安帝时邓后为邓氏近亲开邸第教学而生发的议论，也是这一则札记的结句。史家每称誉此事，王夫之却不以为然。从这一句看，王夫之将"文教不可下移"抬高到了治国之纲的位置。其理论依据是孔子的"民可使由之，不可使知之"。王夫之引用了孔子的这句话，并对孔子的思想做了发挥，既用上古之事与孔子思想相印证，"三代王者岂以仁义礼乐吝予斯人；而内不及于宫闱，外不私于姻党，何为也哉？"又将由孔子思想提炼的理念，与兵权一起并立提高到了治国大纲的高度，一文一武，文武之道。而其历史与现实的考量则是，"诗书者，君子所以调性情而忠孝，小人所以启小慧而悖逆者也"。王夫之还引用谚语"妇人识字则诲淫，俗子通文则健讼"，来加强其议论的力量。而其所由生发的邓后办学，王夫之则用"汉武开博望苑，而太子弄兵；唐高开天策府选文士，而宫门喋血"来指其效果类此，又用"方今外戚豪盛，君道微弱""后之宠私亲以紊朝纲"来抵消其办学的根基，并用上古三王"内不及于宫闱，外不私于姻党"来对照邓后之作为。后党子弟掌以兵权，再振文教，则"先王经纬天下之大用，一授之匪人，国尚孰与立也"！深刻领会这一则札记，王夫之的用意全在此。不能只是从王夫之提倡愚民这个角度去理解"文教不可下移"的含义。

王夫之对邓后最严厉的指责还在于："任尚债帅也，邓鹭纨绔也，邓后妇人也；妇人尸于上，纨绔擅于廷，债帅老于边，三者合而亡国之道备焉。"这是从道理上推论已经具备了亡国的因素，"幸而不亡"（卷七，安帝九，P.198）却是东汉之亡的远因，"宦寺之终亡汉，李闰、江京始之也，而实邓后之反激以延进之也"（卷七，安帝一四，P.202）。

邓太后听政，如王夫之所言，后代史学家也多有赞词，司马光也给予了肯定。邓后去世，《资治通鉴》有如下盖棺论定的文字："太后自临朝以来，水旱十载，四夷外侵，盗贼内起，每闻民饥，或达旦不寐，躬自减彻，以救灾厄。故天下复平，岁还丰穰。"（《资治通鉴》卷五十）

王夫之对邓太后无好评，更多的是从规则上极力反对母后听政，而他在批母后临朝时提到的"奖妇之贤者，非良史之辞也"，其实不排除暗指司马光。相对而言，作为有顶层官场实际政治经验的政治家与史学家的司马光在这个问题上的看法或许更为平允。

包括这次邓后临朝在内，东汉有过六次母后临朝，外戚执政，有半数时间处于这样的状态。和帝时，窦太后临朝，窦宪执政；安帝时，邓太后临朝，邓骘执政；北方侵时，阎太后执政，阎显执政；桓帝时，梁太后临朝，梁冀执政；灵帝，窦太后临朝，窦武执政；弘农王时，何太后临朝，何进执政。这六次几乎都是皇帝借力宦官铲平外戚。这导致"东汉无一日之治"（卷七，章帝六，P.177），宦官与外戚遂成为中国历史上的两大祸患。

中国的主流价值观是不主张甚至很反对女性从政干政的，王夫之的这一番言论既是对历史现象观察的结果，也是主流价值观的一种反映。

2. 回头说西汉

王夫之指斥母后临朝的文字多见：

"亡西汉者，元后之罪通于天矣。"（卷五，成帝二，P.106）

"天下未有妇人制命，而纨绔债帅不兴者也"。"三者合而亡国之道备焉"。（卷七，安帝九，P.198）

王夫之甚至将母后临朝称之为"女祸"，"女祸之烈，莫如王氏，而论者犹宽之，踽踽之孚，且以孚后世而免于史氏之诛，亦险矣哉！"（卷五，成帝二，PP.107—108）这个王氏就是前面提到的元后。

以上引文多见于王夫之评述西汉末年成哀之世母后干政事，而更指明比东汉更为糟糕。王夫之有关东汉母后干政的字眼是"乱"，而有关西汉的字眼是"亡"。西汉的母后干政的直接结果是导致王莽上台，在王夫之看来，这一切的根子是元后王氏。其一，王氏内主于宫中，王氏一族其势炽烈，相继把持朝政；其二，朝廷斗争以傅后、王后两系争斗为焦点，旋涨旋消，"哀帝之初，傅氏与王氏争而傅氏胜；哀帝之亡，王氏与傅氏争而王氏胜"，"汉岂复有君臣哉！妇人而已矣"，朝野为此"相激相讼"，一片乱象；其三，王氏直接将刘氏江山"授之王氏"，王莽遂垄断朝政，最终汉亡。

所以，王夫之认为"女祸之烈，莫如王氏"，连西汉初年吕后，唐初中期武则天都比她不过："吕氏私其族而终以国事付平、勃，武氏私其侄而终以国事付狄、娄，元后则笼刘氏之宗社于其鞶帨，而以授之私亲。"（卷五，成帝二，P.107）

3. 进一步的言说

王夫之对历史上有些贤明的母后，也一概不予认同，如前面提到的东汉马后，为章帝之母，"称母后之贤，至明德马后而古今无异词"，但王夫之指斥其好名，"东京外戚之害，遂终汉世，而国籙以亡，自马氏始，后为之也。故言不足以惩心，誉不足以考实。马后好名而名成，工于言而言传，允矣其为哲妇矣。哲妇之尤，当时不觉，后世且不知焉，以欺世而有余，可不畏哉！"（卷七，章帝三，PP.174-175）

王夫之还将母后临朝与外戚、宦官、夷狄列为四大要害，"女主也、外戚也、宦寺也、夷狄也"，君子度德以自处要远离之，"即可与有为，而必远之夙，人道之大戒也"。他还指历史上有些人与这四大祸害有关连而声名受损，"贾捐之、杨兴、崔浩、娄师德、张说、许衡，一失其身，而后世之讥评，无为之原情以贷者，皆钦之类也"（卷五，成帝一，P.106），其中"钦"是指杜钦。

王夫之试图从理论上来阐明这一番道理。他说西汉咸、衰、平三朝，整个朝野能够说人话的只有一个李寻，其他人都是所谓"人头畜鸣"。而李寻说的人话是什么，就是"寻推阴阳动静之义，昌言母后之不宜与政"。但是王夫之尚不满意李寻，一是李寻仅仅"以象数征吉凶"，二是"寻知乾之刚、阴之静矣"而不知鬼亦阴而入阴说。王夫之从理论上阐说，"天地之经，治乱之理，人道之别于禽兽者"，就在于要搞清楚这个问题，"妇人司动而阴乘阳，阳从阴，履霜而冰坚，豕孚而蹢躅。天下有之，天下必亡；国有之，国必破；家有之，家必倾。父子、君臣、兄弟、朋友之伦，以之而泯；厚生、正德、利用之道，以之而蔑。故曰：寻之言，言人之言，而别于禽兽也。妇者，所畜也；母者，所养也；失其道，则母之祸亦烈矣，岂徒妇哉？"（卷五，哀帝四，P.116）所以王夫之主张"故圣王之治，以正俗为先，以辨男女内外之分为本。权移于妇人，而天下沉迷而莫能自拔，孰为为之而至此极"（卷五，哀帝三，P.116）。"辨男女内外之分为本"，实际上就是反对女子干政与听政，王夫之将此提到天下治理的高度来认识，以之阐释其反对女子干政、母后临朝的思想主张。

"母后之不宜临朝，岂非万世不易之大经乎？"但王夫之在有关母后听政问题上，又多少肯定了一个例外。这就是东晋谢安"以天子幼冲，请崇德皇后临朝摄政，灼然其为反经矣"。同时以重臣王彪之"欲已之，而安不从。彪之之所执者经也，安之所行者权也，是又反经之得为权也"，也就是说谢安所行是一种权变。王夫之认为谢安的这种权变在于东晋社会重世臣与望族的习尚以及各种政治力量布局使然，一方面谢安虽为望族，无异孤寒，"乍秉大权，桓冲之党且加以专国自用之名而无以相折，则奉母后以示有所承，亦一时不获已之大计也"。

另一方面，而晋宗室无可托之人，所任者适是以相挠，故不如妇人之易制也，王夫之认为："此之谓反经而合道，又何伤哉？"王夫之认为这是谢安深思熟虑的结果，"奉太后为名，以引大权归己，而冲受裁焉"，故而其"执之坚固，而彪之不能夺也"。但王夫之又指出"王彪之之议，不可废也。安虽不从，而每欢曰：'朝廷大事，王公无不立决。'服其正也"。而对谢安的权变，王夫之也指出："审经以为权，权之常；反经以行权，权之变；当无道之天下，积习深而事势违，不获已而用之，一用而不可再者也。故君子慎言权也。"谢安的权变是不可重复的，这不只是就事论事，而是具有普遍的哲学意义了，果然不久，太后归政，由谢安秉国政。

王夫之反对母后临朝与干政，在一则札记里又对北魏拓跋氏"将立其子为太子，则杀其母后"做了批判，指为"夷狄残忍以灭大伦"，指出"且夫母后者，岂特不可杀，而亦不必过为防者也"，"夫妇人亦犹是人也"，只是要让母后在深宫中"其志宁矣"，"匹夫亦有一匹偶，而惴惴然唯恐戕我国家也，不亦陋乎！"（卷十五，孝武帝二，PP.451-452）

第八章　宰相论

　　宰（丞）相制是中国古代的重要政治制度，汉唐是其成熟时期。
　　陈平在回答汉武帝丞相是什么的时候曾说：丞相者，上佐天
子，下理万物，外抚四方，内附百姓，使卿大夫皆能各司其职也。
这段话认定了丞相的职责及其与君王、百官和人民的关系。唐刘
禹锡《蜀先主庙》诗有句"得相能开国"，可作为士大夫百官对
宰相作用的认识。宋王禹偁有《待漏院记》一文，谈到宰相会思
考些什么，并指出："是知一国之政，万人之命，悬于宰相，可
不慎欤？复有无毁无誉，旅进旅退，窃位而苟禄，备员而全身者，
亦无所取焉？"这段话谈到了宰相责任的重大，对于那些明哲保
身的宰相也认为是无可取也。总而言之，宰相制的历史功能大致
有四：其一，嫡长继承制使君主的德能无法保证，宰相多是在官
员中选贤任能产生的，能力品行相对更有保证；其二，权力分离，
君主与宰相大大冲淡了君主专制政治，使君权与相权更有职分，
对"皇帝专制"有所制约；其三，宰相大多起于州郡，或系来自
民间的知识分子，对民间疾苦有所了解，多少能够反映民声；其四，
开通了知识分子参与权力的道路。比王夫之早的王阳明曾表述过
自己的心思，"志伊尹之所志，学颜子之所学"，伊尹是辅助商
鞅革命的宰相人物，这句话的意思就是，王阳明说自己的外在欲
求是当宰相，内圣的标杆是颜回。士人渴望不朽的心是相同的。
明代朱元璋废除了一千多年的宰相制度，将统治大权集于君主，
清随明制，君主集多种权力于一身，权力空前膨胀。这造成了明
清以来君主极端专制统治的政治局面，也毁灭了士大夫的从政理
想。王夫之《读通鉴论》正是在这样的情势下来思考宰相与相权
问题的。

一、宰相是什么

1. 宰相之位

为何需要有宰相？王夫之从上古的历史中寻出脉络："故六卿之上，必有佐天子以总理之者，而后政以绪而渐底于成，此秦以下相臣之设不容已也。"（卷十九，隋文帝四，P.558）

"丞相，秦官也；三公，殷、周之制也。古者合文武为一途，故分论道之职为三；秦以相治吏，以尉治兵，文武分，而合三公之官于一相。汉置相，而阃政专归于大将军，承秦之分，而相无戎政之权，大将军总经纬之任。"（卷五，成帝八，P.111）

"若周官大司马总戎政，摄祀事，兼任征伐，则唯封建之天下，无夷狄盗贼之防则可耳，后世固不得而效也。"（卷二十五，宪宗五，P.778）

王夫之对何者为宰相这一官职做出了自己的界说："宰相者，外统六官，内匡君德，而持可久可大之衡，以贞常而驭变者也。君心之所自正，国体之所自立，国本之所自固，民生之所自安，非弘通于四海万民数百年之规而不役于一时之利病者，不足以胜其任。"（卷二十，太宗三，P.606）

宰相是官民之望，人臣之极。"宰相之重，仕宦之止境也"，"宰相者，位亚于人主而权重于百僚者也"（卷二十四，德宗三一，P.763）。"君之下，民所仰者相也"（卷三十，五代下九，P.946）。

王夫之充分肯定宰相在治政与安天下方面的作用。

"立国之始，宰相为安危之大司。"（卷十，三国七，P.276）

王夫之以三国吴为例，"吴之舍张昭而用顾雍，雍者，允为天子之大臣者也，屈于时而相偏安之国尔"。王夫之为顾雍抱屈，对其评价很高，"三代以下之材，求有如顾雍者鲜矣。寡言慎动，用人惟其能而无适莫；恤民之利病，密言于上而不炫其恩威；黜小利小功，罢边将便宜之策，以图其远大。有曹参之简靖而不弛其度，有宋璟之静正而不燿其廉。求其德之相若者，旷世而下，唯李沆为近之，而雍以处兵争之世，事雄猜之主，雍为愈矣。故曰：允为天子之大臣也"。这是对顾雍为相的政策举措与人品的描述，对其治国的效用则有如下叙述："雍既秉国，陆逊益济之以宽仁，自汉末以来，数十年无屠掠之惨，抑无苛繁之政，生养休息，唯江东也独。惜乎吴无汉之正、魏之强，而终于一隅耳。不然，以平定天下而有余矣。"（卷十，三国七，PP.276-277）顾雍在东吴

161

为丞相十九年，赤乌六年（243）在任上去世，年七十六。他的成功之处在于准确把握住了如何为相，也就是他知道孙权需要什么样的丞相，恰如其分地履职履责。

立国中期的宰相，王夫之考察代宗朝，"至于大历，乱少息而泮散尤甚"。但"杨绾一相，三月之间，而天下为之震动恪共以从乂，绾于是得立法之本，而行之有序；绾不死，知其可以定天下矣"。"夫代宗非果无能为者，一受制于李辅国，而二竖因之，元载乘之，怀情以待，得绾以相而志将伸，绾遽卒，常衮不足以胜任，而代宗又崩矣，唐之不振，良可悼已！然建中之初，天下姑安者，犹绾之余休也。法先自治以治人，先治近以及远，绾清慎自持，汾阳且为之悚惕，孰敢不服哉？法犹可行，治犹可定，天夺绾而代宗终为寄生之君，过此无可为矣"（卷二十三，代宗一一，P.724）。

而对乱世与末世的宰相，王夫之也有充分的理解。"乱世之将相，贱于平世之尉丞"（卷九，献帝二二，P.259）。

为了确保国家政权的正常运行，王夫之认为宰相应当名实相符，有独立行使的行政之权，且不得使小人对宰相形成掣肘。但历史却常常不是这样。"汉举朝政尽委之大将军，而丞相听命，五代使枢密察宰相，固敛重而贻权奸之祸。唐、宋之失，在任刘光琦、童贯，盖所任非人，而非其设官之咎"（卷二十五，宪宗五，P.778）。

汉代宰相权在将军之下，"人主之废立，国事之措置，一听命于大将军，而丞相若其府史。"（卷二，惠帝二，P.25），这在体制上即使没问题也容易出祸乱，而五代设枢密院监督宰相，在设官上虽无咎，但若任人不当便有权奸之祸，五代、唐、宋都有"所任非人"之小人对宰相形成掣肘，这都是历史的教训与代价。

唐宣宗时，周墀为相，韦澳对他说："愿相公无权。"王夫之发感慨："伤哉斯言！"王夫之认为："宰相无权，则天下无纲，天下无纲而不乱者，未之或有。"王夫之进而分析："权者，天子之大用也。而提权以为天下重轻，则唯慎于论相而进退之。相得其人，则宰相之权，即天子之权，挈大纲以振天下，易矣。宰相无权，人才不繇以进，国事不适为主，奚用宰相哉？"王夫之的意思很明白，宰相之权实君主之权，宰相有权则天下有纲，不给宰相权力，又设置这个宰相做什么？无权"宰相不得以治百官，百官不得以治其属，民之愁苦者无与伸，骄悖者无与禁，而天子方自以为聪明，遍察细大，咸受成焉，夫天子亦恶能及此哉？摘语言文字之失，按故事从违之迹而已矣。不则寄耳目于宵小，以摘发杯酒尺帛之愆而已矣。天下恶能不乱哉！"（卷二十六，宣宗四，PP.830-831）

2. 宰相的个人素质

宰相必须有德威，能服众。

王夫之举萧何为例："汉高相萧何，乃至叱诸将之功为狗而不怒者，实有大服其心者，非一朝一夕之故也。"（卷二十八，五代上一九，P.909）

王夫之也激赏唐李泌出任宰相前就"以三朝元老立翼戴之功，而白衣归山，屈身参佐，无求登台辅之心，其大服不肖者之心夙矣"（卷二十四，德宗三一，P.762）。

王夫之指出相反的例子，五代无相，根由便在宰相不具德威，而其后果又是很严重的："朱温灭后，五姓之主中土者，皆旋夺于握兵之臣，即不能夺，而称兵以思夺者，此扑而彼兴，无他，唯无相而已。无相者，非必其时之无人也。抑非偏任武人，而相不能操国柄也。"而相不能操国柄的原因在于，所谓人主在起兵之时无有可与匹配之人为之，"未尝一日运目游心于天下士，求一可任者，与定大谋、经画天下之治理"，建立起德威，及至天下初定再指定宰相，这样的人德威不具，"名之曰相，实均于无相，枢密得操其行止，藩镇直视为衙官，天子孤立，心膂无托，夺之也如吹槁，弗复有难焉者矣。"（卷二十八，五代上一九，P.909）王夫之在这里精辟地分析了五代无相的历史格局及其产生的原因与后果。

身兼将相的李晟是王夫之较为认可的唐代高官，"张延赏奸佞小人，燢乱天下，吐蕃劫盟之役，几危社稷，廷臣莫能斥其奸，而李晟抗表以论劾之，正也。晟之告李叔度曰：'晟任兼将相，知朝廷得失而不言，何以为臣？'"（卷二十四，德宗二七，P.758）王夫之极为欣赏其应言敢言的精神："推此心也，其力攻延赏之志，皎然可正告于君父。"王夫之也为之可惜："乃德宗疑其抱夙忿以沮成功，终任延赏，听之以受欺于吐蕃，晟虽痛哭陈言，莫能救也。"王夫之也分析了此番陈言不为采纳的原因，在于李晟为帅时在成都军营有营妓之事为张延赏"以持晟之长短"，而德宗君臣均以这一点早前的"纤芥之嫌"，"挟此为成心"而"置相臣之贤奸与边疆之安危于不较"。王夫之又发感慨"细行不矜，终累大德"，"观于李晟，可以鉴矣"。

宰相治事最重要的品格是"持中"。"宰相给舍无所偏私，以周知为道者也"（卷二十，太宗五，P.610）。

王夫之很赞成刘文成公说的"疾恶太甚，不可为相"。本来"相者，贤不肖之所取裁，以操治乱之枢机者也"，怎么可以"好善不笃，恶恶不严"呢？王夫之解释道："今绎其语而思之，太甚云者，非不能姑纵之谓也，谓夫恶之而不如其罪之应得，不待其恶之已著，而摘发之已亟也。形于色，发于言，无所函藏，而早自知其不容，一斥为快，而不虑其偾兴以旁出也；如是以赞人主赏罚之权，而君志未定，必致反激以生大乱。"王夫之又举出具体事例说："申屠嘉一失之邓通，再失之晁错，皆疾恶甚而无持重之断，以一泄而易穷也。"所以王夫之说"刘公之言，为万世大臣之心法，允矣"。（卷二十一，高宗二，PP.634-635）

宰相对万事都能"持衡而断之"是最重要的政治品格。"事理得执中之用，酌古鉴今，斯可久之良法与"（卷二十，太宗五，P.609），"然宰相之贤者，且虑有未至而见有或偏，不肖者之专私无论也"（卷二十，太宗五，P.608）。

宰相必须有广大的政治胸襟。"相无才天下之才皆其才，相无智天下之智皆其智"。这里的主要意思是宰相能集众思广众益,集思广益,谦恭下士,做宰相的不重在显示自己的本事,而是激发天下的才智。宰相必须有良好的官僚群体以配合。唐宪宗时有一吴元济有反心,"蔡州一空城,元济一独夫,李愬一夕而缚之如鸡鹜,其易也如此,而环攻四年,其难也如彼,唐安得有将相哉?"非常容易攻破和平息的逆反,而朝廷举十六道之兵,四面攻之,四年而后克,为什么会出现这样的情况。唐朝没有将相吗?王夫之指出乃是因为满朝大臣受反者金钱"以相阿庇",而为之"唇舌者"。所以尽管"仅裴、武两相立于百僚之上,为疑谤之招,弗能胜也"。从王夫之的论述看,宰相不是不能的,宰相必须有良好的官僚群体的支持,独撑局面有其难,所以"非有清贞之大臣,前不屑千金,后不恤猛虎,则天子终无可寄之心膂"(卷二十五,宪宗一四,P.788)。

3. 由士人到宰相

"故君子者,以仕为道者也"(卷六,光武一七,P.147)。

而成为宰相更是士人的理想,"人之乐居尊位者,上之以行其道,次之以成其名,其下则荣利之餍足耳"。王夫之这样概括士大夫极愿成为宰相的心理状态。当天下方宁之时,"而宰相尊"。但居宰相位亦难,尤其是当其乱世,"其尊也,藩镇视之如衙官;其荣也,奄宦得加以呵詈。一旦有变,则天子以其颈血而谢人,或杀或族,或斥远方而毙于道路"。所以乱世之相难,无人愿做宰相。《资治通鉴》所记此类事不止一二，王夫之亦有例说，"故苏捡欲经营韩偓入相，而偓怒曰：'以此相污'，诚哉其污也！"（卷二十七，昭宗一二，P.879）王夫之给予剖析："惟坚持必不为相之节，抑知虽相而无救唐亡，祇以自危之理；且知虽不为相而可以尽忠，唯不为相而后可尽忠于主之势。"（卷二十七，昭宗一一，P.878）韩偓是唐末大臣，结局是遭贬远流，"偓之贬也，昭宗垂涕而遣之，偓对曰：'臣得贬死为幸，不忍见篡弑之辱'"。

王夫之对于士大夫出任宰相是力挺，但在是否出任以及何时出任宰相问题上又持审慎态度。他欣赏李泌的地方也在李泌能审时度势或就或弃相位，他对乱世宰相难而韩偓不愿任宰相以相位污其声名表示理解。"此大臣之道，所不欲以身任天下之纷纭者也"。他对唐宪宗朝时李绛出任同平章事（唐集体宰相中的一员）则有所批评："绛而知此，则当命相之日，审吉甫之植根深固、不可卒拔，辞平章不受，使人主知贞邪之不可并立，而反求其故，吉甫可逐也。即受之而姑舍他务，专力昌言，斥吉甫之奸，必不与同谋国事，听则留，否则去，不但无自辱之憾，且正邪区分，可俟小人之偾辀折轴，而徐伸其正论，于国亦非小补也。不此之务，屈身以与同居论道之席，一盈一虚，待下风者随之而草偃，朋党交持，祸延宗社，绛能辞遇雨之濡哉？"（卷二十五，宪宗一〇，P.783）王夫之认为这一点，"尽臣道者不可不知"。

167

二、君相关系

　　君相关系是王夫之考察的重点。君与相必须匹配，"至贵者，天子也；其次，则宰相也"（卷二十九，五代中一七，P.934）。"君为民之君，相为君之相，庶几乎天职之共焉"（卷三十，五代下一三，P.952）。

　　要形成"明君哲相"的组合。（卷二十四，德宗四，P.730）"君暗"则"相佞"，如果是"君暗相佞"的局面，天下必乱。（卷二十四，德宗九，P.737）

　　天子的责任在于择相，这既是天子的权力，也是天子的责任。王夫之说："天子之职，择相而已矣。百为之得失，百尹之贞邪，莫不以择相为之本。"（卷三十，五代下二四，P.965）王夫之甚至指出宰相必出于君主自择，而不能委以他人，哪怕是前任宰相推荐也是欠妥当的。

　　王夫之进而论述，"夫人臣出身事主而至于相，非一日之遽得之也；人君登进草莱之士而至于相，非一日骤予之也。"必须经过全面的长期的考察，"兵农礼乐，皆足以见

其才；出处取与，皆足以征其守；议论设施，皆足以测其量；荐拔论劾，皆足以试其交。"（卷三十，五代下二四，P.966）

"则天子命相，倚之以决大疑、定大事，亦必有道矣。……故人主之命相，必使入参坐议，出接四方，如陆贽、李绛之任学士也，早有以延揽方镇而得其要领；天下亦知主眷之归，物望之集，可与为因依，而听其颐指；无患乎事机之多变，而周章以失据矣。"（卷二十五，宪宗一一，P.785）这段话既指明任相有道，也指出宰相要了解边情，内外周全。君相的和合有助国家政治的良性运行。

王夫之对天子在任免宰相方面的轻率多所批评，"如唐滑涣一堂后小吏耳，郑余庆一斥其奸，而旋即罢相，其可畏而不可挽也如此。"（卷十九，炀帝一，P.539）唐高宗数易宰相，"以轻于命相，故一妇人谈笑而灭其宗祀，替其冢嗣"（卷二十七，昭宗一二，P.878），宰相任免的轻率只能给政局添乱。

王夫之批评有的君主不懂命相之道，"李吉甫之专恣，宪宗觉之，而拜李绛同平章事以相参酌，自谓得驭之之道矣。乃使交相持以启朋党之争，则上失纲而下生乱，其必然也。绛贞而吉甫邪，弗待辨也。虽然，谓绛为得大臣之道，又岂能胜其任哉？"（卷二十五，宪宗一○，P.782）王夫之认为这是要"君子而以言与小人角长短，未有贞胜者也"。这是"正君道者尤不可不知"的。"故人主不审于贤奸之辨，而用舍不决，使小人与君子交持于廷，诚宰相之所深忧。"（卷二十六，文宗五，P.811）

天子的职责在选择任命宰相,选相不当的后果是严重的。王夫之指出:"知远之命相,竟求之于军幕执笔之客佐,天下贱之恶之,狎而蔑之,倏起旋灭,无为太息者,尤无足怪矣。故刘氏之亡,亡于苏禹珪、苏逢吉之为相。"(卷三十,五代下九,P.946)王夫之引《易》曰:"开国承家,小人勿用。"更不能用在宰辅的位置上。

王夫之十分重视历朝历代君相关系的史事分析。以唐高宗朝为例,"高宗在位三十四年,尚书令、仆、左右相、侍中、同平章事皆辅相之任,为国心膂者也,而乍进乍退,尸其位者四十三人①,进不知其所自,退不知其所亡,无有一人为高宗所笃信而固任者。"君不信任相辅,而相辅"皆节不足以守筦库,才不足以理下邑,或循次而升,或一言而合,或趋歧径而诡遇,竞相踵以赞天工"。这样便出现"人皆可相,人皆不可相"的局面,王夫之的结论就是:"恶有任辅弼大臣如此之轻,而国可不亡者乎?"君主长负之,宰相没有权威,造成江山遗落武周。从君相关系中考论国政,"审察乱源,可以知所繇来矣。"(卷二十一,中宗一,PP.643-644)

王夫之更分析了唐末的史事,"自龙纪元年至唐亡天祐三年,凡十九岁,……或起或废者二十七人",这样导致政治局面大乱,"自取灭亡"。王夫之据此指出:"宰相数易,则人皆可相,人皆可相,则人皆可为天子之渐也。"(卷

---

① 注者认为有四十六人。

二十七，昭宗一二，P.878）频繁地变换宰相会造成政治乱象。

而唐宣宗以后至五代结束的几百年间，政治乱象的表征之一就是"所谓宰相者，治乱非所任，存亡非所恤"。（卷三十，五代下一三，P.951）

君相永远是一对矛盾统一体，君臣关系应作如是观。王夫之有几个很好的比喻来揭示这种关系。其一为廉陛之喻："宰相之于天子，廉陛相蹑者也，下廉夷而上陛亦陵。"（卷二十七，昭宗一二，P.878）廉指堂的侧边，陛殿为堂台阶。其二是泰山鸿毛之喻："天下可无相也，则亦可无君也。相轻于鸿毛，则君不能重于泰山也。故胡氏曰：'人主之职，在论相而已。'大有为者，求之夙，任之重，得一二人，而子孙黎民世食其福矣。"（卷二十八，五代上一九，P.909）胡氏指注《资治通鉴》最有成就的元代胡三省。这两比喻指明了君相互为依存的关系，不可无君，亦不可无相。

此外王夫之还从老百姓这个任何朝代的社会主体论述了君相所共的社会根基："天之下，民所仰者君也；君之下，民所仰者相也。君非君，则天不能息其乱；相非相，则君不能保其国。"（卷三十，五代下九，P.946）

"故明主之莅臣民也，定尊卑之秩，敦忠礼之教，不失君臣之义，而未尝斤斤然畏专擅以削将相之权。"（卷十七，敬帝三，P.531）"君为民之君，相为君之相，庶几乎天职之共焉。"（卷三十，五代下一三，P.952）

从老百姓这个社会根基上阐述君相"天职之共焉"，是王夫之的卓见。而且我们将发现王夫之对君相关系的考察在全书末三卷相当集中，这是王夫之对秦至五代末全部历史思考的一个集中反映，表明王夫之对这一问题的高度重视与深思熟虑。

当然历史上君王与宰相、君权与相权总有一个权力分配即权力平衡的问题。在有相权的时代，天下大小事情，先归宰相管，再归皇帝管，宰相把事情做完了，皇帝又做什么？举例说，萧何做丞相太认真，刘邦不放心了，萧何只好故意贪赃枉法，把自己包装成一个赃官，这才没有让自己变成萧何。曹参、陈平做丞相很不认真，吕后才放心。

王夫之对李泌的"君相可以造命"一说进行分析，他认为这命是天理的表现，"天者，理也；其命，理之流行者也"，"理不可违"。李泌的这句话看起来"言大矣"，实际上并不是说君相可以"与天争权"，而是"非与天争权，自知其藐然不足以当天之喜怒，而天固无喜怒，惟循理以畏天，则命在己矣"。国家治乱存亡亦是这个道理，君相必须遵循事物之理。由此王夫之引申到君相权力的分析，"而君相之权借大，故治乱存亡之数亦大"（卷二十四，德宗三〇，P.761）。当然，王夫之总是有着朴素辩证法的思想，他同时也指出"君相可以造命"之说具有相当的合理性，"进君相而与天争权，异乎古之言俟命者矣"，"乃唯能造命者，而后可以俟命，能受命者，而后可以造命，推致其极，又岂徒君相为然哉！"

王夫之的意思，就是普通人只要能发挥主观能动性，也能在一定的范围内"造命"，"则命在己"，不待天命的主宰。"一介之士，莫不有造焉。祸福之大小，则视乎权藉之重轻而已矣。"（卷二十四，德宗三〇，P.761）

三、将相关系

将相是国家政治军事的台柱，王夫之特别重视将相关系的考论。相是文，将乃武，宜各分设。王夫之说："若以古今之通势而言之，则三代以后，文与武固不可合矣，犹田之不可复井，刑之不可复肉矣。"（卷五，成帝八，P.112）"将相各有职司，宜分设"。王夫之说："乃若合将相于一，而即相以将，则固不可。灌婴者，可将者也，非可相者也；其可相者，则又非可将者也。故三代之制，不可行于后世者有二：农不可兵，兵不可农；相不可将，将不可相也。"（卷二，文帝四，P.29）刘秀"光武终不任将帅以宰辅，诸将亦各安于躹踖而不欲与于鼎铉"（卷六，光武二三，P.152）。

王夫之又认为："盖相可使之御将，而不可使为将；将可与相并衡，而不可与六卿并设。"（卷二，文帝四，P.29）并对汉代曾经出现的一个现象极为不安："人主之废立，国事之措置，一听命于大将军，而丞相若其府史。"（卷二，惠帝二，P.25）

历史上也曾出现过将相无分，或将而相，或相而将的情形，比较典型的如唐代的郭子仪（郭汾阳）与裴度（裴中立）。王夫之也对郭裴二人之将而相、相而将做了分析。"中立之兼将相也，与汾阳异。汾阳将而相者也，其相，宠之也，去就不关其名节，留身于浮沉之间，以为他日社稷之寄，将臣之道也。中立相而将者也，其将，假以秉钺为三军之重，而固非将也，留身于浮沉之间，则道以身轻，而不足为宗社生民之卫。"王夫之为裴度以相而兼将感到可惜，"汾阳默而唐安，中立屈而唐乱，时各有权，道各有分，人各有司，故二公者，地异而不可并论者也"（卷二十六，穆宗三，P.799）。

唐中叶许多武将谋求宰相的名义，连安禄山也抱此想，朝廷未曾给予此殊荣也是其叛乱的缘由之一。王夫之言："玄宗之几丧邦也，惟其以官酬功，而使禄山怀不得宰相之忿，仇忮廷臣，怨怼君父，而逞其毒。"（卷二十三，肃宗二，P.696）

四、宰相的标范

　　中国古代好的宰相很多，史称良相，如萧何、诸葛亮等。宰相制成熟于汉唐，王夫之对唐代宰相制尤为关注。

　　一般论唐代宰相标范，包括《资治通鉴》的主编司马光在内均推贞观年间的房玄龄与杜如晦，以至有"房谋杜断"之誉。而王夫之更看重开元之相，他说："唯开元之世，以清贞位宰相者三：宋璟清而劲，卢怀慎清而慎，张九龄清而和，远声色，绝货利，卓然立于有唐三百余年之中，而朝廷乃知有廉耻，天下乃借以乂安，开元之盛，汉、宋莫及焉。"（卷二十二，玄宗三，P.670）此三人之清又与一般清节著闻者不同，"劲者自强，慎者自持，和者不流，而固不争也"。王夫之看重此三人的理由在其清贞而影响朝风。"故君子秉素志以立朝，学三子焉斯可矣"。

　　在王夫之心目中的理想宰相当是李泌。李泌（722—789），字长源，又称李邺侯，以图谋划策见重，数为权倖忌嫉而智见。王夫之推重他有这样几点：其一，辞相与受相的聪睿选择。王夫之指出："……明矣。相唐以定天下者……"（卷二十三，代宗九，P.722）但"李长源间关至灵武，肃宗命为相而不受，以白衣为宾友，疑乎其洁身高尚也，而其后历仕中外，且终相德宗矣，此论者所未测也"。王夫之说论者不明白李泌为何会这样做，抑之者高之者都偏离事实："夫长源之辞相，乃唐室兴亡之大机，人心离合、国纪张弛之所自决，悠悠者恶足以知之？"王夫之赞赏他辞相与受相的选择。"进退有间，岂容不审"。其二，高超之见解，当李泌之世，高层政治存在的一个问题，"凡天下一败而不能复兴之祸，恒起于人觊贵宠而轻爵位。贵宠可觊，则贤不肖无别，而贤者不为尽节；爵位既轻，则劝与威无以相继，而穷于劝者怨乃以生。长源知乱之必生于此也。"（卷二十三，肃宗二，P.696）玄宗与肃宗都知道李泌有这方面见识，肃宗还与李泌商议如何解决这一问题，李泌的见解是："以官赏功，非才则废事，权重则难制，莫若疏爵土使比小郡，而不可轻予以宰相之名。"（卷二十二，玄宗二，P.658）又如平定安史之乱后，肃宗请玄宗复位而自己再度回复东宫太子，李泌认为不可如此改易，让群君表呈就养，玄宗得表乃曰："今日为天子父乃贵。"王夫之说："非邺侯之善处，则南宫禁锢，不待他日。"（卷二十三，肃宗七，P.705）其三，不计较得失。王夫之既感："邺侯以三朝元老立翼戴之功，而白衣归山屈身参佐，无求登台辅之心，其大服不肖者之心夙矣。"（卷二十四，德宗三一，P.762）又感："长源返极重之势，塞溃败之源，默挽人心、挂危定倾之大用，以身为鹄，而收复之功所自基也。"这一层的意义与作用"深矣远矣"，但"知之者鲜矣？"王夫之推崇李泌"以示人臣遇难致身、非贪荣利之大节，以戒人主邂逅相赏、遽假威福之淫施，不但如留侯智以全身之比也。其后充幕僚、刺外州、而不嫌屈驯，至德宗之世，始以四朝元老任台鼎之崇，进有渐也，士君子登用之正，当如此尔"（卷二十三，肃宗二，P.697）。句中以张良比李泌，并称为士君子登用正途，可谓褒扬有加。其四，深谋而远虑。王夫之激奖李泌不急引陆贽自代的做法，陆贽（敬舆）"自扈从以来，无日不在君侧，无事不参大议，虽未授白麻，而邺侯既卒，其必相也无疑矣。呜呼！欲相未相之际，奸窥邪伺，攒万矢以射一鹄，亦危矣哉！邺侯之不荐以自代，全敬舆，即以留德宗法家拂士于他日，而敬舆不知也"（卷二十四，德宗三一，P.762）。显然，王夫之认为李泌是为陆贽和德宗以及政局的长远考虑的，是李泌的深谋之虑。王夫之称道李泌的文字还有许多，不一一赘述。李泌是一个能谋能断的人物，善处理人际关系，规避风险以自保而又敢于担当。

王夫之也推崇狄仁杰与李德裕，王夫之说："唐之相臣能大有为者，狄仁杰而外，德裕而已。武宗不夭，德裕不窜，唐其可以复兴乎！"（卷二十六，武宗六，P.824）他推崇李德裕的原因在于，李德裕能看到监军之危封疆，李德裕言之至悉矣。这里的监军，指的唐中叶以后使用宦官作为监军，由于宦官当监军，使诸帅之兵，皆宦官之爪牙，举天下而在其掣肘，虽有人"仗义欲鸣，而力穷于寡助也"。李德裕作为宰相能看到这一点，"于是而知德裕之为社稷谋，至深远矣"。李德裕"其以出征屡败为言者，指其著见之害以折之，使不敢争耳。显纠其沮挠军事之失，而不揭其揽权得众之祸，使无所激以相抵牾，则潜伏之大憝，暗消形于忘言矣，此德裕之所以善于安主而防奸也"（卷二十六，武宗六，P.824）。王夫之也很客观，说："幸而德裕之于唐，功过相半也。"（卷二十六，穆宗二，P.796）

王夫之还推崇陆贽。陆贽，字敬舆，所作奏数十篇为后世所重，指陈时弊，论辩明彻。王夫之对于陆贽的奏折十分称重，"故修辞而足以感人之诚者，古今不易得也。非陆敬舆其能与于斯哉！今取其上言于德宗者而熟绎之。推之使远，引之使近，达之以其情，导之以其绪，曲折以尽其波澜，而径捷以御之坦道，扩其所忧，畅其所郁，排宕之以尽其变，翕合之以归于一，合乎往古之经，而于今允协，究极于中藏之密，而于事皆征，其于辞也，无闲然矣。贞元以后，棼乱之宇宙，孤危之社稷，涣散之人心，强悍之戾气，消融荡涤，而唐室为之再安，皆敬舆悟主之功也。"王夫之从而悟出："故曰辞之为用大矣哉！"他又做了历史的对比："前乎此者，董仲舒正而浮，贾谊奇而偏，魏征切而俗，莫能匹也。后乎此者，苏轼辩而诡，真德秀详而迂，莫能及也。不主故常而不流，不修藻采而不鄙，六经邈矣，卮言日进，欲以辞立诚，而匡主安民，拨乱反正，三代以下，一人而已矣。"
（卷二十四，德宗一四，P.744）"陆敬舆之筹国，本理原
情，度时定法，可谓无遗矣。"（卷二十四，德宗二六，P.757）
王夫之还特别讨论李泌与陆贽二人的短长与功业，此二人在
唐德宗时共事人主，又先后为相。王夫之感叹："李、陆二
公救其眉睫之失，足矣。"王夫之注意到李、陆二人前后为
相的玄机与关联，"李进而陆默，李退而陆语，是必有故焉，
参观求之，可以知世，可以知人，可以知治理与臣道矣。"（卷
二十四，德宗二二，P.753）

五、宰相层的歪风

宰相是国家政治机构的上层，上梁正下梁不变是俗语，
移之于观察政治并无不当。

王夫之对有唐一代政坛宰相层级的不正之风做过大量
的、无情的揭露与批判。

"窦怀贞以远州长史遽起不轨之心，导其邪而为之结
党，俄而迁侍中矣，同三品矣，为左仆射平章军国重事矣，

于是崔湜、萧至忠、岑羲竞起比附以取相，李日知、韦安石衰老庸沓而无能正，刘幽求孤立以争而流窜及之。"（卷二十二，睿宗三，P.665）唐代实行集体宰相制，侍中、仆射、同平章等均属宰相之列。王夫之还批评说："唐初之习气，士大夫过惜其类而相容忍，贤奸并列而不相妨，宁得罪于天子，而不结怨于僚友，以宋璟之刚，弗不能免也，元之之智以图全，又何望焉！"（卷二十二，睿宗三，P.666）不好的风气影响政坛以至于宰相。

"肃宗自立于灵武，律以君臣父子之大伦，罪无可辞也。裴冕、杜鸿渐等之劝进，名为社稷计，实以居拥戴之功取卿相，其心可诛也。"又曰："肃宗自立之罪无可辞，而犹可原也。冕鸿渐教大伦以徼拥戴之功，唐虽繇之以安，允为名教之罪人，恶在心，奚容贷哉？"（卷二十三，肃宗一，PP.695-696）

王夫之对于宰相中有人不作为或者奸佞小人行为也多予以批判。

王夫之批判唐末自肃宗起就有的极坏的现象，"唐无天子，养乱以垂亡，寄生之君，尸禄之相，不足与有为久矣"（卷二十三，肃宗一〇，P.708）。

"穆宗荒宴以忘天下，而君非君；崔植、杜元颖暗浅不知远略，而相非相"（卷二十六，穆宗一，P.794）。

"王抟之为相也，以明达有度量见称于时"。王夫之指出，这不过是貌似有陆贽之风，其实"抟威不立，才望不著"

和陆贽比较是"节不如也","节不如,而以任扶危定倾之大计,'负且乘,致寇至,盗思夺之。'凶,其可免乎?""君暗相佞,天下有乱人而无奸雄,则乱必起,民受其毒,而国固可不亡;君暗相奸,有奸雄以芟夷乱人,而后国之亡也,不可复支。汉、唐之亡,皆奸相移政,而奸雄假名义以中立,伺天下之乱,不轻动而持其后,是以其亡决矣。"(卷二十四,德宗九,P.737)

所谓五代无相,王夫之有一个解说:"无相者,非必其时之无人也。抑非偏任武人,而相不能操国柄也。"(卷二十八,五代上一九,P.908)

"唐之乱以亡也,宰执大臣,实为祸本"(卷二十七,昭宗一,P.862)。王夫之在相关的札记中对唐中叶以来的许多宰相做了归类,一部分是鄙夫,一部分则是妖孽如张濬、崔胤等,他们是"唯以亡国败家为见长之地,贪一日宰辅之权"。

王夫之将坏的宰臣比之为妖孽。"国家将亡,必有妖孽"。王夫之说"妖孽者,非但草木禽虫之怪也,亡国之臣,允当之矣。唐之乱以亡也,宰执大臣,实为祸本"。他举例说:"大中以来,白敏中、令狐绹始祸者也,继之以路严、韦保衡之贪叨无厌而已极;然其为人,鄙夫耳,未足以为妖孽也。草木之妖,亦炫其华;禽虫之孽,亦矜其异;未尝一出而即害于人。及其后也,草木之妖,还以自萎;禽虫之孽,还以自毙;无救于己,而徒以乱天下。人而如斯,其中不可测,其得失不可致诘，竭慧尽力，冒险忘身，巃巃荧荧，唯以亡国败家为见长之地，身为戮，族为夷，皆其所弗虑也，斯则为妖孽而已矣。张濬、崔昭纬、崔胤、孔纬、李溪是已。而萧遘、杜让能心知不可，僶勉而从之波靡，亦妖风所袭，失其精魄者也。"（卷二十七，昭宗一，P.862）坏的宰相比之自然界的妖孽还不如，为害更烈。即使是像萧遘、杜让能等虽非妖孽，但也是"营营汲汲，于平章之虚"，是受妖风影响的可悲人物。

天下亡于相的思想见解是王夫之一再强调的，这是他考诸历史的结论。而亡于相，正是亡于这样一些鄙夫与妖孽。

比唐代更惨的是五代无相，王夫之对此也有论陈。

"知远之命相，竟求之于军幕执笔之客佐，天下贱之恶之，狎而蔑之，倏起旋灭，无为太息者，尤无足怪矣。故刘氏之亡，亡于苏禹珪、苏逢吉之为相，王章之为三司使也。"（卷三十，五代下九，P.946）

五代无相，王夫之对五代一批尸禄之相大加挞伐，所谓尸禄，乃指无功而受禄或食禄而不居职。

"其宰相者，其天子之宰相也。利禄在须臾，辱戮在眉睫，亦优俳之台辅而已矣，冯道、卢文纪、姚顗、李愚、刘昫、赵莹、和凝、冯玉之流皆是也。尸禄已久，磐固自如，其君见为旧臣而不能废，其僚友方畏时艰而不与争，庸人忘死忘辱，乘气运之偶及，遂亦欣然自任曰'吾宰相也'。无不可供人姗笑也。"（卷二十九，五代中一七，P.934）

最坏的宰相，在王夫之看来出在五代，王夫之对桑维翰怂恿石敬瑭割地称臣，勾结异族，又由异族指定为相的挞伐是最痛彻的，指其"倒行逆施者无所不至；力劝石敬瑭割地称臣，受契丹之册命。迫故主以焚死，斗遗民使暴骨，导胡骑打草谷，城野为墟，收被杀之遗骸至二十余万，皆维翰一念之恶"，这一念是什么，应是"滔天至此，无他，求为相而已"。"耶律德光果告敬瑭曰，'维翰效忠于汝，宜以为相。'而居然相矣。"（卷二十九，五代中一七，PP.934-935）甚至王夫之还指认"称臣、割地、输币之议，维翰主之，敬瑭从之"，做儿皇帝石敬瑭的宰相，在王夫之看来是连李林甫都不如的"殃万民，祸百世"。"贻害于中国，促亡于石氏"，真是"滔天之罪"。（卷三十，五代下六，P.943）"自有生民以来，覆载不容之罪，维翰当之。"（卷二十九，五代中一六，P.932）

前已言及，明初朱元璋废除了延续一千余年的宰相制度，封建君主专制大大加强。明末清初的思想家们都对此提出过批评。黄宗羲在《明夷待访录》中就指出："有明之无善治，自高皇帝罢丞相始也。"并将"置相"作为改革封建专制的重要举措。从王夫之对历史上宰相的论考而言，王夫之是主张和扩大加强相权的，他本人没有做过宰相的经历，其有关宰相之论或许不尽切实，或许也没有做过宰相的司马光之体验之深、论述到位，但他有关宰相与相权的考论具有现实批判意义。他一系列考论的核心在于主张限制以皇帝为首的专制皇权，并为知识分子呼吁开通一条实现理想人格的通途。

第九章 将 领 论

　　"将者，民之死生、国之存亡所系者也"（卷三，武帝一八，P.61），这是王夫之关于将领的定位。王夫之论将，虽然有其反清复明军事斗争的背景，这种背景对其言将论兵有一定的影响，但基本上还是书生论兵、文人论将。

一、将道

所谓将道，是为将者的基本操守与规范。

1.为将必服从于纲纪。"既已隶于人而受命，则纲纪存焉"（卷十三，东晋元帝四，P.352）。

何谓纲纪，儒家解释：纲者张也，纪者理也。大者为纲，小者为纪，所以张理上下，整齐人道也。（《白虎通义·三纲六纪》）王夫之这里所论纲纪，实际就是君臣之纲，君臣道义，是君对臣的控制，臣对于君的服从。因此为将者必须明白的一个道理是，将领服从于纲纪，则要视军中的兵权为天子所有。王夫子从正反两面以及主动与被动两面论述了兵权归君主。主动者以郭子仪为例。郭子仪作为统兵之帅，军还之后总是主动将兵权交还朝廷，王夫之称赏其对于"权之去留"，"情至平矣"，"唯其平情以听权势之去来，可为则为，不可为则止"（卷二十三，肃宗十一，P.709），所以成为将者的百世良范。被动者以韩信数次被夺兵权为例，"韩信下魏破代而汉王收其兵，与张耳破赵而汉王又夺其兵"（卷二，汉高帝五，P.14）。

"汉王甫破项羽，还至定陶，即驰夺韩信军"（卷二，汉高帝六，P.14）。为将者最大的权柄在兵权，正确把握了兵权的所属，则既解决了为将的纲纪问题，明白自己的从属地位，也解决了军权的统一，更有利于天下的安定。

2.将要懂得政治但不宜治政。"任为将帅而明于治道者，古今鲜矣"。但东汉刘秀"独多得之"。王夫之举一个例，"来歙刺伤，口占遗表，不及军事，而亟荐段襄，曰：理国以得贤为本。此岂武臣之所及哉？"不仅是来歙，还有祭遵、寇恂、吴汉等"皆出可为能吏，入可为大臣者也"。有这么些可以从政的将领，王夫之说："然而光武终不任将帅以宰辅，诸将亦各安于戟鞬而不欲与于鼎铉。"王夫子认为这里面"意深远矣"（卷六，光武二三，P.152）。从王夫之的论述来看，他的观点是将帅要懂得政治但要不过问政治，应也不宜，而君主也不要以将帅治政。

与之相关的，王夫之提出"相不可将，将不可相也"，"盖相可使之御将，而不可使为将"（卷二，文帝四，P.29），"乃若合将相于一，而即相以将，则固不可"。他主张文武分途，"若以古今之通势而言之，则三代以后，文与武固不可合矣"（卷五，成帝八，P.112），他对汉初一度以大将军置于丞相之上的体制，认为极不妥当，"特汉初之专大政以大将军，而丞相仅承其意指，如田千秋、杨敞、韦玄成、匡衡，名为公辅，奉权臣以行法，则授天下于外戚武臣之手，而祸必滋"。（卷五，成帝八，P.112）

将帅勉为天子难以固位。

"陈高祖一偏裨之才耳，任之为大将而固不胜者也，而使为天子"。虽然后面省略的文字尽述陈高祖不懂作育人才，王气必尽，江山不永。（卷十八，临海王，P.541）

"李存勖不可以为天子，然固将帅之才也，知用兵之略矣，得英主而御之，与韩信齿"。（卷二十八，五代上二一，P.910）

王夫之的这两段文字，旨在说明身为将帅通过武力和机遇夺得天子之位，往往会因其自身的禀赋不足以稳固天子之位，既揭示将帅与天子其实有着质的区别，天子不只徒以武力可以求得。

3.将领必须德威并具。王夫之是通过个案表达这个观点的。他首先提出问题，"汉之将亡，有可为社稷臣者乎？"（卷八，灵帝一三，P.234）他说唯有傅燮"非徒节义之士也，允矣其可为社稷之臣矣"。傅燮一是"讨黄巾而有功"；二是宦寺"赵忠欲致之而予以封侯"而不受，而在当时"有军功而拒宦寺"是很需要胆量的，但"燮拒忠而忠弗能挫，惮其名而弗敢害"，正是因为傅燮"德威耸权奄而制之也"，这样的人镇危乱才是真正的社稷之臣。王夫之又在论述汉末社稷之臣中提出了将领须德威并具。

"细行不矜，终累大德"。从一般意义上，儒家重德行，德行都是由具体的行为堆积起来的。细行出了问题，会影响到大德。将领在这方面尤其要注意，因为武人比之其他人更有忽略细行的可能。王夫之剖析了一个案例，李晟是中唐最重要的将领之一，但是在一件事情上对他影响很大。当时有一个叫张延赏"奸佞小人，爝乱天下，吐蕃劫盟之役，几危社稷，廷臣莫能斥其奸"，而李晟这时站出来"抗表以论劾之。"王夫之认为这是满满的正能量，"正也"。并且李晟自己也表示"晟任兼将相，知朝廷得失而不言，何以为臣？"但是有一件事被人抓了小辫子，就是李晟在成都时军营里有营妓，张延赏抓住这一点攻击李晟，皇帝和朝臣也因为这一点而对李晟有看法，以致影响李晟的正义行为。王夫之感叹"亦谓自营妓而开，晟之心终不白于天下，唯其始不谨而微不慎也"。"观于李晟，可以鉴矣"。（卷二十四，德宗二七，PP.758-759）

4.将不可骄。兵不可骄实赖于将不可骄。王夫之特别称道西晋羊叔子（羊祜），称其治兵守边为叔子之道。所谓叔子之道是什么？羊祜是西晋重要将领，与东吴对峙两国交界之地数十年，王夫之归纳其对策是"以道御兵，以信抚民，以缓制敌，垂之数十年"。羊祜的这一套办法使两国边境相安，人民也有往来，而东吴边将陆抗"亦智深谋远不与叔子争一日之利耳"，与羊祜采取了类似的谋略"两碁逢敌"。时势变异，西晋国势强大起来，羊祜又向晋帝提出灭东吴的计策。三国归晋，晋帝把最后一役的功劳归之于羊祜，王夫之高度肯定羊祜，既归纳为叔子之道，又指出"叔子之功，亦收之身后者也"，而祖逖，宗泽"未尝学于叔子之道以弭三军之骄气，骄则未有能成而不乱者也"（卷十一，晋四，P.310）。

后世曾国藩对兵骄将傲最为敏感，曾说："用兵久则骄惰自生，骄惰则未有不败者。勤字所以医惰，慎字所以医骄。"

5.将要和。"将不和，则师必覆，将岂易言和者哉？"这一句话指出了将要和的必要性，不和的危害性，又指出武人天生有一种戾气，是不容易相和的。

不和要导之和，"非君与当国大臣善为调驭，安能平其方刚之气乎？"如何才能和，王夫之认为是将将之道。他以梁武帝命韦睿与景宗相和为例，称道梁武帝有将将之道。梁武帝敕景宗："韦睿，卿之乡望，宜善敬之"。此言是动之以情，最后效果是好的。梁武帝称赞"二将和，师必济。"王夫之认为梁军"钟离之胜，功侔淝水，岂徒二将之能哉"，言下之意是梁武帝将将之术的作用。（卷十七，梁武帝八，PP.498-499）

将要知进退。王夫之先后论述了两个人物，实际也是一种对比，一个是东汉马援，一个是唐代郭子仪，两人都是当时的名将。在王夫之看来，马援是不知进退的典型，而郭子仪相反。马援有"平陇下蜀，北御匈奴，南定交趾"之功，但马援不知退止。到"武溪之乱，帝愍其老而不听其请往，援固请而行"。"天下已定，功名已著，全体肤以报亲，安禄位以戴君，奚必马革裹尸而后为愉快哉！"这样"光武于是而知其不自贵也"。王夫之又说："不自贵者，明主之所厌也。"王夫之作为儒家思想家一向非老，但对老子"功成名遂身退"倒持肯定，认为是"察于阴阳屈伸之数以知进退之言"（卷六，光武三四，P.160）。

对于郭子仪，王夫之倍加称扬，称扬"汾阳于其位之崇替，权之去留，上之疑信，谗佞之起灭，乃至功之成与不成，俱至则受之，受则任之，而无所容心于其，情至平矣，而天下不能测其所为"，"唯其平情以听权势之去来，可为则为，不可为则止，坦然无我之大用，人以意揣之而不能得其要领，又孰知其因其心而因物以受宠辱之固然者乎？"（卷二十三，肃宗一一，P.709）实际上是说其有一种博大的谦谨谦退之心。知谦退是将和的最重要的品性。

6. 将领不能受贿。有一个规律似乎是武将爱财贪财，"败其军，拔其城，灭其国而贪其所获，武人之恒也"（卷二十，太宗一七，P.622）。尤其是边将，鬻国而贪盗贼夷狄之苞苴，为武人相传之衣盋。"王夫之注意到了这个规律，"为将者，能不受贼饵以受毙于贼者，鲜矣。岂特中国之盗贼哉？敌国之相攻，强夷之相逼，而未尝不荐贿以饵边将"。"为将者，类非洁清自好独行之士"。但是他表彰了一个拒贿的典型："张奂却羌豪之金马，而羌人畏服。"并附带提出了两个问题：一是朝廷如何制止武将的受贿；二是武将受贿的后果是严重的，"能无败亡乎？"（卷八，桓帝三，PP.216-217）"自言兵者有使贪之说，而天下之乱遂不可弭"（卷二十，太宗一七，P.622）

7.边将的重要性。"无可信之边将者国必危",危在哪？其一，"掩败以为功，匿寇而不闻"；其二，"贪权固位，怀忧疑以避害，无寇而自张之，以自重于外"（卷十五，明帝五，P.463）。第一条在信息不畅的古代使朝廷得不到准确信息，无从做出判断，第二条则是拥兵自重对朝廷构成现实威胁。

二、将将之道

将将一说当源于韩信与刘邦的对话："陛下能将将。"王夫之则谓将将有道。"能将将而取天下有余矣。"（卷九，献帝三五，P.269）

"有良将而不用，赵黜廉颇而亡，燕疑乐毅而偾……将将之善术，非士大夫流俗之可测，固已。"（卷三，武帝一八，P.67）所引足以说明将将之道的重要性。

1.将由君择，任将是君主的权力。"人主，将将者也。大将者，将兵而兼将将者也。"（卷三，武帝五，P.57）

"择人而任之，既任而信之，坦衷大度以临之。"（卷

十五，明帝五，P.463）

2. 将将必须握住纲纪。纲纪为维系人心之枢纽。"纲纪者，人君之以统天下，元戎之以统群帅，群帅之统偏裨者也。夫既已使之统，而又以不测之恩威、唯一时之功罪以行赏罚，则虽得其宜，而纲纪先乱。纲纪乱，则将帅无以统偏裨，元戎无以统将帅；失其因仍络贯之条理，而天子且无以统元戎。"（卷十三，东晋元帝四，P.352）

将有不同的类型。"将兵者不一术，将将者兼用之，非可一律论也。"（卷三，武帝五，P.57）他举例是李广与程不识："不识之正行伍，击刁斗，治军簿，守兵之将也。广之简易，人人自便，攻兵之将也……故广与不识，各得其一长，而存乎将将者尔。"

3. 将要得人。所谓得人是指军事征战必须有最适合的将领领兵。但将将其实是有相当难度的。有整体的难度，有个体的难度。不克难，则会有失将将之道。"关羽，可用之材也，失其可用而卒至于败亡，昭烈之骄之也，私之也。非将将之道也。"（卷九，献帝三五，P.269）王夫之说的"失其可用"是指应将关羽用到随军夺蜀，却不恰当地用在荆州。好在这只是个体之失，但就是这关键的一失导致蜀汉命运的改变，所以将将之道，最大的问题在于"将非其人"，也就是选择将领不当，如前论刘备用关羽守荆州，再如诸葛亮选马谡战街亭。王夫之重点论述将要得人和"将非其人"的观点，是以晋时正反两面的史例为据的。王夫之先从反面说起："元嘉之北伐也，文帝诛权奸，修内治，息民六年而用之，不可谓无其具；拓跋氏伐赫连，伐蠕蠕，击高车，兵疲于西北，备弛于东南，不可谓无其时。然而得地不守，瓦解猬缩，兵歼甲弃，并淮右之地而失之，何也？将非其人也。"

"到彦之、萧思话大溃于青、徐，邵弘渊、李显忠大溃于符离，一也，皆将非其人，以卒与敌者也。"将非其人导致兵败。王夫之又进一步分析："文帝、孝宗皆图治之英君，大有为于天下者，其命将也，非信左右佞幸之推引，如燕之任骑劫、赵之任赵葱也；所任之将，亦当时人望所归，小试有效，非若曹之任公孙强、蜀汉之任陈祗也；意者当代有将才而莫之能用邪？然自是以后，未见有人焉，愈于彦之、思话而当时不用者，将天之吝于生材乎？非也。天生之，人主必有以鼓舞而培养之。当世之士，以人主之意指为趋，而文帝、孝宗之所信任推崇以风示天下者，皆拘荙异谨之人，谓可信以无疑，而不知其适以召败也。"（卷十五，文帝八，P.436）从王夫之这段话来看，将非其人的责任在于用将者，在于其不察根本。

从正面论证的例子也举了好几个，这里只说一例："夫江东之不振也久矣。谢玄监军事，始收骁健以鼓励之，于是北府之兵破苻坚而威震淮北。"这是用将得人。

4. 将将之道还应从体制上予以保障。王夫之赞赏唐宪宗时设枢密一职，"枢密之名，自宪宗以任宦官刘光琦始"。

在兵部之外再设枢密，"兵部所掌者，兵籍之常也；枢密所领者，战守之变也"。王夫之认为"枢密一官，必举而不可废，审矣"。其作用很明显，"官属必备，储才必夙，一旦有疆场之事，则因可任之人，授以固存之位，与天子定谋于尊俎"。唐宋有此官职，其失在于所任非人，就是宦官刘光琦、童贯"盖所任非人，而非其设官之咎"（卷二十五，宪宗五，P.778）。王夫之此论是有眼光的，兵部与枢密，相当于现今之国防部与总参谋部，让两者在职能上各有所专，与现今军队改革主建与主战分开的思路也极为吻合，王夫之在论述其分设的必要性的同时，也强调了所任得人的主张，得人才能让一切措施有效实现。

5. 求将要重实战经历。"以名求将而不以功，授将帅殿最之权于清议者，必乱之政"（卷七，和帝七，P.188）。求将应以军功为标准，军功是既往实战资历的累积，由朝廷清议来影响将领的任用是乱政，也是乱军乱战。王夫之甚至说得很绝对："得学士大夫之称说者，必败之将也。"

6. 君主不自将。王夫之从多个角度谈到君主不自将的问题。他说汉代"汉聚劲兵于南北军，而兵积强于天子之肘腋，以是为竞王室，巩邦畿、戒不虞之计焉。然天子岂能自将之哉？必委之人"（卷二，惠帝二，P.24）。王夫之这里指的是天子不自将禁军。他写这段文字的用意还在于表达这样的见解：天子一定得选准掌握禁军之人，否则"利器不操于其手"，"则亦危矣"，"天子未能有兵，聚兵以授人之乱而已"。王夫之又从唐太宗率军攻高丽一战进行分析，"太宗自克白岩，将舍安市不攻，径取建安，策之善者也，而世勣不从。高延寿、高惠真请拔乌骨城，收其资粮，鼓行以攻平壤，而长孙无忌不可"。为何两名主要随从都不同意这两个方案，而"以困于安市城下，而狼狈班师"。并非此二人不知困守坚城之无益。长孙和世勣阻挠奇计，唐太宗本人的计谋方案很明确，加上二高的方案也不错，唐太宗最后听信了长孙与李世勣的意见，因由全在于"唯天子亲将，胜败所系者重，世勣、无忌不敢以万乘尝试，太宗亦自顾而不能忘豫且之戒也"。

继而王夫之又从历史的若干史例如符坚、拓跋焘、窦建德、石重贵、完颜亮等亲征均无好的结果导致重大失败，进一步强调"天子讨而不伐"（卷二十，太宗二三，P.629）。

三、兵略

王夫之曰："兵者，宗社生民所倚以为存亡生死者也。"（卷十五，孝武帝三，P.452）这里兵的含义，既指整体的军事力量，也指个体的兵员，其实也指用兵。所谓兵略主要指如何用兵作战的方略。

慎用兵是王夫之很重要的军事思想，曰："善为国者不师，非不师而即善也，为国善，则可以不师也。"（卷十八，宣帝七，P.548）意思是不要轻易用兵，尤其是"强敌在前而以轻军试之，非徒败也，其国必亡"。

1. 将与兵相和相得具有两重性。"将与兵必相得，兵不宜其将，非弱则讧"。王夫之此论是从唐节度使的历史事实得来。中唐以后，唐节度使死，朝廷往往"因察军中所欲立者授之"，这样将与兵可以相宜。但是这又出了问题，形成了藩镇坐大。"节度使各有其兵，而非天子所能左右"。王夫子指出了将与兵必经协合相宜的道理，又明辨了唐中叶以来存在的大问题，朝廷对军队完全失控。"军中自为予夺，其召乱尤速也"（卷二十三，肃宗一〇，P.708）。

2. 兵法不可照搬。王夫之总的看法是天下言兵者众多，而乏善可陈。

"天下多故，言兵者竞起，兵不可以言言者也"（卷十四，安帝四，P.403）。"故言兵者之言，皆乱人之言尔"（卷二十，太宗一七，P.623）。这些话是王夫之对一切兵法的基本观点，在此基础上他又重点论述了两个问题：其一，辩证地看待。孙吴兵法在内的一切兵法。"孙、吴之言，切于情势，近于事理矣。"这是一方面，那孙吴兵法不是万能的。"而当时用之，偶一胜而不足以兴"。即使是像孙吴兵法，"读其书者，未有能制者也，况其滥而下者乎"（卷十四，安帝四，P.403）。兵法是不能照搬的。其二，兵法不可以教学。王夫之针对前秦苻坚作教武堂，"命太学生明阴阳兵法者教诸将"，认为这是夷狄之道，"适足以亡"。王夫之对兵家之言持不肯定的态度，认为"若其束伍之严，训练之勤，甘苦与共之以得士心，则取之《六经》而已足"。他将儒家经典置于诸兵法之上，固有其理。他看到军队中政教的作用，这是难得的，但"取《六经》而已足"又有些片面性，《六经》毕竟不能完全囊括和替代兵略的智慧。还是要回到王夫之所赞成岳飞论兵的心得："善哉岳武穆之言曰：'运用之妙，存乎一心。'"（卷十四，孝武帝六，P.394）

3.用兵之忌在于多杀。"古之用兵者，于敌无欲多杀也，两军相击，追奔俘馘者无几也，于敌且有斩焉，而况其人乎！"（卷十三，穆帝九，P.380）王夫之在表述为将不多杀的观点时，还一并做了如下的论说，其一，杀人多者必灭亡。"五胡旋起旋灭，而中原之死于兵刃者不可殚计。殚中原之民于兵刃，而其旋起者亦必旋灭"。其二，战争中要爱民。"战国交争，驱步卒以并命，杀敌以万计，而兵乃为天下毒，然犹自爱其民，而不以其死尝试也"。其三，攻城是死人最多的。"用兵之杀人也，其途非一，而驱人为无益之死者，莫甚于攻城"。唐诗有句："一将功成万骨枯。"从现代文明角度看，那些视生命为草芥的人，为个人功名权力不惜杀人盈野者，绝非英雄。数百年前的王夫之在这方面有重点论述，诚为难得。

4.兵员重在质量。"夫兵，惟其精也，不惟其多也。士皆千金之士，将专阃外之尊，为国干城，一旅而敌百万。"
（卷十五，孝武帝三，P.453）此言论是针对刘宋时源贺"请
减过误入死罪者充卒戍边，拓跋濬从之"而发的议论。王夫
之认为此不妥，"乌合之众，罪人无行，苟免而无惭，虽多
何补哉？"源贺此议对后世影响颇大。"后世免死充军，改
流刑为金伍，皆祖贺之术"，但效果是非常不好的，"行者
之……未久而武备堕，盗贼夷狄横行而无与守国，夫亦见拓
跋氏之坐制于六镇而以亡也乎？"虽然是就此而专论，但扩
大开来以言作战亦是行得通的原则。

5. 用兵当有勇有谋。"兵之所取胜者，谋也，勇也，二
者尽之矣"（卷十五，文帝一八，P.446）。王夫之以王玄
谟之勇之谋与梁武帝之勇之谋做了一番对比。"玄谟之勇，
大声疾呼之勇也；其谋，鸡鸣而寤、画衾扪腹之谋也；是以
可于未事之先，对人主而拄笏掀髯，琅琅惊四筵之众"，梁
武帝则是"勇奋于生死之交，谋决于安危之顷"，所以有不
同的效果，王玄谟北伐必败，梁武帝则"灭慕容、俘姚泓，
骂姚兴而兴不敢动，夺拓跋嗣之城以济师而嗣而不敢遏"。

王夫之还多处论及勇与谋。"兵之所尚者勇，勇非可
教而能者也；所重者谋，谋非可豫设而为教者也。"（卷
十四，孝武帝六，P.394）

6. 用兵贵因时依势。王夫之对比了两位西汉将领的用兵
方略，"赵充国持重以破羌，功莫盛矣"。而冯奉世"决于
进讨，功不可泯"。两位将领，持不同的策略，都有各自不

198

可磨灭的贡献。王夫之分析说，"羌之初起也，持重以困之而自敝，万全之道也"。赵充国的持重方略，使羌人"不敢竞者阅二十年"。而二十年后，冯奉世上言："守战之备，久废不简，夷狄有轻边吏之心，乡姐骄狂而骤起，实有由来矣。"他提出不同的方略，也就是进讨，统率六万人大举进攻。王夫之指出，此二人是"异术而同功"。"奉世不可师充国之守，充国不可用奉世之攻，因时度敌而善其操纵，其道一也"。"冯奉世首建大议以申天讨，善体充国之意而通其变"（卷四，元帝三，P.98）。"故以战为守者，善术也；以守为战者，败道也；无他，将无略而以畏谨为万全之策也"（卷十五，文帝九，P.437）。

7. 用兵贵在坚持。前举赵充国持重之法破羌为汉守边，长达二十年之久。其实从一开始，朝廷对赵充国此策就有不同意见。王夫之有一段话："宣帝之诏充国曰：'将军不念中国之费，欲以数岁而胜敌，将军，谁不乐此者？'呜呼！此鄙陋之臣以惑庸主而激无穷之害者也。幸充国之坚持而不为动，不然，汉其危矣。"（卷四，宣帝一三，P.90）

8. 杀降与受降。王夫之不止一处涉及此问题。他写道："用兵之道，服而舍之，自三代王之王者以迄五霸，皆以此而绥天下"。"败而诛之，不可胜诛，而姑予以生，使知惧而感我之不杀，或犹知悔也，且非可施于渠帅者也。歼其魁，赦其余党，自我贷之，固不可予以降之名也。予以降之名，抑将授以降之赏，犹然尊高于众人之上，而人胡不盗？"他认为首先要杀，甚至于杀的理由都是不予其降之名，否则"庸臣懦将酿无穷之祸，有识者勿为所乱也"（卷八，灵帝一一，P.234）。在另一则文字里他更明确地说"杀降者不仁，受其降而杀之不信，古有其言，诚仁人君子之言也"。但王夫子对这一观点做了不同的或者说更深入的评说。他认为："所谓杀降不仁而无信者，为两国交争，战败而倒戈，与夫夷狄盗贼之胁从而自拔者。"但是"乱人者不殄绝之，则乱终不已者也"。因此"杀一二人而全天下，仁也；杀无恒之人以行法，信也"。（卷二十六，武宗五，PP.822-823）当然王夫之仍以史例来阐发自己的观点，此处从略。

只有一个例外，就是对异族，"夷狄者，欺之而不为不信，杀之而不为不仁，夺之而不为不义者也"（卷二十八，五代上二，P.890）。

还有一个与降有关的问题，就是受降。有语曰："受降难于受敌。"王夫之说受降难还不在于杀不杀降，该不该杀的判断，而在于"两国相距，势埒力均，乍然投分，诚伪难知，则信难矣"（卷二十四，德宗八，P.736）。对降者的真伪的判断为难，一时降而又反者夥矣，受降反而成为祸乱之始。

王夫之以唐史为例："乃唐之君臣，迫于乱之苟安定，一闻瓦解，惊喜失措，纳蜂虿于怀中，其愚也足以亡国，不亡者幸尔。朱温叛黄巢以归，而终篡唐；郭药师叛契丹以来，而终灭宋。代、德之世，唐犹强盛，是以得免于亡；然其浸以乱而终亡于降贼，于此始之矣。"（卷二十四，德宗八，

　　所以王夫之指出："受降必须综合考虑，防变于未然。""能受降者，必其力足以歼贼，而姑容其归顺者也。威不足制，德不足怀，贼以降饵己，己以受降饵贼，方降之日，即其养余力以决起于一旦者也"（卷二十三，肃宗九，P.706）。

　　将在外，军令有所不从，这是常则。这句话既是对将言，更是对君言。王夫之赞赏陆贽在唐德宗向其征询有关军事进取意见时不多言，"唯戒德宗之中制，俾将帅之智勇得伸，以集大功。"陆贽所言是"锋镝交于原野，而决策于九重之中；机会变于斯须，而定计于千里之外；上掣其肘，下不死绥"。王夫称道："至哉言乎！"并称有道是："阃以外，将军制之。"这是帝王"制胜之定法"（卷二十四，德宗二〇，P.751）。王夫之还论述了一个特例，"周亚夫请以梁委吴，绝其食道，景帝许之。梁求救而亚夫不听，上诏亚夫救梁，而亚夫不奉诏。"王夫之分析了这里面的原因："景帝之使救也，亦聊以谢梁而缓太后之责也，故可弗奉诏而不疑也。""帝初立，年三十有二，太子荣已长，而太后欲传位于梁王。帝曰：千秋万岁后传于王。探太后之旨而姑为之言也，窦婴正辞而太后怒，则景帝之慭梁久矣。亚夫委之敝而弗救，与帝有密约矣。不然，兄弟垂危，诏人往援，不应而不罪，景帝能审固持重如此其定哉？"

　　王夫之言兵论将，都是从基本史事中抽象和归纳出道理，但以一窥万，正是哲学家的洞见。

第十章 三国人物论

王夫之《读通鉴论》，每以朝代为别分卷，以帝王为目，而独以三国、五代不分目，可见在王夫之看来，三国与五代有其独特性。在中国历史上，三国人物的整体知名度恐怕没有哪个朝代能出其右，王夫之对三国人物，虽无系统评述，但从书中抽择出来也可见出一个大略。

一、曹操

1. 赤壁之战何以失败

曹操毕生有两大战役，一是官渡之战击溃袁绍，统一了中国北方；一是赤壁之战，曹军败东吴军胜，魏蜀吴三足鼎立之势成。后者也是与吴方唯一的大战，后来蜀汉与东吴的战争与此役不能相比。

王夫之对官渡之战略有评述，而对赤壁之战则有专节论列，重点在于从军事角度总结胜败之因，且指出是多种原因造成的。一个原因是曹方"舍骑而舟，既弃长而争短矣。操之兵众，众则骄；瑜之兵寡，寡则奋"。第二个原因是"操乘破袁绍之势以下荆、吴，操之破绍，非战而胜也，固守以老绍之师而乘其敝也，以此施之吴则左矣；吴凭江而守，矢石不及，举全吴以馈一军，而粮运于无虑之地，愈守则兵愈增、粮愈足，而人气愈壮，欲老吴而先自老"。第三个原因是"北来之军二十万，刘表新降之众几半之，而恃之以为水军之用，新附之志不坚，而怀土思散以各归其故地者近而易，表之众又素未有远征之志者也，重以戴先主之德，怀刘琦之恩，故黄盖之火一爇而人皆骇散，荆土思归之士先之矣"。王夫之说有这样几个原因，即便没有火攻，"持之数月，而操亦为官渡之绍矣"（卷九，献帝二八，P.264），王夫之的总结多从军事与人心而言。

2. 曹操在三国之中以用人见长

王夫之指出："曹孟德推心以待智谋之士，而士之长于略者，相踵而兴。孟德智有所穷，则荀彧、郭嘉、荀攸、高柔之徒左右之，以算无遗策。"（卷十，三国一一，P.279）王夫之曾将曹操用人与诸葛亮做了对比，诸葛"武侯之任人，一失于马谡，再失于李严，诚哉知人之难也"。"故先主过实之论，不能远马谡，而任以三军；陈震鳞甲之言，不能退李严，而倚以大计；则唯武侯端严精密，二子即乘之以蔽而受其蔽也"。通过这一对比，王夫之认为曹操用人胜于刘备、诸葛亮。"于是而曹孟德之能用人见矣，以治天下则不足，以争天下则有余。蔽于道而不蔽于才，不能烛司马懿之奸，而荀彧、郭嘉、钟繇、贾诩，惟所任而无不称矣"（卷十，三国一三，P.281）。

3. 关于曹操的篡志

在魏蜀吴三方的主要统治人物中，只有曹操不曾称帝，司马光《资治通鉴》给出的解释是曹操"犹畏名义而自抑也"（卷六十八）。这个名义是指东汉以来社会教化风俗，以名节相尚，使人们不愿在行为举止上触犯伦理法令。曹操就是被这样的名义束缚，而不敢越"雷池"。

曹操没有称帝，不等于他毫无篡汉之心，王夫之的有关论述中勾勒了曹操的心路历程。当其初起讨董卓时，"当斯时，操固未有擅天下之心可知也。以操为早有擅天下之心者，因后事而归恶焉尔"（卷九，献帝一，P.242）。那么曹操之篡志起于何时，王夫之指出："董卓死，李、郭乱，袁绍擅河北而忘帝室，袁术窃，刘表僭，献帝莫能驭，而后曹操之篡志生。"乃是时势让曹操心有变化。

董卓诛后，曹操曾对人说："我自西向。"如何西向，王夫之指出是曹操"知帝之可以系人心"（卷九，献帝三，P.244）。但是献帝未能中兴，王夫之又分析说："然则献帝而能中兴，操固可以北面受赏，而不获罪于朝廷，而不轨之志戢矣。"（卷九，献帝四，P.245）如果献帝及其臣属能有作为，曹操会自除内心的篡志。

历史还有一步棋没有走对，就是王允这个人在董卓覆灭后没有胸怀也无能力，没有对讨董有功的关东诸将作出合理安排。王夫之指出，假定这时候王允能够东招曹操、孙坚入朝，关东诸将相制相持，汉家大势便会有不同的发展。"操抑岂敢蹈卓之覆轨乎？"（卷九，献帝七，P.248）后来董承潜召曹操入朝，但已时移势异。董承此人是从乱之人，非王允对汉室之忠诚。

对于曹操之篡的表现形式，通常所论是"挟天子以令诸侯"。对此王夫之也有自己的说法："曹操之篡也，迎天子于危亡之中而措之安土；二袁、吕布、刘表、刘焉群起以思移汉祚，献帝弗能制，而操以力胜而得之。"（卷十，三国三一，P.298）从这段话看，王夫之对曹操迎天子之举有一定程度的肯定，一是迎天子于危亡而移于自己掌握的安全之地；二是对东汉末年群雄纷起作出自己的应对。王夫之还将曹操之篡与刘裕之篡相提并论，刘裕之篡也是中国之乱加上晋安帝"愚暗，不能自存也"，由此王夫之指出"虽篡有天下，而岂易易哉？"在群雄纷争中能如此却也不易。

曹操加九锡，受魏王，离称帝已走九十九步矣，但他最终没有跨出第一百步。更难得的是，"曹操知其子之不能混一天下。"（卷十，三国六，P.275）

4. 魏之不能长久始因在曹操

魏之亡也，人道自曹丕遗命司马懿始。王夫之看得更深远，通过曹丕诏曹真、陈群与司马懿辅政的历史事件，看出曹丕如此安排是要合防兄弟曹植。"故魏之亡，亡于孟德偏爱植而植思夺适之日。兄弟相猜，拱手以授之他人，非一旦一夕之故矣。"（卷十，三国八，P.277）

评价人物事件找远因是王夫之论史的特点，此为一例。

曹操是王夫之注意较多的人物，也是历史上可作为某种坐标的典型人物，王夫之对曹操的评论如与袁绍以及五代人物朱温等的比较，本书其他篇章还有论述。

二、刘备

1.刘备正统地位的辩论

"天下所重者，统也。"（卷十，三国一五，P.282）这个统既是指家族的嗣位，也是指天子的大统。

刘备在小说《三国演义》里，被称为刘皇叔，皇指的是刘氏宗系。王夫之对刘备具有正统地位有着两重看法：一方面认为刘备早年在曹操与袁绍间相依违有权宜考虑，还有借一方之势复兴汉室的考虑，至"他日称尊于益州，此为权舆；特其待操之篡而后自立焉，故不得罪于名教，而后世以正统加之，亦可无愧焉"（卷九，献帝二〇，P.258）。

另一方面，王夫之对刘备为正统也持有异议："以先主绍汉而系之正统者，为汉惜也；存高帝诛暴秦、光武讨逆莽之功德，君临已久，而不忍其亡也。若先主，则恶足以当此哉？"（卷十，三国三，P.272）随后又肯定性指出："若先主，则固不可以当此也。"其下断语的论据是刘备完全不以汉室存亡为念，未有任何恢复汉室的举动，"无一矢之加于曹氏"，连诸葛亮都在时刻考虑汉室之图，而刘备却并不急此。司马光说刘备为汉室之后只是"不能纪其世数",王夫之说非也："世数虽足以纪,先主其能为汉帝之子孙乎?"

"承统以后,为人子孙,则亡吾国者,吾不共戴天之仇也。以苻登之孤弱,犹足以一逞,而先主无一矢之加于曹氏。即位三月,急举伐吴之师,孙权一骠骑将军荆州牧耳,未敢代汉以王,而急修关羽之怨,淫兵以逞,岂祖宗百世之仇,不敌一将之私忿乎?先主之志见矣,乘时以自王而已矣。"(卷十,三国三,P.273)从此段文字及是书中其他文字看,王夫之认为刘备是不如孙权的。

王夫之对刘备伐吴极其不满,曾有这样的批评:"先主甫即位而兴伐吴之师,毒民以逞,伤天地之心,故以汉之宗支而不敌篡逆之二国。"(卷十,三国六,P.276)

2.劝杀吕布方显本色

吕布此人,王夫之认为"布之恶无他,无恒而已。人至于无恒而止矣"。无恒的意思是无恒久之德,反复无常。吕布算是人无恒的代表,先后依附董卓等多人,"若夫倏彼倏此,唯其意之可橐发,且暮狂驰而不能自信,唯吕布独也。"《易经》有曰:"不恒其德,或承之羞。"吕布该死。王夫之至少两次下笔称道刘备劝曹操杀吕布。"吕布不死,天下无可定乱之机,昭烈劝曹操速杀之,此操所以心折于昭烈也。"(卷九,献帝一七,P.255)

"先主劝曹操杀吕布,而为操劲敌者,先主也。"(卷八,灵帝一二,P.234),正是通过劝杀吕布,曹操认识到自己的对手中有刘备。王夫之对无恒之人也是深恶痛绝的，"故君子于无恒之人，远之唯恐不速，绝之唯恐不早，可诛之，则勿恤其小惠、小勇、小信、小忠之区区而必诛之，而后可以名不辱而身不危。与无恒者处，有家而家毁，有身而身危，乃至父子、兄弟、夫妇之不能相保。论交者通此义以知择，三人行，亦必慎之哉！"（卷九，献帝一七，P.256）王夫之还对另一个无恒之人即隋唐之际的李密多所谴责，指其失败乃反隋降隋降唐反唐的无恒，"密死而不能掩其羞，岂有他哉？无恒而已矣"（卷二十，唐高祖二，P.589）。

3. 刘备用人的欠缺

王夫之主要通过对关羽及蜀汉与东吴人才的比较来评述刘备用人有问题。

"关羽，可用之材也，失其可用而卒至于败亡，昭烈之骄之也，私之也，非将将之道也。故韩信之称高帝曰：'陛下能将将。'能将将而取天下有余矣。先主之入蜀也，率武侯、张、赵以行，而留羽守江陵，以羽之可信而有勇。夫与吴在离合之间，而恃笃信乎我以矜勇者，可使居二国之间乎？定孙、刘之交者武侯也，有事于曹，而不得复开衅于吴。为先主计，莫如留武侯率云与飞以守江陵，而北攻襄、邓；取蜀之事，先主以自任有余，而不必武侯也。然而终用羽者，以同起之恩私，矜其勇而见可任，而不知其忮吴怒吴，激孙权之降操，而鲁肃之计不伸也。"（卷九，献帝三五，P.269）

刘备在事关战略方向的大事上犯糊涂，其实并不是看不清。他用关羽不仅在于其有同起之私恩而不知其有"忮吴怒吴"的个人情绪，还在于刘备对诸葛有疑，"疑武侯之交固于吴，而不足以快己之志也"。在这一点上刘备远逊于刘邦，"故高帝自言能用子房者，以曹参之故旧，百战之功，而帷幄之筹，唯子房得与焉。不私其旧，不骄其勇，韩、彭且折，况参辈乎？先主之信武侯也，不如其信羽，明矣"。王夫之又说："诸葛子瑜奉使而不敢尽兄弟之私，临崩而有'君自取之'之言，是有武侯而不能用，徒以信羽者骄羽，而遂绝问罪曹氏之津，失岂在羽哉？先主自贻之矣。"这其实是刘备在用人问题上最大的一失，几乎是葬送蜀汉的关键。

"蜀汉之义正，魏之势强，吴介其间，皆不敌也，而角立不相下，吴有人焉，足与诸葛颉颃，魏得士虽多，无有及之者也。"王夫之认为东吴人才特盛，以顾雍为相"允为天子之大臣者也"，处兵争之世，事雄猜之主，"三代以下之材，求有如顾雍者鲜矣"，"雍既秉国，陆逊益济之以宽仁，自汉末以来，数十年无屠掠之惨，抑无苛繁之政，生养休息，唯江东也独"。在三国中只有东吴采取了非申韩之术的宽仁，这是王夫之给予高度肯定的。王夫之说："惜乎吴无汉之正、魏之强，而终于一隅耳。不然，以平定天下而有余矣。"（卷十，三国七，P.277）

蜀在三国中是最先灭亡的，是蜀汉无人之故。"蜀非乏才，无有为主效尺寸者，于是知先主君臣之图此也疏矣。勤于耕战，察于名法，而于长养人才、涵育熏陶之道，未之讲也"。

至"蒋琬死，费祎刺，蜀汉之亡必也，无人故也"。"蒋、费亡而仅一姜维，维亦北士也，舍维而国无与托。败亡之日，诸葛氏仅以族殉，蜀士之登朝参谋议者，仅一奸佞卖国之谯周，国尚孰与立哉？"（卷十，三国三二，PP.299-300）王夫之的论述正确地指明蜀汉之亡在于人才的缺失与滥用。

三、诸葛亮

王夫之在其书中论诸葛亮比诸葛亮所处的时代大大提前了的。在论两汉历史时，诸葛亮就作为议论的人物出场，"诸葛公年廿七而昭烈倚为腹心，关羽、张飞所莫测也。武帝举日碑于降胡，左右贵戚所莫测也。知人之哲，非人所易测久矣。诸葛公之感昭烈，岂仅以三分鼎足之数语哉！神气之间，有不言而相喻者在也。乃既有言矣，则昭烈之知益审，而关、张之疑益。"（卷三，武帝一六，P.66）这是描写诸葛亮的英气，历史学家较少如此处理。

1. 诸葛亮的全面才干

"军不治而唯公治之，民不理而唯公理之，政不平而唯公平之，财不足而唯公足之。"（卷十，三国五，P.275）

"先主殂，武侯秉政，务农殖谷，释吴怨以息民，然后天下粗安。蜀汉之祚，武侯延之也，非先主之所克胜也。"（卷十，三国六，P.276）

显然，王夫之称道诸葛亮具有全面的才干，重在言其治才。

2. 诸葛亮的苦志

王夫之称道诸葛亮的名言，并反复引用，就是"宁静可以致远""淡泊可以明志"。王夫之未停留于引用，而能觉察诸葛亮出此名言的苦心苦志。

"宁静可以致远"，是诸葛亮"非好为烦苛以竞长而自敝者也"（卷十，三国五，P.274），"淡泊可以明志"，是"知公之志苦而事难矣"（卷十，三国一九，P.286），王夫之又引《出师表》中言以说明诸葛亮淡泊明志之心："成都有桑八百株，薄田十五顷，若臣死之日，不使内有余帛、外有赢财，以负陛下。"此番话是诸葛亮言自己并无其他追求，王夫之说"公志自明，而奚假以言明邪"，无非是表达"公志苦而事难"。

王夫之还引述诸葛亮的名言"鞠躬尽瘁，死而后已"，并分析其《出师表》里的含义，其实是"唯忘身以遂志，而成败固不能自必也"，是在"事无可为"的大环境中的勉励而行。（卷十，三国四，P.274）

诸葛亮"自其隆中养志之日，以管、乐自比，则亦管、乐而已矣"。（卷十二，惠帝七，P.330）

"夫大有为于天下者，必下有人而上有君"。但诸葛亮面对的局势似非如此。王夫之认为诸葛亮"公之托身先主也，非信先主之可为少康、光武也，耻与荀彧、郭嘉见役于曹氏，以先主方授衣带之诏，义所可从而依之也。上非再造之君，下无分猷之士，孤行其志焉耳"（卷十，三国五，P.275）。

3. 学则申韩之术

王夫之作为儒家学者，对申韩之术是大加指斥的，对诸葛亮持申韩之术治国不以为然，也不理解，"诸葛公有道者也，而学于申、韩，不知其失，何也？"（卷十，三国三一，P.299）"诸葛公之志操伟矣，而学则申、韩也"（卷十，三国三二，P.300）。王夫之又以诸葛亮主政之蜀汉与孙吴做比较，"孙氏之不足与言治理也，而未尝立一权谋名法之标准，则江介之士民，犹且优游而养其志。诸葛公贤于孙氏远矣，乃尚名法以钳束其下，人皆自困于名法之中，而急于事功以为贤，则涵泳从容之意不复存于风俗，安所得高视远览以曙于贞邪逆顺之大者哉！诸葛之张也，不如孙氏之弛也。孙氏不知道而道未亡，诸葛道其所道而道遂丧"（卷十二，惠帝七，P.330）。王夫之认为蜀汉的这一套不好，再三说"刘先主、诸葛武侯尚申、韩，而蜀终不竟"（卷七，明帝四，P.169）。

王夫之分析诸葛亮在隆中卧居时，以管、乐自比，则其所立目标决定了诸葛亮不过管、乐罢了。王夫之还从理论上阐述，"管、乐者，自其功而言；申、商者，自其学而言也。申、商法行而民有贼心"，"齐之所以速乱而燕旋敝也"便是因为这一套术与学大行之故。诸葛亮出山之后"年少而急于勋业，是以刑名乱之"（卷六，光武一五，P.146），所以为诸葛亮为执行申韩之术感到惋惜，"君子所以重为诸葛惜也"（卷十二，惠帝十二，P.330）。

王夫之指出诸葛亮所秉持的思想理念是法家一路，其实这也正是诸葛亮治理之下的蜀汉在国家管理方面取得成效优于魏吴的原因。蜀汉存国在三国中不长，最终的原因不在诸葛亮的治理，而在王夫之最重视的时势而已。王夫之持儒家立场不认同法家的思想，也连带对诸葛之治国理念并不认可。与对待其他人不同的是王夫之没有采取批判的立场。钱穆曾指出，中国政治实在一向是偏重于法家的，即制度化的。

4. 先主之疑

三顾茅庐的故事可谓深入人心，或以为刘备诸葛亮这一对人物堪为君臣关系的典范。王夫之持有不同的见解，认为刘备对诸葛亮的信任度始终存在问题。

"谈君臣之交者，竞曰先主之于诸葛。伐吴之举，诸葛公曰：'孝直若在，必能制主上东行。'公之志能尽行于先主乎？悲哉！公之大节苦心，不见谅于当时，而徒以志决身歼遗恨终古，宗泽咏杜甫之诗而悲惋以死，有以也夫！"（卷十，三国四，P.273）王夫之从诸葛亮谏止刘备东向伐吴所说一句无可奈何的话，读出里面的信息就是刘备对诸葛亮并非言听计从。

王夫之进而指出诸葛亮之心之志是必欲存汉灭曹，不与吴国交好则此路不通。而此心此志，只有鲁肃相知。刘备不是知音，"夫先主亦始欲自强，终欲自王，雄心不戢，与关羽相得耳。故其信公也，不如信羽，而且不如孙权之信子瑜也。疑公交吴之深，而并疑其与子瑜之合；使公果与子瑜合而有裨于汉之社稷，固可勿疑也，而况其用吴之深心，勿容妄揣也！"王夫之在这里做了两个对比，一是刘备对诸葛亮的信任度不及关羽，关羽是过命的兄弟；二是刘备对诸葛亮的信任度不及孙权对周瑜的信任。在此论之前同样意思的话，王夫之还说了这样一段："仲谋之听子敬，不如其信瑜、蒙，先主之任孔明，而终不违关、张之客气，天下之终归于曹氏也，谁使之然也？"（卷九，献帝二七，P.263）这一段话的意思其实是刘备自己葬送了蜀汉的大好时机，"故孙、刘之不可不合，二子之见义为已审也。其信也，近于义而可终身守者也"。但是刘备因为个人激愤，故报东吴杀关羽之仇而举全国之力伐吴而自殒。直到"先主没，诸葛遽修好于吴，所惜者，肃先亡耳，不然，尚其有济也"。所以王夫之说"先主不死，吴祸不息，祁山之军不得而出也"，但这时蜀汉"国之精锐尽于夷陵"，诸葛亮"收疲弱之余民，承愚暗之冲主，以心向北方"，已经是"事无可为"。王夫之又假设，"向令先主以笃信羽者信公，听赵云之言，辍东征之驾，乘曹丕初篡、人心未固之时，连吴好以问中原，力尚全，气尚锐，虽汉运已衰，何至使英雄之血不洒于许、雒，而徒流于猇亭乎？"

至于刘备临终时托孤所言"子不可辅，君自取之"，其实也是对诸葛亮有疑心的表现，王夫之指出："先主之疑，盖终身而不释。"而后主对诸葛亮更非知音，"所犹能持守以信公者，先主之遗命而已"（卷十，三国一九，P.286）。

王夫之对诸葛亮内心苦楚颇能理解，通过将诸葛亮与张良、宗泽的对比有所揭示："张良遇高帝而志伸，宗泽遇高宗而志沮；公也，子房也，汝霖也，怀深情而不易以告人，一也，而成败异。公怀心而不能言，诚千秋之遗憾与！"（卷十，三国四，P.274）高山流水，王夫之可谓诸葛亮千年后的知音。

5.三分天下之策

诸葛亮天下三分的对策及其实施，其实主要是三条：

一是联吴抗曹之策。

"欲合孙氏于昭烈以共图中原者，鲁肃也；欲合昭烈于孙氏以共拒曹操者，诸葛孔明也；二子者守之终身而不易"（卷九，献帝二六，P.262）。但这样重要的国之大策却被自己人给破坏了，"盖吴则周瑜、吕蒙乱子敬之谋，蜀则关羽、张飞破诸葛之策，使相信之主未免相疑。……且以大计言之，周瑜、关羽竞一时之利，或得或丧，而要适以益曹操之凶；鲁、葛之谋，长虑远顾，非瑜与羽微利之浅图所可测，久矣。"王夫之感叹道："瑜与羽交起而乱之，不亦悲乎！"也就是诸葛亮的联吴抗曹之策未能有效实施，虽然后来刘备故去，诸葛亮重新恢复与东吴的修好，但鲁肃已故，大好时机已去，未能奏效。

二是兵分两路之策。

"诸葛公之始告先主也,曰:'天下有变,则命一上将将荆州之军以向宛、雒,将军身率益州之众出于秦川。'其后先主命关羽出襄、樊而自入蜀,先主没,公自出祁山以图关中,其略定于此矣。是其所为谋者,皆资形势以为制胜之略也。蜀汉之保有宗社者数十年在此,而卒不能与曹氏争中原者亦在此矣。"(卷九,献帝二五,P.261)

王夫之进一步对诸葛亮的分兵两路建立根据地以取天下的对策做出自己的分析:"以形势言,出宛、雒者正兵也,出秦川者奇兵也,欲昭烈自率大众出秦川,而命将向宛、雒,失轻重矣。"王夫之发问:"谋天下之大,而仅恃一奇以求必得,其容可哉?"故认为诸葛亮"乃执一可以求必可,非操之敌矣","当先主飘零屡挫、托足无地之日,据益州以为资,可也;从此而画宛、雒、秦川之两策,不可也"。因此王夫之赞同陈寿之说诸葛亮"将略非其所长"并非诬词,"岂尽诬乎"?陈寿关于诸葛亮才能的特点曾有多次评说,王夫之此处所引陈寿原论是"应变将略,非其所长"。陈寿在《进〈诸葛亮集〉表》中还说诸葛亮"治戎为长,奇谋为短,理民之干,优于将略"。诸葛亮怀有恢复汉室还于旧都之理想,六出祁山,但一生未得出四川,与"将略非其所长"大有关联。

三是以攻为守之策。

以攻为守之策与其兵分两路之策是相关联的,诸葛亮为刘备谋划取益州为自立之地,显然这是蜀汉立国之基。在这样的基础上规划全局"西出秦川,东向宛、雒,皆与魏争于平原，而非倚险以固存也"。但是"迨乎关羽启衅于吴，先主忿争而败，吴交不固，仲谋已老，宛、雒之师不能复出，公乃率孤旅以向秦川"。这就将以攻为守之军的来历说得十分明白了。"其出师以北伐，攻也，特以为守焉耳"（卷十，三国一二，P.280）。王夫之对此一对策叹为"事难而心苦矣"（卷十，三国三七，P.305）。

在汉中的对峙，是诸葛亮与司马懿的斗智演出，"诸葛之略，司马之智，其密用也，非人之所能测也"（卷十，三国一七，P.285）。司马懿仅以不败而已，而诸葛亮的事业终止于以攻为守。

四、司马懿

1. 起于掾佐之低

司马懿之初起点较低，且并无功于天下。这个天下指魏之天下。

"懿之初起为文学掾，岂夙有夺魏之心哉？魏无人，延懿而授之耳。懿之视操，弗能若也。操之威力，割二袁、俘吕布、下刘表、北归乌桓，而懿无其功；操迎天子于危乱之

218

中，复立汉之社稷，而懿无其名；魏有人，懿不能夺也"（卷十，三国八，P.277）。这段话不仅指司马懿起初并无功名，可谓起点较低，而且指出曹魏无人的历史现实，这个无人主要指曹魏宗室不旺。

"司马懿之于魏，掾佐而已，拒诸葛于秦川，仅以不败，未尝有尺寸之功于天下也；受魏主睿登床之托，横剪曹爽，遂制孱君、胁群臣，猎相国九锡之命，终使其子孙继世而登天位，成一统之业"（卷十，三国三一，P.298）。

2. 夺天下之铺垫

司马懿及其后世夺天下，一方面利用了曹氏治政之失，一方面在天下治理上也有一番作为。

曹氏有治政之失，王夫之指出："曹氏之驱兆民、延人而授之也久矣。"（卷十，三国三一，P.299）"曹操以刻薄寡恩之姿惩汉失，而以申、韩之法钳网天下；崔琰、毛玠、钟繇、陈群争附之，以峻削严迫相尚。士困于廷，而衣冠不能自安；民困于野，而寝处不能自容。故终魏之世，兵旅亟兴，而无敢为崔苇之寇，乃蕴怒于心，思得一解网罗以优游卒岁也，其情亟矣。"

司马懿利用曹魏治政之失夺天下，在执政方面有一番改观，王夫之说："司马懿执政，而用贤恤民，务从宽大，以结天下之心。于是而自搢绅以迄编氓，乃知有生人之乐。处空谷者，闻人声而輾然，蓏盈之汰，人且歌泣以愿为之死，况懿父子之谋险而小惠已周也乎。"如同曹操未夺汉之天下，由其子嗣夺之，司马懿也未直接夺曹魏天下而由其子夺之，但他们两人都为子嗣夺江山做了充分的铺垫。这种铺垫都来自他们的实际执政。

3. 深奸无人识

枭雄如曹操不能识司马懿，曹氏一族均如此。

"于是而曹孟德之能用人见矣，以治天下则不足，以争天下则有余。蔽于道而不蔽于才，不能烛司马懿之奸，而荀彧、郭嘉、钟繇、贾诩，惟所任而无不称矣"（卷十，三国一三，P.281）。

曹丕"诏曹真、陈群与懿同辅政者，甚无谓也。子睿已长，群下想望其风采，大臣各守其职司，而何用辅政者为？"（卷十，三国八，P.277）王夫之指出曹丕这样的安排是要"以群、懿防真，合真与懿、群而防者，曹植兄弟也"。防自家人而在卧榻之旁安排了野心家。而曹睿更不能识司马懿之心，本来自己就有"忍死待君相见无憾"之语，"举国望风而集者，无敢逾司马氏之阃阈，救焚拯溺而可从容以待乎？"曹睿还要将曹芳"以暗弱之冲人孤立于上"（卷十，三国二五，P.293）。

"懿之不可托也，且勿论其中怀之回测也"（卷十，三国二五，P.293）。其时司马懿已握有重兵，"握通国之兵，为功于阃外，下新城，平辽东，却诸葛，抚关中，将吏士民争趋以效尺寸"。王夫之不禁发问："既赫然矣。恶有举社稷之重，付孺子于大将之手，而能保其终者哉？"而这其实正是司马懿"深奸"之所在啊!

4. 司马懿之智

王夫之对司马懿的评语最多是"深奸"与"智"两个词语。"深奸"已如前所述,其智虽颇有名,但司马懿却很能借用他人之谋。

"孔明之北伐也,屡出而无功,以为司马懿之力能拒之,而早决大计于一言者,则孙资也"(卷十,三国一一,P.279)。诸葛孔明以攻为守,以汉兵战汉中,司马懿率魏师守,双方在此形成胶着的战略态势。司马懿能在此困住汉师,是因为孙资"筹之审矣,即见兵据要害,敌即盛而险不可踰,据秦川沃野之粟,坐食而制之,虽孔明之志锐而谋深,无如此漠然不应者何也"。孙资"片言定之于前,而拒诸葛、挫姜维,收效于数十年之后,司马懿终始所守者此谋也"。司马懿也算智谋之人,王夫之便多次提及"司马懿之智",但司马懿也能守他人之谋,本来汉师出击"魏空关中之守,即险以争,其势危",司马懿以不应战之谋化险为夷。而守关中拒诸葛也是司马懿唯一的事功与资本,也是实力。

王夫之评述的三国人物有很多,这里只选取有代表性的几位,而其所评论的这几个人物的方面也有很多,这里也只能重点选论。探讨天下兴亡得失,要落实到人物和事件上,最后是落在人物上,因为历史活动的主体是人,事件不过是人物的演出。考察王夫之如何评述人物是探讨王夫之史观的关键。

221

第十一章 唐史论

　　唐代一朝在《资治通鉴》中占有很重要的篇幅，在二百九十四卷中占八十一卷，王夫之《读通鉴论》有关唐史的篇幅仅占三分之一。王夫之是书之外，还有《宋论》一书，因此在《读通鉴论》里有关唐史的论述，不妨看作王夫之的"唐论"。而王夫之有关唐论，本书的其他篇章已多涉及，这里抽出几个专题再做论述。

一、唐得天下，名正义顺

"唐之为余民争生死以规取天下者，夺之于群盗，非夺之于隋也。隋已亡于群盗，唐自关中而外，皆取隋已失之宇也"。即便如此，"高祖犹慎之又慎，迟回而不迫起，故秦王之阴结豪杰，高祖不知也，非不知也，王勇于有为，而高祖坚忍自持，姑且听之而以静镇之也。……高祖名正义顺，荡夷群雄，以拯百姓于凶危，而人得主以宁其妇子，则其视杨玄感、李密之背君父以反戈者，顺逆之分，相去县绝矣。"在王夫之看来，唐之得天下具有正义性，夺于群雄，而非夺于隋。这种正义性奠定了唐代江山的根基。而唐高祖在起兵方面的"慎重之心"尤值得称道，这是成大业者必具的心理要素。"人谓唐之有天下也，秦王之勇略志大而功成，不知高祖慎重之心，持之固，养之深，为能顺天之理、契人之情，放道以行，有以折群雄之躁妄，绥民志于来苏，故能折棰以御枭尤，而系国于苞桑之固，非秦王之所可及也"（卷二十，唐高祖一，P.587）。在

223

王夫之看来，李渊的"慎重之心"比之李世民的"勇略志大"更为重要，故唐高祖有李世民不可及之处，"有唐三百载之祚，高祖一念之慎为之"，而唐高祖确定的唐初政治制度为后世之基。王夫之之论充分肯定了唐高祖李渊在夺天下、定天下方面的开创之功与主体作用，这是为一般史家忽略或重视不够的。王夫之还进一步论说了唐不必以禅受的方式得天下，详见本书"名实论"。

二、唐世治乱

一治一乱的循环前进，是王夫之的大历史观，王夫之又用这种大历史观来考察一个具体的历史朝代，而这个朝代是唐朝，也合于他的这个大历史观。

1. 政治格局的基本特征

治乱相间是唐朝政治格局的基本特征。"唐之乱亟矣，未有三十年而无大乱者，非能如汉、宋守成之代，晏安长久也"（卷二十，太宗一四，P.619）。这是王夫之从长时段的唐代历史的考察中得出的，对唐朝治乱的定调之论。

唐代政局有治有乱，治世短乱世长。治世为贞观、开元与元和，但王夫之认为："唐政之不终者凡三：贞观也，开元也，元和也。而天宝之与开元，其治乱之相差为尤悬绝。"（卷二十二，玄宗一八，P.686）这三朝治世不得终始，几同于夭折。而乱世时多且为烈，如"唐自显庆迄乎景龙，五十有五年，朝廷之乱极矣，艳妻接迹，昏主死亡而不悟，嬖幸之宣淫，酷吏之恣杀，古今所未有也"（卷二十一，中宗一七，P.659）。显庆至景龙，也就是唐高宗经武则天至中宗。王夫之认为是朝政之乱古今为极。更遑论安史之乱之后，唐政乱象。在这治乱循环之中，唐祚绵延二百八十九年，探索其绵延、其覆亡是王夫之论唐史的重点。诚然，天下兴亡正是人们要关注和汲取智慧的所在。

2. 乱而不亡的原因

这是一个王夫之很重视的问题，他从多方面探讨之。他首先注意到唐立国之初官僚制度的设置根基牢固。"是故三公六省无专职，而尽闻国政以佐天子之不逮，国多才臣，而虽危不亡，唐之所以立国二百余年，有失国之君，而国终存，高祖之立法持之也"（卷二十，唐高祖八，P.596）。

对唐高宗至中宗五十五年之间的朝廷乱政，而唐不亡，王夫之做了自己的分析。这可以说是唐朝的第一次朝廷危局，王夫之说了许多的原因，比如"边疆之守，赋役之制，犹是太宗之遗教也。杀君子而不蔓引其类，故斩艾虽惨，而陈子昂、苏安恒、李邕、宋务光、苏良嗣之流，犹得抒悃昌言而无所诎；

乃至守正不阿、效忠不贰如狄仁杰、宋璟、李日知、徐有功、李昭德，皆列上位而时伸其志。其宣力中外者，则刘仁轨、裴行俭、王方翼、吉顼、唐休璟、郭元振、姚元之、张仁愿悉无所掣曳以立功名；乃至杨元琰、张说、刘幽求诸人同事俱起，而被害者不相及。奸邪虽执大权，终不碍贤臣登进之路，驱天下以一于淫惨；则乱自乱也，亡自可不亡也，或摧之，或扶之，两不相掩，而天下犹席以安也"（卷二十一，中宗一七，P.660）。从这段文字看，王夫之归纳第一次朝廷危局的状况下，唐祚绵延的原因有二：一是太宗遗泽即前代遗留的前因继续发挥作用，王夫之很看重这个原因，在另一札记中也说过："唐之复兴于开元，尚太宗未斩之泽与！"（卷二十一，中宗七，P.651）二是奸贤能够同朝相处，这既是当时的现实政治状况，也是唐代社会特有的，后世很少出现这样的局面。后世政治株连太甚，王夫之特写此一段，大约有对后世政治的谴责，也充满一种无可奈何的期望。

王夫之还有一段话，论述的范围更为广大，更为接近于根本："唐自高宗以后，非弑械起于宫闱，则叛臣讧于肘腋，自开元二十余年粗安而外，皆乱日也，而不足以亡者，人心固依恋而不忍离，虽役繁赋重，死亡相接，抑且戴奕叶之天子于不忘。无他，自太宗以宽容抚士庶，吞舟漏网，则游鳞各呴沫于浦屿，即有弱肉强食之害，而民不怨其上也。"（卷二十六，宣宗二，P.828）除了申说太宗遗泽未斩之外，更指出人心的向背当未发生变化。这是最根本的。而人心向背是王夫之全书极为关注的一个焦点问题。他特别关注到唐宣宗时人心之向背。"唐之立国，至宣宗二百余年，天下之乱屡矣，而民无有起而为盗者。大中六年，鸡山贼乃掠蓬、果、三川，言辞悖慢，民心之离，于是始矣"（卷二十六，宣宗六，P.833）。又谓："宣宗之世，唐事犹可为也，而何以人心之遽尔也？……人君一念之烦苛，而四海之心瓦解……不亡何待焉。"（卷二十六，宣宗八，P.837）

"安、史作逆以后，河北乱、淄青乱、朔方乱、汴宋乱、山南乱、泾原乱、淮西乱、河东乱、泽潞乱，而唐终不倾者，东南为之根本也。唐立国于西北，而植根本于东南，第五琦、刘晏、韩滉，皆藉是以纾天子之忧，以抚西北之士马而定其倾"（卷二十六，宣宗九，P.837）。植根本于东南，不仅仅是第五琦、刘晏、韩滉等为朝廷努力征集或提供税赋，韩滉镇守东南，是唐朝提供税赋最多的模范地方官，而且还在于"东南之民，自六代以来，习尚柔和，而人能劝于耕织，勤俭足以自给而给公，故不轻萌猖狂之志"。王夫之还有唐代东南安定不受动乱影响的举例，此不赘述。而到最后，东南亦乱，盖因朝廷和地方州县征求无度，进奉太多，"盖进奉者，兵民之所繇困，而即其所繇叛也"。有人一呼，老百姓便易参与，"裘甫之聚众，旬日而得三万，皆当年昼耕夜织、供县官之箕敛者也"。朝廷之失即在于对河北诸帅："惴惴然防之，而视东南为噬肤不知痛，沥血不知号之圈豚池鹜也。"成也东南，失也东南，而东南之失乃在民心之变。

在王夫之看来，"盖唐自立国以来，竞为奢侈，以衣裘仆马、亭榭歌舞相尚，而形之歌诗论记者，夸大言之，而不以为怍"。但"乃唐之率天下以奔欲崇货而迟久不亡者，何也？"王夫之指出其原因："朝士以贿而容奸，逆臣亦以贿而自固，志气俱偷，其欲易厌，故称兵犯顺者，皆护其金穴以自封，而无问鼎登天之志。其尤幸者，回纥、吐蕃唯以侵掠为志，浸淫久而自敝，亦无刘渊、石勒之雄心。斯以幸存而已矣。"（卷二十六，武宗四，P.822）整个社会似乎被物态化了，末一句道出了这个社会虽然不亡，只是建立在"幸存"上面了。幸运照拂唐朝。另一方面，王夫之也指出："唐之乱，贿赂充塞于天下为之耳。凡三百余年，自卢怀慎、张九龄、裴休而外，唐之能饰簠簋以自立于金帛之外者无有。"（卷二十六，武宗四，P.821）

3.终而覆灭的原因

王夫之从多方面探讨了一个强大的唐王朝最终走向覆亡的因由。

其一，最高统治者谋国无力，治国无方，造成唐代宦祸与党争两大痼疾。

"灭唐者，文宗也；灭宋者，理宗也。"（卷二十一，中宗七，P.651）从前后句意看，此处文宗当为高宗之误。前句有："而高宗方没、中宗初立之际，举国之臣，缩项容头，以乐推武氏，废夺其君，无异议者。"又有"乃武氏以嗜杀之淫妪，而得人之盛如此；高宗承贞观之余泽，有永徽之初治，而流俗风靡，不能得一骨鲠之士，何也？善善而不用，恶恶而不去，目塞而暗，耳塞而聋，其足以挫生人之气，更甚于诛杀也。人之有心，奖之而劝，故盛世之廷多正士；激之而亦起，故大乱之世有忠臣；废针石以养痾，而后成一痿痹之风俗，则高宗之柔暗以坏人心、毒天下，剧于武氏之淫虐，不亦宜乎！"后句则有："唐之复兴于开元，尚太宗未斩之泽与！不然，何以堪高宗三十余年曀曀之阴邪？"从句意推如此，按王夫之纵横捭阖的思维与行文风格看，此处为"文宗"也不为误。此处姑不再论。不论是高宗还是文宗，在王夫之看来，帝王对江山兴亡承担有责任。这样的推定书中多见，如"唐之亡，宣宗亡之"（卷二十六，宣宗九，P.838）。

　　文宗在位仅十五年，距大唐之灭尚有近八十年，从全书有关文宗朝的论述看，文宗承担的唐灭责任大致有二。一是"文宗耻为弑君之宦竖所立，恶其专横而畏其害己也，且夕思讨之，四顾而求托其腹心，乃擢宋申锡为相，谋之不克，申锡以死，祸及懿亲，而更倚李训、郑注、王涯、舒元舆以致甘露之变"（卷二十六，文宗三，P.807）。甘露之变对唐政影响十分巨大，宦官当政从此显化。本来，"唐之宦官，其势十倍于汉、宋"。文宗欲除宦官势力，但所托非人，结果更惨。"文宗垂涕而叹，自比于周赧、汉献而以为不如，郁郁饮醇酒以成痰而崩"（卷二十六，武宗二，P.818）。王夫之指陈"唐之亡，亡于宦官，自此决矣"（卷二十六，宣宗一，P.827）。二是，"唐之诸臣，皆知有门户而不知有天子者也"（卷二十六，文宗三，P.808）。
这里说的是所谓党争，史上有名的牛李党争便著于文宗朝。
以至文宗感叹："去河北贼易，去朝廷朋党实难。"（《旧
唐书·李宗闵传》）王夫之亦引此句，并称"亦非尽暗弱
之说"（卷二十六，文宗二，P.806）。王夫之更指出："僧
孺等用，而唐乃大乱，以讫于亡。"（卷二十五，宪宗六，
P.779）长达数十年的党争与宦祸是唐朝政治的两大毒瘤。
唐的一切政治积弊根源都在此，如王夫之言，"唐之积敝，
已成乎极重难反之势"（卷二十六，武宗一，P.817）。

对唐朝瓦解过程中君主的应对无策、无方、无力，王夫
之也多所陈述。

"僖宗之自蜀返也，天下虽已割裂，而山南、剑南、河西、
岭南犹王土也；西川虽为逆奄之党，而车驾甫旋，人犹知有
天子。于斯时也，择诸王之贤者分领节镇，收士民、练甲兵、
以为屏翰，尚莫之能御也"（卷二十七，昭宗六，P.869）。
本来唐宗室"宜其宗室之多才，独盛于今古也"（卷二十，
太宗二，P.606），但是僖宗并未如此处理，至"昭宗之世，
王建据西川矣，王潮据剑南矣，刘隐据岭南矣，成汭、周岳、
邓处讷先后分有荆南及湖南矣，河西为邠、岐所阻，不能达
矣"。最后的一些地盘却为割据所有。在唐季末世，王夫之
说："藉令得贤主良相，怀辑未叛之藩镇，收拾禁旅，居关
中以静持之，斥汴、晋之奸交，绝其奏讦，听其自相搏噬，
乘其敝而折之，二寇之气，偾张而必竭，不难制也。而昭宗

君臣非其人也，是以速亡。"（卷二十七，昭宗三，P.865）二寇指唐末最有实力的藩镇朱温与李克用。

其二，藩镇强大造成外强中干局面，并且成为推翻唐王朝的最大乱源。

"唐之乱甚而必亡也，朱温竭其奸谋十余年而后篡"（卷二十九，五代中四，P.919）。实际上这只是现象与最后的结果。此一结果起源于唐中叶之后藩镇节度使之强大，造成唐外强中干的局面，"天宝元年，置十节度使，其九皆西北边徼也。唯河东一镇治太原，较居内地。别有岭南经略，长乐、东莱、东牟三守捉，亦皆边也，而权抑轻。若畿辅内地，河、雒、江、淮、汴、蔡、荆、楚、兖、泗、魏、邢，咸弛武备，幸苟安，而倚沿边之节镇，以冀旦夕之无虞，外强中枵，乱亡之势成矣"（卷二十二，玄宗一七，P.685）。"代宗委权以骄藩镇，而天下瓦解"（卷二十三，代宗八，P.719）。藩镇节度使拥有强军与兵权，实际形成割据局面。"将各有其军而国强，将各有其军而国乱，唐之季世，外夷之祸浅，国屡破、君屡奔而不亡，然天下分裂，以终于五代，皆此繇也"（卷二十一，中宗四，P.646）。

"朱克融首乱，囚张弘靖，而授以卢龙；史宪诚胁忠孝之田布以死，而授以魏博；王庭凑杀推诚平贼之田弘正，而授以成德，唐之不足以兴而迤逦以亡，在此矣"（卷二十六，穆宗三，P.797）。这一段文字写出唐朝在任命节度使上的乱象。卢龙、魏博、成德正是唐朝最重要的几个节

231

度使。

节度使原本主掌防戍之任，中唐以后集方镇的军政大权于一身，成为实际的地方控制者。拥有兵权与地方人事权，"于是其未乱也，人树党以营私，其乱也，聚徒以抗命。"此与割据无异。"唐之以判官副将听诸使之自择，其威福下移之害，既可睹矣。激安禄山以反者，幽、燕部曲也；党刘展以反者，江、淮亲旧也；劝李宝臣以抗命者，王武俊也；导李惟岳以自立者，毕华也；说朱滔以首乱者，王侑也；奉四叛以称王者，李子千也。自非端士，必怀禄以为恩。足不涉天子之都，目不睹朝廷之法，知我用我，生死以之，而遑问忠孝哉？故自田承嗣、薛嵩、李正己、李希烈以洎乎李克用、朱温、王建、杨行密，皆有尽心推戴之士以相煽而起，朝廷孤立，无与为谋，唐之亡，亡于人之散，明矣"（卷二十四，德宗二，P.727）。

"唐之乱也，藩镇各树私人以为爪牙，或使登朝以为内应，于是敬翔、李振起而亡唐。他如罗隐、杜荀鹤、韦庄、孙光宪之流，皆效命四方，而不为唐用，分崩瓦解，社稷以倾，亦后事之明验矣"（卷二十一，高宗八，PP.641-642）。

王夫之上述论说揭示了唐代中叶之后，藩镇节度使是造成唐亡的因由。"唐之乱，藩镇之强为之也"（卷二十七，昭宣帝二，P.884）。他归总说："故唐之灭，非朱温灭之，沙陀灭之也；非沙陀之能灭之也，唐自灭也。而承训其祸原矣。"（卷二十七，懿宗四，P.845）朱温是唐末最有实力的藩镇，沙陀是塞上少数族部落，康承训则向朱温建议引入

232

沙陀军队讨伐庞勋，沙陀兵枭勇，既助朱温又为祸河淮江海之间不浅。

而江淮河海之间的节度使高骈又是"唐之分崩灭裂以趋于灰烬"的人，"骈之所统，天下之便势也。有三吴之财赋，有淮、徐之劲卒"（卷二十七，僖宗四，P.852），如其得力，"唐亦可不亡矣"。"亡唐者非叛民也，逆臣也"（卷二十七，僖宗九，P.859）。这些逆臣首指各藩镇。

其三，财政根基的动摇造成天下的覆亡，唐朝成也财政，败也财政。

在"天下财富论"一篇，我们已经探讨过，唐代财政之基在于"养天下之力以固国者"。但唐中期以后，"自德宗以还，代有进奉，而州郡之积始亏。然但佞臣逢欲以邀欢天子，为宫中之侈费；未尝据以为法，敛积内帑，恃以富国也。宣宗非有奢侈之欲，而操综核之术，欲尽揽天下之利权以归于己。……于是搜括无余，州郡皆如悬磬，而自诩为得策，曰：吾不加敛于民，而财已充盈于内帑矣。乱乃起而不可遏矣"。到"庞勋之乱，崔彦曾以军帑空虚不能发兵留戍而起，盖至是而唐之所以立国者，根本尽矣"（卷二十七，懿宗三，P.842）。这段话是在读唐史部分所写，至五代部分，王夫之又写了大致相同的一段文字："进奉始自唐德宗，至宣宗以后而愈滥。其始官有余财，小人不知散于州府之固为天子有，而以之献谀。庸主惩于播迁之贫，而恃为非常之备，因而不拒，日加甚焉。及乎官不给而索之民，贡有涯而取无艺。庞勋之乱，起于军府之虚；黄巢之乱，起于掊敛之急。"（卷二十九，五代中五，P.919）可见这一观点是王夫之反复强调的。

王夫之关于李唐王朝的覆灭原因的分析是多角度，有些有重点探讨，如我们这里所论的三点。有些只是点到为止，如关于天下人心的向背，王夫之实际已经在前后的论述中有所论列，从我们这里引用的文字也可以勾勒出来。其乱而不亡是"人心固依恋而不忍离"，而其亡是"亡于人之散，明矣"。对于这些有一般性规律的因由我们不做详论。

王夫之对唐朝治乱因由的分析探讨，由于历史的原因不可能从阶级分析以及生产力与生产关系的矛盾运动等角度来进行，但以上的这些言论观点仍然具有独特的意义，并非肤浅之论，也并非过时之论。

三、君臣评论

王夫之《读通鉴论》注重人事，对人物的品评是其擅长，也是其发力的重点。在有关唐史的评述里，他评论的人物不在少数，其所推崇与赞赏的人物也不在少数。综合而言，君主推重太宗与宣宗，而大臣则是文推李泌（长源），武崇郭子仪（汾阳），论述较多。今从君臣各取若干，上述之外，再加狄仁杰、李德裕两个重要而特殊的人物，以观王夫之对唐史人物评述之全貌，对李泌的评述另见于"宰相论"。

1.唐太宗

唐太宗是历史上的英武之君，也是奠李唐国基之主，王夫之虽然在总体上肯定贞观的善政，但对其的批评不少。

其一，杀兄夺位为不仁。

历史上对唐太宗杀兄夺位向有争议。王夫之加入进来写道："建成以长，世民以功，两俱有可立之道。"（卷二十，唐高祖一二，P.602）但李世民、李建成兄弟含毒以争久矣。"太宗亲执弓以射杀其兄，疾呼以加刃其弟，斯时也，穷凶极惨，而人之心无毫发之存者也"（卷二十，太宗二二，P.627）。王夫之是从人心人性的角度，直指太宗不仁。更不同于人的批评还在于王夫之直指"太宗命直书其事，无畏于天无惮于人而不掩，乃以自信其大恶之可以昭示万世而无惭，顾且曰'周公诛管、蔡以安周，季友鸩叔牙以存鲁'，谁欺乎？"所以王夫之谇问指斥"太宗之以夺大位为心，有不可示人之巨慝乎"，"至于自敕直书，而太宗不可复列于人类矣"。"导天下以不仁，而太宗之不仁，蔑以加矣"。显然王夫之以儒家仁义学说为批判的武器，太宗杀兄夺位不符合儒家的仁义思想。而且王夫之对唐太宗弑兄夺位的批评还有实际的政治意义。唐朝成为历史上发动宫廷政变最多的王朝，《资治通鉴》记载的中宗、玄宗、肃宗、代宗都是通过政变上位的，还不包括失败的政变，根子在太宗这里。

其二，对身后事安排不当。

身后事主要是两项，一是高宗继位问题，二是武则天称帝问题。王夫之指出这两件事，唐太宗有失察的责任。失察在于两个人，长孙无忌和李世勣。

太宗在选择谁为继任者的问题上曾颇费踌躇，他认为"雉奴弱，恪英果类我，我欲立之"。雉奴是太子李治，恪是吴王李恪。太宗知恪能守国，询之众人，长孙无忌言："太子仁恕，实守文之德。"而长孙无忌又是太子李治的亲舅舅。王夫之评论说："唯无忌者，高宗之元舅也，而可与辨高宗与恪之废立乎？"太宗问非其人，"长孙无忌恶足以知仁恕哉？挟仁恕之名以欺太宗，而太宗受其罔，故曰佞者之辩也。太宗明有所困，忠有所诎，遂无以折佞人之口而使仇其邪，此三代以下，学不明，德不修，所以县绝于圣王之理也"（卷二十，太宗二一，P.627）。王夫之认定长孙无忌固请立高宗是"情之私也"，而太宗是"对无忌之恶稔，不灼见而早防之"，至"不保其子"。高宗几灭唐。王夫之反复强调这样的意思："乃卫高宗而不恤唐之宗社，则私于其出，无忌之恶也。原其所自失，其太宗之自贻乎！"（卷二十一，高宗一，P.633）

武则天当政，王夫之是最为痛恨的，他不承认其帝王地位，称之为"伪武周"，并将其事附之于中宗之内。而武则天当国，王夫之将初始的责任推定在唐太宗这里，一是"太宗之不明也，正妖言之辟，执淳风而诛之，焚《秘记》、斥太史之妄，武氏何足以惑天下而成乎篡哉？"（卷二十，太宗二五，P.631）假定太宗在世时对当时社会上如许怪象予以扼杀制止，就不会形成武氏当国的舆论氛围。二是太宗临终安排李世勣有大问题。"太宗迁李世勣为叠州都督，而敕高宗曰：'汝与之无恩，我死，汝用为仆射，以亲任之。'是已明知世勣之唯利是怀。一夺予之闲而相形以成恩怨，其为无赖之小人，灼然见矣；而委之以相柔弱之嗣君，不亦愚乎！"而"世勣何能为者？……利在高宗，则为高宗用，利在武氏，则为武氏用，唯世勣之视利以为归，而操利以笼之，早已为世勣所窥见，以益歆于利，'家事'一言，而社稷倾于武氏，所必然矣"（卷二十，太宗二六，P.632）。而所谓家事一言，指武则天欲称帝，曾询及诸大臣，李世勣答以这是你的家事不必问外人，此言遂坚定武则天篡夺之心。这李世勣原是李密部属，归唐后高祖赐姓李。王夫之对其评论极低，指为"徐世勣始终一狡贼而已矣"，并将其作为唐高祖、唐太宗"知人之鉴，穷于此矣"的显例。（卷二十，唐高祖四，P.590）

王夫之何以对太宗独多批评之语，由王夫之的一段话或许可以察其心迹。语曰："读太宗论治之言，我不敢知曰尧、舜之止此也，以视成汤、武王，其相去无几矣。乃其敦彝伦，亏至德，杂用贤奸，从欲规利，终无以自克，而成乎大疵。读史者鉴之，可以知治，可以知德，可以知学矣。"（卷二十，太宗六，P.610）在王夫之看来，太宗的言行之间反差极大，从这种反差中可以获取许多历史的智慧。

唐太宗还以言治与纳谏著称，王夫之也多所关注，我们在有关诤谏等篇章里曾做评述。

2. 狄仁杰

狄仁杰是一个比较有点特殊性的人物，一是因为他在中国老百姓中有一定的知名度，二是他乃武则天的宰相。说狄仁杰，不能不先简要说一下武则天。

武则天是中国历史上唯一的女皇帝，对其的评论分歧很大，有说她是中国历史上最大的野心家，篡唐改周；有说在唐代二十几位皇帝中，论政绩最大、影响力最大的是唐太宗、武则天和唐玄宗。王夫之是否定派，而且甚至可以说是极端否定派。他是从反对母后临朝、女人干政的这一立场来说话的。在全书中王夫之没有专门的目与专则来论述武则天，就表明了他的态度，他将武则天史事全附于中宗一目中，并有文字注明："伪武周氏附于内。"虽然无专则论述，王夫之还是不能完全回避武则天这个历史人物。在散见的论述中，王夫之评述了武则天如下几点：其一，利用高宗的柔弱控制了高宗与朝政，"夫高宗柔弱之主也"，又逆局在"中宗嗣位两月，失德未著"的情况下，"废而幽之"（卷二十一，中宗一，P.642）。其二，利用科举笼络人心，"策贡士于殿廷，自武氏始"，"夫武氏以妇人而窃天下，唯恐士心之不戴己，而夺有司之权，鬻私惠于士，使感己而忘君父，固怀奸负慝者之固然也"（卷二十一，中宗八，P.652）。此一点为后世法，也为朋党之所以兴的开端。其三，改唐为周，"王莽之后，合天下士民颂功德劝成篡夺者，再见于武氏"，这是武则天最大之恶。其四，为了巩固统治大噬杀，这是历来的统治者惯用的一手。后两条应该是王夫之所指武则天最大的罪过。

　　王夫之虽然极力否定武则天，一再使用其恶其误的字眼，但却并未指出多少具体的恶政，反而其所具有的朴素辩证法思维又不能不对武则天做出某些正面的肯定。其一，其政局虽出乱，但"奸邪虽执大权，终不碍贤臣登进之路，驱天下以一于淫惨，则乱自乱也，亡自可不亡也，或摧之，或扶之，两不相掩，而天下犹席以安也"（卷二十一，中宗一七，P.660）。这种情况在历史上具有独特性；其二，"武氏之杀人亟矣，杀愈惨而人愈激……迨乎武氏已老，杀心已灭"，指出武则天后期江山巩固后杀人渐少，而"武氏以嗜杀之淫妪，而得人之盛如此"（卷二十一，中宗七，P.651）；其三，武氏退政之后，紧接着又出现韦后干政，这韦后是中宗的皇后，武则天的儿媳，王夫之认为"然以罪言，则不可以韦氏之罪加之武氏"。并当面指出张柬之等推翻武则天恢复唐王室时，不杀武则天而只将移居别宫的做法是对的。甚至连昔日唐臣曾改事武则天"奉之为君者"，都"不可操刃以相向"。在王夫之看来这才符合儒家伦理。但王夫之还是认为在武则天

239

退政后，中宗君臣还是给武则天"加以则天皇帝之称"，为"失刑矣"（卷二十一，中宗一三，P.657）。因此，相对于武则天的险恶，王夫之更谴责高宗的柔暗坏一朝风气，"则高宗之柔暗以坏人心、毒天下，剧于武氏之淫虐，不亦宜乎！"（卷二十一，中宗七，P.651）

回头再说狄仁杰。在这样一个女皇手下做宰相，应该是不容易的。王夫之有一则札记专谈狄仁杰的过人之处。其一，"唯持大正以自处于不挠"。孔子有言："政者，正也。"狄仁杰做到了，故"以正自处，立于不可挠之地，而天时人事自与相应。故所谓社稷臣者无他，唯正而已矣"。这是很高的评价，也是人所不及的地方。而武则天能任用狄仁杰，也因在此，"无不正之言，无不正之行，无不正之志而已矣"。其二，狄仁杰为何要仕于武则天之朝，世人或多疑问。王夫之在论述晋惠帝史事时就提到"仁杰骤贵于武后之朝，当高宗之世，未尝位大臣、秉国政，权固轻矣，故不能不假权于武后以济大难"（卷十二，惠帝一，PP.323-324）。王夫之在本则札记中回答，"武氏无终篡之理，唐无可亡之势"，需要有人出来"秉正治之而有余，何为弃可为之时，任其燔乱，以待南阳再起，始枭王莽于渐台，而贻中原之流血乎"（卷二十一，中宗五，P.649）。在另一则札记里，王夫之指出正是狄仁杰的巧妙安排，才得以和平方式解决武则天统治恢复唐室，"狄公之知张柬之、敬晖，付以唐之宗社""狄公公门多士，而欲得此义奋歘兴之人，夫岂难哉？"（卷二十一，中宗一一，P.654）。在另一札记里，王夫之将狄仁杰的历史功绩定在"狄公之能存唐"（卷二十七，僖宗四，P.853），与郭子仪靖乱可以平列。

王夫之对狄仁杰的评述文字并不多，但历史人物却活灵活现地立了起来。

3. 李德裕

李德裕是唐中叶一位重要的政治人物，王夫之是书对其评骘文字较多，总体评价是"幸而德裕之于唐，功过相半也"（卷二十六，穆宗二，P.796），其过当指陷入朋党之争对李唐政治负面影响极大，其功则系其于执政之绩。但王夫之在有关史事的评述中又多论其功。

第一，出身名门的政治影响。

李德裕的父亲李吉甫是唐宪宗朝宰相，王夫之指其父"李吉甫之为邪佞也"（卷二十五，宪宗六，P.779），这一点不能不影响李德裕的政治走向。其一，李德裕"自以门荫起家，远嫌疑而名位亦伸"，这句话的含义是李德裕因为父亲为当朝宰相而自行迴避不参与贡举，也就是科举考试，对此王夫之是给予肯定的；其二，李德裕走上政治高位之初必定打上乃父烙印，王夫之说"李德裕修其父之怨而与相排摈，私也"（卷二十六，文宗二，P.806）。但王夫之对这对父子还是做了区别："吉甫、绛君子小人之辨分矣，他日德裕欲掩父之恶以修怨，而牛僧孺、李宗闵、李逢吉、元稹之徒，愈趋以与德裕争胜，则君子之名实又归于李氏。"（卷二十五，宪宗一〇，P.783）从此句看，王夫之指父为邪佞，子为君子，并对日后的朱李党争中李的人品作了定性之评。在另外的文字中，王夫之对穆宗朝诸大臣有个评语，将李德裕称为"欲为君子而不驯者"，而其对立面牛党诸人则称为"小人"。（卷二十六，穆宗四，P.800）

第二，在宰相之位上陷入党争。

李德裕在文宗朝由元老裴度推荐入相。李德裕本在攻击李宗闵科举案的交恶中累及裴度，但裴度出以公心仍荐其为相。在宰相位上，李德裕与牛党的党争更烈，史称牛李党争，这场党争前后长达四十年，双方互有消长，在多数时间内李德裕占有上风，但最后李德裕所依靠的文、武二宗先后崩逝，失所依靠遭贬客死他乡。这场党争才告结束，失败方是死者。王夫之对这场党争总体上是指责的，"党朋争衡，国是大乱，迄于唐亡而后已"，是唐亡的原因之一。但在具体论述对牛党指斥更多，如"牛僧孺等之允为奸邪，不待覆舟折毂，而有识者信之早矣"。"僧孺等用，而唐乃大乱，以迄于亡。有识者于其始进决之矣"（卷二十五，宪宗六，P.779）。

第三，解决宦官专权的努力

王夫之称道李德裕为解决宦官专权所做的诸多努力。"夷考德裕之相也，首请政事皆出中书，仇士良挟定策之功，而不能不引身谢病以去。唐自肃宗以来，内竖之不得专政者，仅见于会昌。德裕之翼赞密勿、曲施衔勒者，不为无力"（卷二十六，武宗一，P.775）。仇士良是"甘露之变"中的宦官总头目。李德裕帮助武宗解决了宦官专权问题。尤为重要的是在宦官掌有兵权的问题上，李德裕为社稷谋之深远。王夫之认为宦官监军是天下最大的祸害，因为这实际上就是宦官掌握了军权，"无他，诸帅之兵，皆宦者之爪牙，举天下而在其掣肘"。王夫之说李德裕看到了这一点并发声与付诸行动，"其以出征屡败为言者，指其著见之害以折之，使不敢争耳。显纠其阻挠军事之失，而不揭其揽权得众之祸，使无所激以相抵牾，则潜伏之大愿，暗消于忘言矣，此德裕之所以善于安主而防奸也"（卷二十六，武宗六，P.824）。于是这样的局面出现了，"德裕当武宗之日，得君而行志，裁损内竖之权，自监军始。监军失权，而中尉不保神策之军，于时宦官与德裕有不两立之势"（卷二十六，宣宗一，P.827）。宦官在外依靠监军之权，在京城依靠中尉掌有禁军，内外一体，控制了皇帝与朝政。李德裕解决了这个问题，唐中叶以来只有这个时候解决了宦官专政尤其是宦官拥有兵权的问题。所以王夫之说："唐之相臣能大有为者，狄仁杰而外，德裕而已。武宗不夭，德裕不窜，唐其可以复兴乎！"（卷二十六，武宗六，P.824）但是中国古代政治从来如此，一朝天子一朝臣，武宗英年早崩，继位的宣宗忌武宗君相关系而悉改其政，李德裕遭逐病死他乡。

王夫之在对李德裕的批评中除了有关党争之外，还提到两件事。一是其与枢密杨钦义的密切关系。李德裕其实并不结党，也不求内援，但与杨钦义关系密切，武宗登位后李德裕执权柄与杨钦义之荐引不无关系。与宦官的关系是党争双方相互攻击点之一。李德裕的自辩是我不为宦官用而我用宦者也，以宝玩送杨，并不有辱我行我志。但牛党以此为攻击之口实。王夫之认为这毕竟"视君子立身之大防，则终玷矣"，但王夫之又把话说回来："以德裕之材，当德裕之世，勿容深责焉，可矣。"（卷二十六，武宗一，P.818）二是其荐白敏中有误。白敏中是李德裕引以为相的，白反过来"夺德裕之相，竭力排之，尽反其政，以陷德裕于贬死，而乱唐室"（卷二十六，宣宗三，P.830）。白敏中是白居易的从弟，沾了白居易盛名之光为君相所知。王夫之斥白敏中为小人，指李德裕不知人而荐之，或有私心也未可知。

4. 郭子仪

郭子仪因曾任汾阳之官，史亦称"郭汾阳"，又尊称"郭令公""尚父"，因平安史之乱而名垂当时与后世。王夫之推崇郭子仪，有三层论述。

其一，郭子仪能忍辱负重。

当河北藩镇之乱，郭以朔方孤旅勤王，并无大的威望，又值清渠之败，相州之溃，宦官忌恨夺郭兵权，以授偏将，虽然"一出而复东京、馘朝义，方且揶揄公以功不若人；使公于此持异议，以与怀恩相抵牾，吝予降贼以节钺，既嫌于忌怀恩而毁其方略，且使怀恩蛊朔方之将士，谓公压己以绌三军之劳绩；他日者怀恩叛，而朔方之众，恶能戴公如父母以效于国乎！公戡意以静持之，知不可挽，则姑听之，而有余地以图他日之荡平"。王夫之感叹："公之虑深而志谨，国危君窜而社稷终赖以安，非浅夷之所易测也。"（卷二十六，穆宗三，P.798）

其二在与名将李光弼的比较中取胜。王夫之指出实际上当时平安史之乱，"前之复两京，后之收东都，皆乘其敝而资回纥之力，李、郭亦因时以取大勋，非有血战之殊劳焉"，并且"以战功论，李光弼奋其智勇，克敌制胜之功视郭为多；郭则一败于清渠，再溃于相州，功尤诎焉"。但是"为唐社稷之臣，天下倚以重轻，后世无得而议者"，郭子仪"又岂徒缴危参乎"？"不言之言，无功之功，回纥称之曰'大人'，允矣其为大人矣。以光弼之忠勇不下于公，而天下不蒙其祐，两将相衡，度量较然矣。"

其三是郭子仪的胸襟与气度最得平情之道。王夫之说："任天下之重者，莫大乎平其情以听物之顺逆，而不挟意以自居于胜，此唯古之知道者能之。"上古之人唯有周公能做到"其志定而于土皆安也"。三代以下，只有郭子仪"翘关负米起家，而暗与道合，其得于天者，三代以下莫与之伦矣"。王夫之还以多个历史人物作比："能任也，则不能让，所谓豪杰之士也，韩信、马援是已；能让也，则不能任，所谓保身之哲也，张子房李长源是已。"而郭子仪："汾阳于位之崇替，权之去留，上之疑信，谗佞之起灭，乃至功之成与不成，俱至则受之，受则任之，而无所容心于其间。情至平矣，而天下不能测其所为。"王夫之于是感叹："大哉！

平情之为用也，四海在其度中，贤不肖万殊之情归其节围矣。""唯其平情以听权势之去来，可为则为，不可为则止，坦然无我之大用，人以意揣之而不能得其要领，又孰知其因其心而因物以受宠辱之固然者乎？"有此胸襟与气度，故在任何时候，"汾阳一出而天下熄"，"天下莫敢复乱"（上引均卷二十三，肃宗十一，P.709）。郭子仪作为四朝元老所具有的威望无以复加。不仅王夫之感叹，后世的统兵大帅曾国藩也曾推崇郭子仪，也以郭为标范。

王夫之品评人物，不仅仅是着眼于人物，总是通过人物品评来议论政局，人物总是与政局相关联，因为这些人物总是凭借历史的政治舞台来演出。这是王夫之评史论人的特点。试读如下一个完整的段落更能体悟这一特点："穆宗在位四年耳，以君子，则裴度也、李绅也、韩愈也；欲为君子而不驯者李德裕也；以小人，则李逢吉也，元稹也、牛僧孺也、王播也、李宗闵也；庸靡不能自固而居其间以浮沉尸大位者，崔植也、杜元颖也；虽无大过而不克有为者，萧俛也、郑覃也。或正或邪，或才或窳，无所择而皆执国政，俄而此庸矣，俄而又黜矣，俄而此退矣，俄而又进矣，一言之忤合，一事之得失，摇摇靡定，而宦竖与人主争权，谏官与将相争势，任贤贰，去邪疑，害不可言也。并其任小人者，亦使小人无自固之地，一谋不遂，一语未终，早已退而忧危，求闪烁自全之术。呜呼！晴雨无恒，而稻麦腐于陇首；葰连杂进，而血气耗于膻中。不知其时之人心国事且改夕更，以快一彼一此之志欲，吏乘之以藏奸，民且疲于奔命，夷狄盗贼得间而乘之者奚若也！唐之不即倾覆也，亦幸矣哉！"（卷二十六，穆宗四，P.800）数百字将唐穆宗朝人物和政局揭示得清清楚楚，非有大手笔、大格局不能。

四、两项重要制度

唐有两项重要制度为后世称重，但王夫之却给了基本的否定。一项是有关军事的府兵制，一项是有关财经与民生的两税法。

1. 府兵制

"贞观十年，定府兵之制，大约与秦、隋销兵、宋罢方镇之意略同"（卷二十，太宗一四，P.619）。王夫之指唐太宗定府兵制的意图与秦隋两代销毁天下兵器、宋代撤方镇的意图大致相同，都是为了巩固自己的江山。但是在王夫之看来府兵制恰好削弱了唐的统治，因为"府兵者，犹之乎无兵也"，其第一个恶果便是当武则天"轻移唐祚于宫闱，李敬业死而天下靡然顺之，无有敢伸义问者，非必无忠愤之思兴，力不能也"。

府兵者犹之无兵也的具体情形又是怎样的？王夫之接下来评述说，府兵之制，其特点是"而特劳天下之农民于番上之中"，表面是兵农合一了，但实际情况则是，"府军之制，散处天下，不论其风气之柔刚、任为兵与否也；多者千二百人，少者百人，星列棋布于陇亩，乃至白首而不知有行陈，季冬习战，呼号周折，一优人之戏而已。三百人之团正，五十人之队正，十人之火长，编定而代袭之，无问其堪为统率否也。"王夫之说更为可笑的是，"兵械甲装，无事则输之库，征行而后给之，刃锈不淬，矢屈不檠，晴燥不润，雨溽不暴，甲胄穿，刀刓弓解，典守之吏，取具而止，仓卒授之而不程以其力，莫能诘也。甲与身不相称，攻与守不相宜，使操不适用之顽金，衣不蔽身之腐革，甚则剡挠竹以为戈矛，漆败纸以为盾橹，其不覆军陷邑者几何也？狎为故事，而应以虚文，徒疲敝其民于道路，一月而更，而无适守者无固志，名为有兵六百三十四府，而实无一卒之可凭。"所以这样的状况，到安史之乱，"安、史一拥番兵以渡河，而两都瓦解"。即使是玄宗天宝初年进行兵制改革，"初改府兵易骚骑，而因循旧习，未能蠲积玩之弊以更张也"。

所以与历史上为府兵制唱赞歌的人不同，王夫之是持批判否定意见的："后世论者，泥古而不知通，犹曰兵制莫善于唐，则何如秦、隋之尽销弭而犹不驱农民以沦死地乎？详考府兵之制，知其为戏也，太宗之以弱天下者也。""于

248

是而知府兵之徒以毒天下而无救于国之危乱，审矣"（卷二十二，玄宗一一，P.679）。王夫之警示后来者，"欲弱天下以自弱，则师唐法焉可尔"（卷二十，太宗一四，P.620）。

显然，王夫之否定"垂及百年"的府兵制，打在唐"欲弱天下以自弱"的痛处，但其着眼点更在于其民本思想，府兵制对农民是一种损害。

2. 两税法

两税法是唐中时进行的税赋改革，其要点有三，一是夏秋两季征收，二是统一用钱交纳，三是租庸调合并。这次改革是杨炎主持的。王夫之对两税法改革评价不高，总的基调是"盖后世赋役虐民之祸，杨炎两税实为之作俑矣"（卷二十四，德宗四，P.729）。王夫之也承认杨炎推行这次改革的初因是"唐初租、庸、调之成法，亦岂繁苛以困民于旬输月送乎"，实行之初，也确有"民亦甚便"之处，"非时非法之箕敛并于上，而操全数以待用，官亦甚利也"。但这种丧乱之中的权宜之法在国家安定之后成为定规定制。"人但知两税之为正供，而不复知租、庸、调之中自余经费，而此为法外之征矣"。"他日者，变故兴，国用迫，则又曰：'此两税者正供也，非以应非常之需者也'，而横征又起矣。"所以两税法"唯据乱法以为法，则其乱不已"。因此两税法是"苟且以图一时之便利，则其祸生民亦至此哉！"王夫之称杨炎"以病民而以利国"，故而对杨炎评价不高。而对刘晏推行的财税措施并不给予过多指责，在于其对民众没有太过损害，"晏得其乐于附籍之本情，以杜奸胥之诡，使乐输者无中侵之伤，故民心得而户口实，仁人君子所以体民而生聚者，亦此而已"。"晏体国安民之心，不可没矣"（卷二十四，德宗五，P.731）。

由是观之，王夫之对李唐府兵制与两税法两项重要制度的否定性评价，其基本立场是从是否有利于民众与民生来着眼的，眼光独到且具有相当的认识价值。

唐史向来被认为是辉煌的。那些叱咤风云的人物和风过留声的事件消失后，历史成为一笔巨大的遗产完整地留给后人。每一代人都可以做出自己的评说，王夫之的评说代表了那个时代的高度，但每个时代都会继续着这种评说。亘古不变的是历史，变化了的是后来人的解读与阐释。

第十二章　历史比较论

王夫之是书最常用乃至最基本的研究方法是历史的对比研究，或者说比较研究。甚至可以说，《读通鉴论》基本上就是一部历史比较论。

比较研究是通过对历史的异同与类型、时序与方面等的分析，来陈述是非、总结规律、挖掘内涵，以加深对历史的了解与洞察，深化历史的认识。

一、天下大势之比较

从大处着眼是王夫之论史的特点，有提纲挈领之用。势又是王夫之论史的基本点。天下大势的比较是最需要宏观视野的，也最能把握历史的大格局，体现著作者宏观把握的卓绝才能。

1.纵贯历史的纵论

"商始兴而太甲放，周始兴而成王危，秦并天下而扶苏自杀，汉有天下而惠帝弗嗣，唐则建成死于刃，宋则德昭不令其终，讫乎建文之变而憯尤烈。天下初定，人心未靖，则天命以之不康，汤、武且不能弭，后代勿论已。然而胡亥杀兄，旋以死亡；太甲、成王，终安其位；则伊尹、周公之与赵高，相去不但若霄壤也"。

"秦始皇之宜短祚也不一，而莫甚于不知人。非其不察也，惟其好谀也。托国于赵高之手，虽中主不足以存，况胡亥哉！汉高之知周勃也，宋太祖之任赵普也，未能已乱而足以不亡。建文立而无托孤之旧臣，则兵连祸结而尤为人伦之

252

大变。徐达、刘基有一存焉，奚至此哉？虽然，国祚之所以不倾者，无谀臣也”（卷一，二世三，P.5）。

这两段文字是王夫之是书几乎是开篇的文字，是完整的一则，因秦二世胡亥而涉及商、周、秦、汉、唐、明代历史，第一段文字近于排比句式，其历史有一个共同点就是开国君王第二代命运都有相似之处，而辅佐之人的命运、结局不同。第二段文字进一步展开，比较的意味更浓，有两个比较：其一，开国之主是否察人，秦始皇不察于赵高丢江山，而汉高帝与宋太祖察人从而确保江山不易；其二，朝廷是否有谀臣，秦始皇好谀是导致其不察的根源，明太祖无托孤旧臣但国祚不倾是明初无谀臣。这里的比较是纵贯历史的大比较。

2. 秦汉唐宋财富去留

“且自羽焚宫以后，秦之所积，荡然四散，而关中无钩金尺帛之留，然而既有天下，古今称富者，莫汉若也。唐起太原，而东都之藏，已靡于李密、王世充之手；江都之积，又尽于宇文化及之徒。荡然一虚枵之天下，唐得之而海内之富上埒于汉。宋则坐拥郭氏世积之资，获孟昶、李煜、刘鋹之积，受钱俶空国之献，其所得非汉、唐之比也”。

这一段文字，对汉、唐、宋三朝天下财富之来源与结果做了一番对比，其结论是“合而观之，则贫者富而富者贫，审矣”。“汉、唐之富，富以其无也；宋之贫，贫以其有也”（卷二十九，五代中二，P.916）。这是在论述五代史事时穿插的一段比较。

253

3. 东晋与南宋之国势

东晋与南宋在历史上具有某种共同性，即都是偏安于半壁江山的朝廷。

"取东晋之势与南宋絜论，东晋愈矣。江东立国，以荆、湘为根本，西晋之乱，刘弘、陶侃勤敏慎密，生聚之者数十年，民安、食足、兵精，刍粮、舟车、器仗，且求之而夕给，而南宋无此也。东晋所用以保国而御敌者，纪瞻、祖逖、温峤所鼓舞之士勇，王敦、苏峻虽逆，而其部曲犹是晋之爪牙也，以视韩、岳收乌合之降贼，见利而动、见害而沮者，不相若也。王导历相四君，国事如其家事，而深沉静定，规恢远大，非若李伯纪、赵惟重、张德远之乍进乍退，志乱谋疏，而汪、黄、秦、吕结群小以间之也。则东晋之内备，裕于南宋远矣。刘、石之凶悍，虽不减于阿骨打，而互相忌以相禁且相吞也，固无全力以与晋争；慕容、苻、姚、段氏皆依晋为名，以与刘、石竞；李特虽窃，李寿折于龚壮，不敢以一矢加于晋之边陲；张氏虽无固志，而称藩不改；仇池杨氏亦视以为从违，刘、石之内患；非若金源氏之专力以吞宋无所掣也。则东晋之外逼，轻于南宋远矣"。

王夫之在论述东晋史事时将东晋与南宋之大势做一番比较，总体上说东晋之势比南宋强，不论是从"内备"还是"外逼"来说，内备裕于南宋远矣，外逼则较于南宋远矣。在做了这番势的比较之后，王夫之又有更深入的比较，既然东晋内备外逼之势远甚，但东晋与南宋之士却有莫大之不同："然而宋之南渡，自汪、黄、秦、汤诸奸而外，无不以报仇为言；而进畏懦之说者，皆为公论之所不容。若晋则蔡谟、孙绰、王羲之皆当代名流，非有怀奸误国之心也；乃其侈敌之威，量已之弱，创朒缩退阻之说以坐困江东，而当时服为定论，史氏侈为訏谟，是非之舛错亦在此哉！读蔡谟驳止庾亮经略中原之议，苟有人之气者，未有不愤者也，谟等何以免汪、黄、秦、汤之诛于天下后世邪？”王夫之从东晋与南宋主流阶层对国势国事的不同态度中，对东晋士大夫阶层是持批评的，王夫之甚至认为对历史的错误认知都发生在这里。王夫之接下来要表达自己通过这种比较得出的认识，由于整个东晋主流风习如此，对于历史颇有影响的两件大事即庾亮之北略与桓温之北伐，当时的看法存在很大的问题：“庾亮之北略，形王导之不振也，而左袒导者，诎亮以伸导；桓温之北伐，志存乎篡也，而恶温之逆者，忌其成而抑之；于是而中挠之情深于外御，为宰相保其勋名，为天子防其篡夺，情系于此，则天下胥以为当然，而后世因之以无异议。”王夫之要纠正这种历史认知：“呜呼！天下之大防，人禽之大辨，五帝、三王之大统，即令桓温功成而篡，犹贤于戴异类以为中国主，况仅王导之与庾亮争权势而分水火哉！则晋之所谓贤，宋之所谓奸，不必深察其情，而绳以古今之大义，则一也。蔡谟、孙绰、王羲之恶得不与汪、黄、秦、汤同受名教之诛乎？”（卷十三，成帝一四，P.370）这一番议论是王夫之读史的一个很重要的观点，所谓民族矛盾、种族矛盾永远都重于内部的各种矛盾关系。王夫之将一切历史都作为当代史来解读，都置于明末清初满汉的民族矛盾交织中来审视。在另一段札记里，王夫之再一次论说桓温北伐："胤曰：'晋之廷臣，必将乖阻，以败其事。'史不著乖阻之实，而以孙盛阳秋直书其败观之，则温之败，晋臣所深喜而乐道之者也。"王夫之从而指出东晋、南宋的当权者们："舍夷夏之大防，置君父之大怨，徒为疑忌以沮丧成功，庸主具臣之为天下谬，晋、宋如合一辙，亦古今之通憾已。"（卷十四，帝奕二，P.386）

4. 安史之乱时的唐朝格局

安史之乱时的局势，王夫之做了几种对照，这也可以视作为一种比较。他首先述安史之乱初起时唐玄宗与整个唐朝的政治大格局，王室格局是："于稽其时，玄宗闻东京之陷，既欲使太子监国矣。其发马嵬，且宣传位之旨矣。乃未几而以太子充元帅，诸王分总天下节制，以分太子之权。盛王琦、丰王珙、皆随驾在蜀；吴王祗、虢王巨、皆受专征之命；永王璘之出江南，业已抱异志而往。"王夫之指出这种局面是萧梁骨肉纷争之势也。多政治力量的格局则是"河北雍、睢之义旅，罔测所归；河西李嗣业，且欲保境以观衅；安西李栖筠，愈远处而无适从；李、郭虽心王室，且敛兵入井陉，求主未得而疑；同罗叛归，结诸胡以内窥，仆固玢败而降之为内导，以掣河东、朔方之肘"。王夫之又指出这一局势是"此汉末荆，益，西晋汉西之势也"。在这样两种局势之下，"使一路奋起讨贼，而诸方

256

不受其统率，则争竞以生"，这样的情况又似唐末"李克用，朱全忠不相下之形也"；而"诸王各依一诸镇以立，诸镇各挟之以为名"，这种情况出现又是"西晋八王之祸也"。在这一则札记里，王夫之先后对唐玄宗时安史之乱初起的政治格局与前代历史和以后历史做了四个类比，这并不是简单的类比，而是通过这种比附揭示历史大势的相似，试图"居今验古"（卷二十三，肃宗一，P.695）。

二、国策制度之比较

国策制度是国家政治机器的重要组件，也是政治运行的基本保障。国策制度的比较可以看出政治的优劣和天下治理的成效高下。

1. 汉宋开边戍边的国策

"武帝平瓯、闽，开南越，于今为文教之郡邑。而宋置河朔、燕、云之民，画塘水三关以绝之，使渐染夷风，于是天地文明之气日移而南，天且歆汉之功而厌宋之偷矣"（卷三，武帝三，PP.55-56）。王夫之在论述汉淮南王刘安谏划南越之议时，对汉宋两朝的开边戍边国策做了对比，以宋之失策来衬托汉武采行的开边国策的英明。而对汉武开疆拓土历来就评价不一，有评为穷兵黩武者，王夫之是肯定汉武这一基本国策的。

2. 汉宋国事

"武帝之能及此也，故昭帝、霍光承之，可以布宽大之政，而无改道之嫌。宋神宗唯不知此，而司马君实被三年改政之讥，为小人假绍述以行私之口实"。短短一段话，其实充满比较，是汉宋政治之比较，是汉武帝与宋神宗之比较，是昭帝霍先君臣与宋神宗、司马光君臣之比较。"汉武帝之能及此也"是指前文所引汉武帝言："朕不变更制度，后世无法；不出师征伐，天下不安；为此者不得不劳民。若后世又如朕所为，是袭亡秦之迹也。"汉武帝之言为其继承者变政留下合理合法的空间，所以昭帝、霍光改变汉武帝时严峻之法为宽大之法而无改道之嫌。而宋神宗不能像汉武帝那样对自己在用王安石变法时做出像汉武帝那样的交代与说服，这便使司马光在王安石之后任宰相而蒙上"三年改政之讥"。给小人留下"假绍述以行私之口实"。通过这样的比较，王夫之从而在论述汉武帝朝政事时更有说服力，称："武帝之为此言也，其贤矣乎！"（卷三，武帝二八，P.75）

3. 刘宋与赵宋之和议

"刘宋以和而罢兵，赵宋欲罢兵而讲和，赵宋尤惫矣。以和而弭兵者，志不在弭兵，弭于外而未忘于内，故刘宋犹可不忘。以弭兵而和者，唯恐已之不弱也，故赵守君臣帝经常死于海滨而莫能救”（卷十五，文帝一〇，PP.438-439）。王夫之在本段文字里对南朝刘宋与后世赵宋与对手和议做了比较。本则札记本系论述刘宋与北魏拓跋氏的战和问题，“宋师熸，而拓跋氏旋遣使人聘宋以求和亲，逾年而宋报礼焉，此南北夷夏讲和之始也”。北魏本胜而“敛兵以退而先使请和”乃因其还有一个对手柔然，“力疲于蠕蠕，而固不能也”，也就是不能两线作战，而刘宋新败也不能与北魏争战。因此这种和议是两相情愿的。尽管如此，王夫之还是认为，这种和议“利于夷狄而不利于中国，利于屡胜之兵，而不利于新败之国者也”。王夫之再拿赵宋与辽金之和议做比较，更可察见赵宋之得失。刘宋与赵宋这两种和议，出发点不同，方式方法不同，结局自然就不同。王夫之对于赵宋的批评见于字里行间，随后一句“可胜悼哉”，其实是哀其不救，怒其不争。

4. 唐宋两朝的制夷国策

“突厥拥众十五万寇并州，郑元璹欲与和，德彝曰：‘不战而和，示之以弱，击之既胜，而后与和，则恩威并兼著矣。’斯言也，知兵筹国相时之善术也”。王夫之就唐代的边防重大国策，也就是和战两用巩固边防发表议论，认为封德彝这人不一定是君子，但其应对突厥之策确是“知兵筹国相时之善术也”。为了深入论述这一重大国策的是非，王夫之比较唐宋两代对突厥和女真和战国策得失，“唐之不能与突厥争，始于刘文静之失策，召之人而为之屈，权一失而弗能速挽矣。中国初定，而突厥席安，名有可挟，机有可乘，唐安能遽与突厥争胜哉？然当百战之余，人犹习战，故屡挫于刘黑闼而无朒缩之心，则与战而胜可决也；所难者，锐气尽于一战，而继此则疲耳。奋起以亟争，而藏拙于不再，速与战而速与和，则李神符、萧颗之功必成，而郑元璹之说必仇矣"。王夫之对唐对突厥国策提出批评："夫夷狄者，不战而未可与和者也，犬絷项而后驯，蛇去齿而后柔者也。以战先之，所以和也；以和縻之，所以战也；惜乎唐之能用战以和，而不用和以战。"在对唐之对突厥国策的批评之后，王夫之又联系宋代对女真国策做了对比，说宋朝君臣也都不能把握好和战的关系，"知此，则秦桧之谋，与岳飞可相辅以制女直，而激为两不相协以偏重于和，飞亦过矣。抗必不可和之说，而和者之言益固，然后堕其所以战而一恃于和，宋乃以不振而迄于亡。非飞之战，桧亦安能和也；然则有桧之和，亦何妨于飞之战哉？"王夫之从唐宋两朝的"制夷"国策的比较中总结出这样一番道理："战与和，两用则成，偏用则败，此中国制夷之上算也。"（卷二十，唐高祖七，P.594）证之近代以迎中国与列强的关系，不能不说王夫之之论确为的论。

与此相关的，王夫之还对历史上的"用夷"做了比较，提出"借援夷狄，导之以蹂中国，因使乘以窃据，其为失策无疑也"。他通过历史的比较来论证他的观点。唐高祖曾借突厥兵五百骑以壮势，但并未真正使用，"未尝假以破敌也，故乍屈而终伸"。而唐玄宗时平安史之乱,"乃唯恐不胜,使仆固怀恩请援回纥,因胁西域城郭诸国,征兵入助,而原野为之蹂践",素"收京之役,回纥无血战之功,一皆郭汾阳之独力,唐固未尝全恃回纥,屈身割地以待命也,有自己者存也"。但后晋之石敬瑭"甘心臣虏";"破灭后唐者,皆契丹之力也;受其册命,为附庸之天子"。宋代"借金亡辽,借元亡金,胥仰鼻息于匪类,以分其濡沫,则役已操我之存亡生死而唯其吞吸者也,故其祸尤重"。王夫之在这一番比较之后的结论是:"故用夷者,未有免于祸者,用之有重轻,而祸有深浅耳"(卷二十三,肃宗五,P.702)。

5. 地方臣官之制

王夫之考察了唐代按察使之设及其演变,而后世又蹑之。王夫之认为按察使之类必须要注重两点:一是权重,二是得人,要有得中之道。在论述完毕之后,笔锋一转提出一个很重要的地方臣官的问题,并以唐、元相似之处发论:"若夫过任都督,使之畸重,则天下且不知有朝廷,而唯知有都督。节度分疆,而唐室以裂;行省制命,而元政不纲;皆繇此也。"

6. 关于治盗

"盗非可一时猝捕而弭者也,故汉武帝分遣绣衣持节逐捕而盗愈甚","周主知其然,罢巡检使臣,专委节镇州县,诚治盗之要术也"(卷三十,五代下一九,P.959)。王夫之关于治盗的读史札记专条,分列了汉武帝与后周主两种不同的治盗思路和制度及其效率，一比较则明。后周主自然比不了汉武帝的雄才大略，但在治盗问题上因思路和制度不同而有不同的效率。王夫之其实不太主张用专使办事的制度，而主张加重地方守令的责任，有关治盗只是一方面。"而恃专使以行上意，是臂不能使指，而强以绳曳之也。一委之专使，则守令监司皆卸其利国利民之责，行之不顺，国病民劳而不任其咎"（卷三十，五代下一六，P.956）。

三、历史事件之比较

历史是由一系列事件汇集和堆积起来的，其中有现象与本质，有起因与结果，比较才能弄清楚历史的表层与深层、真相与迷雾，明得失之所在，知兴亡之所由。

1. 杀人之比较

"范增之欲杀沛公，孙坚之欲杀董卓，为曹操谋者之欲杀刘豫州，王衍之欲杀石勒，张九龄之欲杀安禄山，自事后而观之，其言验矣。乃更始杀伯升而国终亡；司马氏杀牛金而家终易。故郭嘉之说曹操，勿徒受害贤之名，而曹操笑曰：

'君得之矣。'有识者之言，非凡情可测也"（卷九，献帝一五，P.254）。本小段文字前半，王夫之一并列举历史上若干相类似事件，归为一个论点："自事后而观之，其言验矣。"意思是范增、孙坚、张九龄等当时的考虑都是有道理的，可惜事情都未成，对后来的格局大有影响。而后半段文字又是另一重比较。"其言验矣"之前半段文字所述是欲杀而未杀成，之后半段是已杀却造成坏的结果，所以才有郭嘉对曹操之语。王夫之的历史思维是网状和发散的，往往由甲而乙，由此而彼，而这正是善为历史比较者所具有的特点。

2. 汉宋之释夺兵权

"汉王甫破项羽，还至定陶，即驰夺韩信军，天下自此宁矣"。"或曰宋太祖之夺藩镇也类此"。王夫之认为或"类此""而又非也"。"信者，非石守信、高怀德之俦也。割地而王，据屡胜之兵，非陈桥拥戴之主也。故宋祖惩羹吹齑而自弱，汉高拔本塞源以已乱，迹同而事异，其权不在形迹之间也"（卷二，汉高帝六，P.15）。王夫之就汉高帝与宋太祖释兵权两件颇为类似的事件做了比较。其一，这是两个似是而非的事件；其二，汉高帝与宋太祖两位帝王并不类同，迹同而事异；其三，被夺去兵权的将领藩镇也不相同，韩信身经百战不是发动陈桥兵变之流可比。汉高帝"夺之速而安，以奠宗社，以息父老子弟，以敛天地之杀机，而持征伐之权于一王，乃以顺天休命，而人得以生"（卷二，汉高帝六，P.14）。王夫之更肯定了汉高帝夺韩信兵权的意义。

3. 魏、晋、刘宋之改朝换代

"丕之篡，刘氏之族全，炎之篡，曹氏之族全，山阳、陈留令终而不逢刀鸩。刘裕篡而恭帝弒，司马氏几无噍类。岂操、懿、丕、炎之凶愿浅于刘裕哉？司马氏投夷狄以亟病中夏，刘裕之穷凶以推刃也，亦有辞矣，曰'彼将引封豕长蛇以蔑我冠裳者也'。而中夏之士，亦不为之抱愤以兴矣。纪季以酅入于齐，春秋无贬词焉。齐，纪仇也，宁附于齐，而不东走莱夷，南奔句吴，则犹能知其类也"（卷十四，安帝一五，P.414）。比较文字，王夫之对魏、晋、刘宋三个相衔接的朝代更替做了一番比较。魏晋都是以禅让的方式改朝换代的，前朝的宗室都得以保全，而刘宋却有不同，是弒帝，整个司马氏家族几无生者。王夫之通过这种比较带出一个问题，是不是可以说魏晋夺江山的凶恶就要浅于刘宋呢？王夫之认为恐怕不是这样的，司马氏之晋"投夷狄以亟病中夏"，给刘宋提供了一个推翻它的一个理由，"彼将引封豕长蛇以蔑我冠裳者也"。在王夫之看来，让异族侵我中夏是最不能容忍的。本段文字最后一句也是一个同类又不同类的深化对比，齐纪本仇，但纪季宁愿附于齐，而不投奔莱夷和句吴。王夫之的比较，祝野很宽广，知识博大，不熟知历史，是很难以把握其深刻内涵的。

4. 刘宋与司马氏之晋得天下

"宋得天下与晋奚若？曰：视晋为愈矣，未见其劣也。魏、晋皆不义而得者也，不义而得之，不义者又起而夺之，情相若，理相报也。虽然，曹氏有国，虽非一统天下，而亦汔可小康矣。芳与髦，中主也，皆可席业以安。而司马氏生其攘心以迫夺之，视晋之桓玄内篡、卢循中起、鲜卑羌虏攘臂相加，而安帝以行尸视肉离天下之心，则固不侔矣。宋乃以功力服人而移其宗社，非司马氏之徒幸人弱而掇拾之也。论者升晋于正统，黜宋于分争，将无崇势而抑道乎？"（卷十五，宋武帝一，P.424）王夫之在读刘宋史事时的第一则札记，便是从不同的角度对刘宋与司马氏之晋得天下的方式所做的比较，为了做这个比较，本段文字的前半部分是先以魏晋之得天下的方式做铺垫，王夫之认为魏晋得天下的方式其实是相同的，都是"不义而得之"。在此基础上王夫之才提出刘宋与司马氏夺天下的方式是不同的，刘宋是以"功力服人而移其宗社"，司马氏是"徒幸人弱而掇拾之也"。通过这一番比较，王夫之要让人明白的是他从这一番比较中得出的新结论，也就是对于论者以晋为正统而以刘宋的纷争的一褒一贬提出反驳。而这样一种反驳又是为后面的文字做铺垫，因为王夫之在魏晋南北朝的帝王里比较看重的正是刘宋开国君主刘裕。王夫之认为"汉之后，唐之前，唯宋氏犹可以为中国主也"（卷十五，宋武帝一，P.425）。王夫之做比较总是有其可比之处，总是有一种与众不同的意思要阐发，此亦为一例。

5. 废立太子与新君继位之比较

古代君主传位继承是极重大的事情，大致有所谓立嫡、立长、立贤、立爱四法，又常立太子以为储君。可所立适长不贤又怎么办？王夫之考察历史自然会注意到这种情况："立子以适，而适长者不肖，必不足以承社稷，以此而变故起于宫闱，兵刃加于骨肉，此人主之所甚难，而虽有社稷之臣，不能任其议也。"（卷二十，太宗二〇，P.625）王夫之所说的是个难题，是关于江山社稷的难题。而唐太宗与汉光武帝又正好都遇到类似的难题，两人对这一难题的处理不同，造成完全不同的结果，可以说是中国历史上的正反典型案例，很有比较以资借鉴的意义，而这是《资治通鉴》仅止于叙事所不能完成的。王夫之在有关唐太宗思欲改立太子问题上，特以如后文字评述之：

"光武废东海、立明帝、而汉道昌，东海亦保其福禄，不待窜也，光武之为君父者无愧也。太宗蹀兄弟之血于宫门，早教猱以升木，窜逐其所宠爱，以徇长孙无忌之请，知高宗之不能克家而姑授之，置吴王恪之贤以陷之死，夫亦反身不令，故无以救其终也。汉文守藩代北，际内乱而无窥觊之心，迎立已定，犹三让焉，然有司法建太子，犹迟久而不定，诚慎之也，非敢执嫡长以轻天位，况太宗之有渐德也乎？"（卷二十，太宗二〇，P.625）在这段文字里，王夫之做了两重比较：一是与东汉光武帝废立太子比较，认为光武帝在这件重大事情的处理上比唐太宗高明，既已立贤，又让被废者"保其福禄"，而汉家江山又得以久长。唐太宗则要差得多，既已发现太子也就是后来的高宗"不能克家而姑授之"未能改立，而后子弟间又出现血光之灾。就此王夫之在有关高宗朝的第一则札记里，还有进一步的论说。如"太宗既知恪之可以守国也，则如光武之立明帝，自决于衷"（卷二十一，高宗一，P.633）。二是与西汉文帝在继位与传位问题上的比较，是前一个比较的扩大与深化。王夫之认为汉文帝远比太宗高尚，在继位时"际内乱而无窥觊之心，迎立已定，犹三让焉"，言下之意就是与前文所提太宗继位"蹀兄弟之血于宫门"的对比；在传位建太子时"诚慎之也，非敢执嫡长以轻天位"，也就是与唐太宗因为嫡长而传位给"不能克家"的高宗的对比，暗含的意思是批评唐太宗慎重不够以至失误，失误于高宗之柔弱让武则天当道。

当然王夫之在另一札记里也指出："光武以郭后失宠而废太子强，群臣莫敢争者。幸而明帝之贤，得以掩光武之过。"并指出刘秀废立之法一开，章帝也如法炮制"废庆立肇，而群臣亦无敢争焉"，"肇甫十岁，而嗣大位"。这导致东汉多以幼主童昏嗣，"权臣哲妇贪幼少之尸位，以唯以所为，而东汉无一日之治"。王夫之说："此其祸章帝始之，而实光武贻之也。"（卷七，章帝六，P.177）王夫之看历史总是能深邃地看到两面性，目光非一般历史学家可比，而这也得益于其历史比较之法的独到。

四、历史人物之比较

历史的中心是人的活动，不同的人有不同的历史演出方式，由此带来历史的无比丰富。对历史人物的比较，正是要揭示历史的丰富多样。

1. 刘秀与刘邦得天下之比较

此二人分别是东汉与西汉的开创者。"怀王遣高帝入关，而高帝之王业定；更始遣光武徇河北，而光武之王业定。"（卷六，光武二，P.134）但王夫之认为"光武之得天下，较高帝而尤难矣"，之所以难是从比较中得出的结论。

其一，刘邦有一个劲敌项羽。刘秀则是丛生之敌。"建武二年，已定都于雒阳，而天下之乱方兴。帝所得资以有为者，独河北耳。而彭宠抑叛于幽州，五校尚横于内黄。关以西，邓禹虽入长安，赤眉环绕其外，禹弗能制焉。郾、宛、堵乡、新野、弘农，近在咽颊之间，寇叛接迹而相为牵制，不毕更始之在长安时也。刘永、张步、董宪、苏茂，横亘东方，为陈、汝眉睫之患；隗嚣、公孙述姑置而可徐定者勿论焉。其视高帝出关以后，仅一项羽，夷灭之而天下即定，难易之差，岂不远哉？……使以高帝荥阳之相持，而遇光武丛生之敌，乘间持虚而掣其后，羽不待约，而人为之犄角，高帝不能支矣。则甚矣光武之难，而光武之神武不可测也。"

其二，刘邦是一个号召，而刘秀则面临多个号召。"高帝之兴，群天下而起亡秦，竞智竞力，名义无所伉，人心无所惑也。光武则乘思汉之民心以兴，而玄也、盆子也、孺子婴也、永也、嘉也，俱为汉室之胄，未见其分之有所定也。"刘秀在这样的局面下则要有自己的高着，"天下方割裂而聚斗，而光武以道胜焉。即位未久，修郊庙，享宗祖，定制度，行爵赏，举伏湛，征卓茂，勉寇恂以绥河内，命冯异使抚关中，一以从容镇静结已服之人心，而不迫于争战。然而桀骜强梁之徒，皆自困而瓦解。是则使高帝当之，未必其能奢定如此也。而光武之规模弘远矣。"（卷六，光武八，P.141）

而这番比较的目的，在于突出光武的承继作用。"使得天下者皆如高帝之兴，而无光武之大猷承之于后，则天下后世且疑汤、武之誓诰为虚文，而唯智力之可以起收四海……三代而下，取天下者，唯光武独焉……"

2. 刘秀与更始帝比较

有两个比较，一是两人战略之比较，"乃若更始之亡也，则舍雒阳而西都长安也。"至于刘秀则是"虚建西都，而定宅雒阳，以靖东方之寇"。二是用人比较，"盖更始所任为大臣者，类皆群盗之长，贪长安之富盛，而借口于复高帝之旧业以为廓清；其铮铮小异如朱鲔、刘嘉、鲍永之流，亦不胜盈廷諫詆之论；则塞颠当之户，耽燕雀之嬉，固其宜也。"而刘秀"光武得士于崛起之中而任之，既无盗贼之习气；及天下甫定，复不以任三公，而别用深识之士"。由这样两点比较可以看出，刘秀的方略是："皆惩更始之失而反其道。老子曰：'不善人，善人之资。'更始之失，光武之资也。"（卷六，后汉更始五，P.132）从这一比较中自可明了刘秀何以在西汉末年而开东汉江山的原因了，而叙事更为清晰。

3. 刘秀与刘备的比较

这个比较聚焦于刘秀之拒更始帝，刘备之逐刘璋。更始与刘璋刘焉父子均为刘氏宗室。王夫之的比较在于刘秀拒更始、刘备逐刘璋其实是相同的事件，但是"论者苛求昭烈，而舍光武，失其平矣"，失其平在哪里？王夫之先论举被拒被逐者的情况："刘焉之于昭烈，分不相临，光武则固受更始大司马之命矣。更始起于汉室已亡之后，人戴之以嗣汉之宗社；刘焉当献帝之世，坐视宗邦之陵夷，方且据土而自尊。则焉父子有可逐之罪，而更始无之。如曰更始不能安位而存汉，则璋之弱，又岂足以保三巴而不授之曹操乎？"更始与刘璋父子与二刘关系揭明，王夫之的结论自然出来了。"然则以忠信坚贞之义相责，而昭烈有辞，光武无辞矣。"王夫之又进一步申论："更始之立，非光武兄弟之志；……故更始不任为光武之君，拒之而心固不疚。"王夫之又认为即使如此，"光武可逸不忠之罚"，刘备也"可释不信之咎"，

270

"于昭烈乎何诛？"

4. 西汉元帝与东汉章帝

"西汉之衰自元帝始，未尽然也；东汉之衰自章帝始，人莫之察也。元帝之失以柔，而章帝滋甚。王氏之祸，非元帝启之，帝崩而王氏始张；窦宪之横，章帝实使之然矣。第五伦言之而不听；贵主讼之，怒形于言，不须臾而解；周纡忤窦笃而送诏狱；郑弘以死谏，知其忠，问其疾，而终不能用。若此者，与元帝之处萧、张、弘、石者无以异。而元帝之柔，柔以己也，章帝之柔，柔以宫闱外戚也，章帝滋甚矣。托仁厚而溺于床笫，终汉之世，颠越于妇家，以进奸雄而陨大命，帝恶能辞其咎哉？"（卷七，章帝八，P.178）这是将西汉和东汉的两位皇帝做比较，这两个皇帝最大的可比较点都是两汉之衰的起点，但又各有不同，一个不同在于人们的认知与评价有差别，一个是"为尽然也"，一个是"人莫之察"；又一不同在于两人都以柔出名，但其柔的范围与影响是大不同的，一个是"柔以己也"，一个是"柔以宫闱外戚"。在本则札记余下的文字里，王夫之更详尽地论述了章帝之柔，是不分里外好坏的柔："于母氏，柔也；于诸父昆弟，柔也；于床闼，柔也；于戚里，柔也；于臣民，柔也；于罪罟，柔也；虽于忠直之士，柔也；亦无异于以柔待顽谗者也。"通过比较将"人莫之察"的章帝之失充分展示在历史视野中，结论就是"章帝之失，岂在元帝下哉？"（卷七，章帝八，P.179）

271

5. 刘裕与曹操

"裕之为功于天下，烈于曹操，而其植人才以赞成其大计，不如操远矣。"（卷十四，安帝二一，P.420）在这句话里，王夫之将刘裕与曹操做了一番对比，重要点在，一是为功天下的大小，刘裕胜于曹操；二是在人才的使用方面，曹操远胜于刘裕。这是拿后人刘裕与前人曹操比较，刘裕是魏晋南北朝时刘宋的开国之君，曹操没有开国。从这一点上曹操是不如刘裕的。不过王夫之不是从这一点而论，乃是基于刘裕依南朝而与北朝争，"宋武兴，东灭慕容超，西灭姚泓，拓跋嗣、赫连勃勃敛迹而穴处。……汉之后，唐之前，唯宋氏犹可以为中国主也。"（卷十五，宋武帝一，PP.424-425）此一点王夫之另有详论。在这一则文字里王夫之重在人才使用的比较。曹操"方举事据兖州，他务未遑，而亟于用人；逮其后而丕与睿犹多得刚直明敏之才，以匡其阙失"；刘裕"与士大夫之臭味不亲……当时在廷之士，无有为裕心腹者……当代无才，而裕又无驭才之道"。王夫之在其用人对比中，提出了一个很重要的"驭才之道"的命题，深化了这种对比，并进而又提出得人才者得天下，"曹操之所以得志于天下，而待其子始篡者，得人故也。"这段比较不仅写出了两人"驭才之道"方面的高下，甚至从中可以品味出两人个人素质与格局的差异，而这些差异导致多人事业的不同格局。

6. 唐德宗与宣宗、昭宗之比较

德宗与宣宗是唐代不同时代的两位皇帝，"德、宣二宗，皆怀疑以御下者也，而有异，故其致祸亦有殊焉。"唐德宗是"疑其大而略其小，故于安危大计，不信忠谅之言，奸邪得乘之，而乱遂起；然略于细小之过，忘人于偶然之失，则人尚得以自容。于卢杞之奸倾听之，于陆贽之忠亦倾听之，故其臣无涂饰耳目、坐酿祸原之习，其败乱终可拯也"。唐宣宗"则恃机警之耳目，闻一言而即挟为成心，见一动而即生其转念，贤与奸俱岌岌不能自保，唯蔽以所不见不闻，而上蠹国、下殃民，微幸免于讥诛，则无所复忌。虽有若陆贽之忠者在其左右，一节稍疏，群疑交起，莫敢自献其悃忱。其以召乱也缓，而一败则不可复救矣"。

王夫之的这一番比较是在以宗室朝廷为主体的札记中进行的，看似在比较两位君主"怀疑以御下"的不同方式及其所带来的不同结果，实际上是要通过这样的比较，揭示其共同的特征："怀疑以察纤芥之短长，上下离心而国不亡者，未之有也。"（卷二十六，宣宗五，P.832）王夫之所比较和评述的这两个皇帝的"怀疑"的治世之心，要到后来的懿宗时"而祸始发"，这已经是"犹幸也"，而宣宗的怀疑之祸比德宗更甚。

王夫之又以德宗与唐末之昭宗做一比较。同样是以前朝之帝与当朝之帝做比较。有这样几点：其一，"德宗多猜而信谗矣，然遇事能思，不至如昭宗之轻躁以无恒也。"这是其本人直接的对比；其二，"德宗之廷，奸佞充斥矣，然心存固宠如卢杞、裴延龄耳，不至如张濬、崔昭纬、崔胤之外

273

结强藩以鬻国也。"这是身边大臣（奸臣）的对比；其三，"德宗之侧，宦竖持权矣，然恶正导欲如霍仙鸣、窦文场耳，不至如刘季述、韩全诲之握人主死生于其掌也"，这是当朝宦官的对比；其四，"德宗之叛臣，交起纵横矣，然蹶起无根如朱泚、李希烈耳，不至如朱温、李克用之植根深固必于篡夺也"，这是两朝叛臣实力之对比；其五，"而德宗抑有李晟、浑瑊、马燧之赤心为用，故李怀光虽叛，不敢逼上而屏迹于河中；而昭宗则无人不起而劫之，曾无一旅之可依也"，这是手中可用以平叛的可用之人的对比；其六，"然则敬舆而处昭宗之世，君笃信之，且不能救唐之亡，况搏之于敬舆，其贤愚之相去，本非等伦，不可以言之近似而许之也乎！"（卷二十七，昭宗一〇，P.875）这是两个皇帝最为倚重的宰辅之臣陆贽与王抟的对比，为本则札记的重点。通过这一番比较，王夫之所要说明的是"时异而势殊"的大格局，一是唐中叶之世，一是唐末之势，两者的局势已然判明，唐德宗时乱局不亡自有其因，唐昭宗时唐失天下也昭然若揭。

　7. 贾谊、陆贽与苏轼

　"贾谊、陆贽、苏轼，之三子者，迹相类也。贽与轼，自以为谊也，人之称之者，亦以为类也。贽盖希谊矣，而不能为谊，然有愈于谊者矣。轼且希贽矣，而不能为贽，况乎其犹欲希谊也。"王夫之有一则札记专门对贾谊、陆贽、苏轼三人做了比较，所引一段话是起首一段，陈述了为何要做这一比较的考虑，既因其有相似性，又后来都以前三人为标杆。这三人在历史上都有相当高的知名度，分别是汉、唐、宋三朝的历史名人。王夫之在这一则札记里的比较堪称三人画像，专就其行事性格事功下力。王夫之先就贾谊与陆贽比较，其结论是："故辅少主、婴孤城、仗节守义，以不丧其贞者，贽不如谊；而出入纷错之中，调御轻重之势，斟酌张弛以出险而经远也，谊不如贽。"王夫之甚至还揭示为何如此的原因在于，"谊年少，愤盈之气，未履艰屯，而性之贞者略恒疏，则本有余而末不足"，所以这两人，贾谊能"抗言天下"，陆贽能"因事纳忠"，故两人有不同的命运，但"轻重之衡，有相低昂者矣"，意思是各有千秋，不相上下。

接下来就是拿苏轼与这两人比较，起句就是："若夫轼者，恶足以颉颃二子乎！"虽然苏轼自比于贾谊、陆贽，但王夫之对苏轼用的都是不好的词语："酒肉也，佚游也，情夺其性者久矣。宠禄也，祸福也，利胜其命者深矣。"而这些都是"谊之所不屑，抑贽之所不屑也"。如果要强行把苏轼往上抬，"乃欲推而上之，列于谊与贽之间，宋玉所云'相者举肥'也。"（卷二，文帝七，P.31）士大夫好品藻人物，王夫之拿了三个士大夫阶层的人物来品评，鲜明地表达了自己的爱好和思想倾向。

8. 张敞与徐铉

西汉张敞与后唐徐铉，是两个异代人物。王夫之在同一则札记里将本不搭界的两个人拉到一起进行比较。"张敞，非昌邑之故臣也，宣帝有忌于昌邑，使敞觇之，敞设端以诱王，俾尽其狂愚之词，告之帝而释其忌，复授以侯封，卒以令终，敝之厚也"。而"徐铉，李煜之大臣也，国破身降，宋太宗使觇煜，而以怨望之情告，煜以之死"。大致相类同的事件，不同的处理方法，导致不同的结果。张、徐二人，一个非故，一个有旧，非故之张想尽办法让昌邑王这个被废的皇帝吐尽"犯愚之词"，但他在宣帝面前却是采取释其猜忌，昌邑得以尽终。而有旧之徐，却将南唐后主李煜心中怨情告知宋太宗，造成李煜之死。本来宋太宗有宽仁之心，没有宣宗那样好猜忌。但在张、徐二人不同的言说下，两个皇帝对前废帝采取了生死不同的处置。王夫之比较这两人，从而揭示官场人物不同的品格与心性。张敞"能知人臣事君之义，导主以忠厚，而明主必深谅之，其识胜也"。而徐铉"无有人之心"，"屡且愚，险阻至而惘所择，乃其究也，终以此见薄于太宗而不得用。"王夫之通过这种比较告知世人的是："故君之举臣，士之交友，识暗而力柔者，绝之可也。一旦操白刃而相向，皆此俦也。"（卷四，宣帝八，PP.87-88）官场险恶不能不知。

9. 袁绍与曹操

这两人都是汉末三国的重要人物，两人争雄，笑到最后的是曹操。袁绍与曹操的比较，分散在许多则札记里，主要有四个比较。

一是如何清除宦祸。

东汉末年"宦寺之祸，弥延于东汉，至于灵帝而蔑以加矣"。当时何进"若持方寸之刃以拟猛虎，其呼将助也不择人，其挠败也无决志"。袁绍作为何进的谋主，"且忧危展转而无能为计"，再就是"无能辅也"；而曹操则说"当诛元恶，一狱吏足矣"。所以王夫之说："曹操笑而袁绍忧，其智计之优劣，于斯见矣。"（卷八，灵帝一六，PP.236-237）

二是争天下之依凭。

袁、曹二人曾有一番对话。

袁绍说："吾南据河，北阻燕、代，兼戎狄之众，南向以争天下。"

曹操说："任天下之智力，以道御之，无所不可。"

王夫之对曹、袁两家这一根本思路做了比较论述。袁绍只知依凭天下之险，但天下"莫患乎其有恃也"。作为主帅的人"已恃之矣，谋臣将帅恃之矣，兵卒亦恃之矣，所恃者险也，而离乎险，则丧其恃而智力穷"。袁绍之败"决于此矣"。曹操则是"任天下之智力"，自然略高一筹，但王夫之又指出这是"术也，非道也。术者，有所可，有所不可；可者契合，而不可者弗能纳，则天下之智力，其不为所用者多矣"，"在山而用山之智力，在泽而用泽之智力，己无固恃，人亦且无恃心，而无不可恃，此争天下者之善术，而操犹未能也。"（卷九，献帝二三，PP.259-260）

三是挟天子以令诸侯。

"袁绍不用沮授之策，听淳于琼而不迎天子于危困之中，授曰：'必有先之者。'而曹操果听荀彧迎帝以制诸侯。夫无君之心，操非殊于绍也，而名在操，故操可以制绍，而绍不能胜操；操之胜也，名而已矣。"（卷九，献帝一一，P.251）王夫之在这里对袁、曹二人在战略策略上做了一个对比，在无君之心方面二人是相同的，但两人不同在于曹操更高明也就是借了天子的名，即"挟天子以令诸侯"。袁、曹双方的主要谋臣都提出了"挟天子以令诸侯"的策略，甚至袁绍的谋士更先一步，但是袁、曹两人采取了不同的认知，导致不同的结果，王夫之说这也是曹操胜于袁绍的地方。

四是本色之比较。

曹操与袁绍两人都可谓雄桀。但王夫之认为曹操是"可驭者也"，袁绍是"不可驭者也"。"所谓雄桀者，虽怀不测之情，而固可以名义驭也。明主起而驭之，功业立，而其人之大节亦终赖以全。"曹操是这样的人，如不是献帝，而是汉高帝、光武帝，曹操是"可驭者"。甚至于"献帝而能中兴，操固可以北面受赏，而不获罪于朝廷，而不轨之志戢矣"。但袁绍则是"惟贪利乐祸而不恤名义者为不可驭之使调良，明主兴，为彭越、卢芳以自罹于诛而已。不然，则乱天下以为人先驱，身殪家亡而国与俱敝"。王夫之引鲍信语说："袁绍……自生乱，是复有一卓耳。"袁绍就是一个董卓。王夫之说，"自后事而观之，则曹操之篡成，罪烈于绍，而操岂绍比哉？"在曹操与袁绍争天下的进程中，"绍导之，操乃应之；绍先之，操乃乘之；微绍之逆，操不先动。虽操之雄桀智计长于绍哉！抑操犹知名义之不可自我而干，而绍不知也。"（卷九，献帝四，P.245）这一番论说将曹、袁二人的"初心"揭露无余。

王夫之对曹、袁还有其他一些比较，散见于此书，总之两相比较，"于是而知操之视绍，其优劣相去之远也。"（卷九，献帝三，P.244）

10. 魏征与管仲之比较。

魏征是唐朝名臣，管仲是春秋良相。王夫之的比较不是比较两者的政绩，而是比较两者事君的方式。两者相似之处，就是都受君命事公子和太子，"管仲，齐之臣，齐侯其君也；征、珪，唐之臣，高祖其君也。仲之事子纠，齐侯命之，征、珪之事太子，高祖命之。"王夫之这一段对比要表达的意思是，管仲与魏征以及王珪都是奉君命事公子、太子，他们的君臣名分在君王而不在公子、太子，"不得以听事者为适主。"所以后来魏征改事李世民并无可非："则建成死，高祖立世民为太子，非敌国也，非君仇也，改而事之，无伤乎义，无损乎仁，奚为其不可哉？"这实际是为魏征改事李世民张目。王夫之同时也指出管仲与魏征在改事方式上也有所不同："然则征、珪之有异于管仲者，何也？襄公弑，纠与小白出亡于外，入而讨贼，不幸而兄弟争，仲之所不谋也。子纠败，仲囚于鲁，桓公释之而使相，仲未尝就公求免以自试之。"管仲没有介入公子纠与小白的内争，事后管仲也没有"求免以自试之"。魏征则有所不同："太子死，遽即秦王而请见，尤义之所不许也，斯则其不得与管仲均者也。"不过王夫之认为，管仲与魏征之改事并无根本的差别，"有异焉，而未

279

为殊异也。"（卷二十，唐高祖一二，PP.601-602）王夫之的比较在今人看来，或许并无太大的意义，但在古代都是很重要的，涉及忠与义的大问题。

11. 朱温、李克用与曹操之比较

朱温、李克用是唐末和五代的历史人物。王夫之将这三人做比较，自然有他们的异同。"曹操、袁绍，皆汉贼也；朱温、李克用，皆唐贼也；其争欲篡夺之心，两不相下之势，一辙也。"这便是三人的同，同在所谓"贼"，也就是篡夺他人江山之人。基于这种同再来论其异。

曹操与朱温的不同之处在于："曹操务定天下之乱，而居功于己以收之；温则务构天下之乱，而己乘其纷以制之。"一个是定天下之乱，一个是要造天下之乱，由于有这一个基本不同，曹操可以收三分之势，朱温"抑无尺寸定乱之功，霸业终以不成，徒逞枭獍之心以食君父，故曰温贼也，非曹操所屑与后先者也。"（卷二十七，昭宗三，P.866）

除了这一基本格局的不同，还有一个政治手段的不同，曹操："假名义以行，而务植根于深固。"朱温"凶狡以逞，利人之斗，乘之以窃利，力不足以胜天下，而挑天下以敝，乃以自雄"。虽然朱温灭唐后"仅有中原之一线，而速亡于李存勖之手。"（卷二十七，昭宗三，PP.865-866）

曹操能挟天子以令诸侯，为何朱温、李克用不能？王夫之说："挟天子以令诸侯而威服天下，自桓、文始。曹操袭其迹，因以篡汉，二袁、吕布、刘表不能与之争，此奸雄已试之成效，后起者所必袭也。"（卷二十七，昭宗八，P.871）挟天子以令诸侯之术乃是春秋战国时期齐桓公、晋文公的发明，曹操只是蹈袭而已。历史上已有成效的手法后来人是必定效法的，到朱温、李克用为何又没有袭用呢？"何此二凶者，置天子于三数叛人之手，不居之以为奇货；而善谋如盖寓，亦不能师荀彧之智，以成其主之篡夺；岂其智之未逮而力之不能也与？"（卷二十七，昭宗八，P.872）王夫之先述及唐昭宗时张濬曾"奉天子倚朱温攻李克用"，但张濬失败了，是昭宗时势与汉献帝时势不同。朱温并非真的想挟天子令诸侯，利用张濬合谋攻李克用有其自己的打算，不论李克用胜败，李克用败，"是张濬为我灭一巨敌"；李克用胜，"唐已残而不复能振，是克用为我效驱除之力也。"（卷二十七，昭宗三，PP.865-866）在王夫之看来，朱温既有篡逆之心，又不懂得挟天子之术"又不知名义"，"然且篡唐而仅得天下八九之一，不十年而遽亡。不能如曹操，则固不能如其雄峙三分而传之数世也。"（卷二十七，昭宗八，P.873）

"朱温则盗耳，王铎无识，而假之以权，掠击自擅，无丝发之功于唐室。若令遽起乘危，握天子于股掌，天下群起而攻之，曾王行瑜、韩建之不若也。故温自知其不可，而李振、敬翔亦不以此为之谋。假义者，必有在己之义可托；身为叛贼之魁，负大不义于海内，而奚托哉？故唯坐待人之亡唐而后夺之，其志决也。"（卷二十七，昭宗八，P.873）

王夫之的重点在于分析比较朱温，至于李克用，王夫之写道："李克用以异类而怀野心，父子承恩，分受节钺……天下固知其非为国讨贼而只以自雄也。乃欲袭义以奉天子、制雄藩，立败之术耳。盖寓知而止之，克用亦自知其非曹操矣。"总的意思是李克用非曹操，而其谋士也不赞成李克用挟天子之法。而朱温的谋臣连想都不曾想过助朱温挟天子令诸侯，而是直接取唐而代之。

王夫之还分析了曹与朱、李不同：曹操"虽心怀逆节，而所循之迹，固臣主之名义，是逆而依理之顺以行，以其初未有逆也。"（卷二十七，昭宗八，P.872）王夫之还另处涉及："当斯时，操固未有擅天下之心可知也。以操为早有擅天下之心者，因后事而归恶焉尔。"（卷九，献帝一，P.242）而朱、李自开始没有反心。王夫之几番比较后说："以曹操拟桓、文，杜蘅之于细辛也；以朱温、李克用拟曹操，瓦砾之于碔砆也；此其不可强而同者也。"（卷二十七，昭宗八，PP.873-874）朱、李是不能与曹操相比的，这个比是赶不上的意思。

这一番比较是在叙述唐末史事时进行的。本体是朱温和李克用，曹操乃作为比较对象。经过这样的比较，对于朱温和李克用在唐末的所作所为的洞察乃深入骨髓。

五、比较的方法

我们在前面的探讨中，对王夫之娴熟的历史比较方法已有领略，这里是从方法论角度略为补充。

1. 铺排式的比较方法

"尉迟迥可以为宇文氏之忠臣乎？宇文阐称帝已二年矣，父死而正乎其位，杨氏虽逼，阐未有失德也，迥乃奉赵王招之少子以起兵。曹操所不敢奉刘虞以叛献帝者，而迥为之不忌，迥之志可知矣。迥可为忠臣，则刘裕之讨刘毅，萧道成之拒沈攸之，使其败而死也，亦晋、宋仗节死义之臣乎？杨坚无功而欲夺人之国，于是乎有兵可拥者，皆欲为坚之为，迥亦一坚也，司马消难亦一迥也，王谦亦一消难也。志相若，事相竞，则以势之强弱、谋之工拙、所与之多寡分胜败矣。胜者，幸也；败者，其常也；抑此而伸彼，君子而受奸雄之罔矣。

君子不逆诈，而未尝不先觉，以情度之，以理衡之而已矣。王凌、诸葛诞不保其不为司马懿，况迥辈之纭纭者乎？宇文氏之亡，虏运之衰已讫也。杨坚无德以堪，而迥、谦、消难愈不可以君天下，'民亦劳止，汔可小康'。三方灭而杨氏兴，民之小康，岂迥之所能竞乎？"（卷十八，宣帝一〇，P.550）

以上是一则完整的札记，从中可以看出王夫之有一系列的比较，我们且将之称为铺排式比较法。既是事件的比较，也是人物的比较，因为事件的主体都是人物。而这里人物都是魏晋南北朝时期的历史角色，他们有着某些相似性，把他们的相似性编排到一起进行对比，就可以避免出现历史人物评价中的"抑此而伸彼"。而一则完整的札记基本上全是比较方法的铺陈，在是著中可谓比比皆是，我们在本篇起首文字即已论述，这里再作强化。

2. 前后事的比较

"然则肃宗拥朔方一隅之地，与天下相隔绝，何为而成收复之功邪？曰：禄山悍而愚，已据长安，意得而无远志，轻去幽、燕而丧其根本，是朝露将晞者也，故一隅攻之而已足。聪与勒各据狡兔之窟以相凌压，方兴而未戢，岂孤立之势所可敌哉？势因乎时，理因乎势，智者知此，非可一概以言成败也。"（卷十二，愍帝一，P.344）

此段文字是王夫之在论述西晋末年刘聪与石勒等夷狄即少数民族政权对中原王朝的冲击时，以后来的唐代安史之乱来做对比，拿前事与后事比，拿后事与前事比，是王夫之常用的比较方法。在比较之前有对晋末形势的描述以作为比较的基础，在这段文字里做了两个比较，一是两个中央王朝的比较，晋愍帝"天下所仅全者江东耳"，长安孤悬一隅，唐肃宗拥朔方一隅，与天下相隔绝，形式有点类似，是两方劲敌的比较，刘聪与石勒多据狡兔之窟，方兴未艾，安禄山悍而患轻易出幽燕丧其根本。两两比较，胜败结论不言而明，而作者更在这些比较的基础上揭示出智者对于时势变化的内在理路的把握，不可从表面去一概而论。

3. 明暗结合分类之法

"古今之亡国者，有二轨焉，奸臣篡之，夷狄夺之也。而祸各有所自生。夷狄之夺，晋、宋是已。君昏、将懦、兵弱而无纪，则民虽帖然图安，乃至忠愤思起为之效命，而外逼已危，不能支也。奸臣之篡，则不能猝起而遽攘之也，必编民积怨，盗贼繁兴，而后奸臣挟平寇之功，以钳服天下而奉己为主，汉、唐是也。"（卷二十六，宣宗六，PP.832-833）这里既是国之大事的比较，也是一种明暗结合的分类比较。王夫之指出亡国途径有二，奸臣篡之以汉唐为例，夷狄夺之以晋宋为例，形成一种历史现象乃至规律的比较，使读者明大势。

4. 简比

"唐之乱亟矣，未有三十年而无大乱者，非能如汉、宋守成之代，晏安长久也。"（卷二十，太宗一四，P.619）这是很简单的一句话，也是一个很简单的比较，却将中国历史上很重要的三个朝代的政治大格局深刻地揭示出来，言简意赅。

5. 暗比

"宗室人才之盛，未有如唐者也，天子之保全支庶而无猜无戕，亦未有如唐者也。"这实际上也是一种暗比，没有明确的比较对象，也是一种通比，即与所有的对象比较。为什么会出现这样的盛况，其原因在于"盖太宗之所以处之者，得其理矣。高祖欲强宗室以镇天下，三从昆弟之属皆封王爵，使循是而不改，则贵而骄，富而溢，邪佞之士利赖之而导以放恣，欲强之，适以贻其灾而必至于弱，晋、宋之所以自相戕灭而终于孤立也。太宗从封德彝之言，而曰天子养百姓，岂劳百姓以养己之宗族乎？以公天下者，即以安本支而劝进其贤能。德彝，佞人也，于此而几乎道矣。"（卷二十，太宗二，P.604）在这段话中，王夫之实际也运用了暗比，即将唐高祖实行的广封宗室与晋宋结局做了隐性的比较。没有这一种比较，不足以深刻揭示所论的主旨。

6. 点到为止之法

"宪宗之用裴公也深，而信之也浅。"并且公居首辅，"宦官承宠为馆驿使，赐六军辟杖使印，公不能以一言规正；皇甫镈、程异以聚敛与公分论道之席，公力争，而以朋党见疑"，如此等等还有许多。王夫之说："凡此数者，有一焉即宜拂衣以去；乃层累相违，公终栖迟于朝右，夫岂贪荣宠以苟容哉？"王夫之也很能体谅裴公，说大约是"亦有其故"。何故？王夫之做了分析，主要是跟随与依附于裴公的人，"皆附公之末光者相从夬以羁迟也。"尽管能体谅裴公为众人着想事出有因，但王夫之还是认为："公之浮沉前却，不谓无补于昏乱，则从舆者之言亦未为无当矣。及通数代之治乱而计之，则所补者小，所伤者大，起水火之争，酿国家之祸，公未及谋也。为公谋者，其志、其量、其识、皆不足及此，而公大臣之道以诎矣。"（卷二十五，宪宗一六，P.790）而王夫之所认定的大臣之道以持此论的理论依据是"君子之道，不可则专耳"。"大臣之道，不可则止，非徒以保身为哲也，实以静制天下之动，而使小人之自敝也。"而所提供的对照则是李泌，在其他札记对李泌能进能退多所称道，而此则文字里则是点到为止："惟澹泊可以明志，惟爱身乃以体国，惟独立不受人之推戴，乃可为众正之依归。惜乎公之未曙于此也。而后知邺侯之不可及矣。"（卷二十五，宪宗一六，P.791）点到就是有了一个对照，有对照才有比较，有比较才能更明事理。

7. 递进式比较

在卷二十一中宗一七这则札记里，王夫之接连运用多重比较，起首便是：

"唐自显庆迄乎景龙，五十有五年，朝廷之乱极矣，艳妻接迹，昏主死亡而不悟，嬖倖之宣淫，酷吏之恣杀，古今所未有也。取唐之懿僖、宋之徽钦而絜之，十不敌一焉，然而彼速亡而此犹安者，其故何也？"在这个比较里，且不说唐朝显庆至景龙乃高宗和中宗的年号，其与懿宗僖宗的对比，宋之徽宗钦宗是亡国之君，亡国之君的朝政之乱当不及高宗、中宗十分之一，这个比较给人的印象是十分强烈的。

接下来又是一个比较："天下乃钳口绝笔，以成乎同恶相扇之势，此唐宋之所以亡，与汉末党锢之祸若出一辙也。"此句之前尚有一段描述文字从略，仅此一句便可察见王夫之比较法之运用，同类性之比。

第三个比较是以宋仁宗朝来反衬高宗与中宗朝："宋仁宗，贤主也，吕夷简、夏竦，非大奸也，相激以争，而石介以诗受斫棺之僇。流波所荡，百年不息。无罪可加，而苏轼以文词取祸；有罪可讨，而蔡确亦以歌咏论刑。免役非殃民之秕政，而司马公必改于一朝；维州非宗社之急图，而李文饶坚持其偏见。虽君子之乍升，亦且以敛怨而妨国家之大计；况小人之骤进，唯人是苟、唯政是乱者，又遑恤倾危之在且夕乎？"这一段文字是进一步解释高宗与中宗朝为何自乱而不亡的原因，也是高宗中宗朝与宋仁宗及其后之朝政的对比，前者虽乱而不亡在于不曾有宋仁宗及以后朝中党争。

结尾处是第四个比较："唐武宣、宋神哲之可与有为也，顾不如高宗之柔阘、中宗之狂惑，观其朝右之人与邦国之政而可知矣。"

四个比较的结论是："国无党祸而不亡，为人君者弭之于其几，奚待祸发而无以救药乎？"（卷二十一，中宗一七，P.661）在刚出现苗头就要制止消弭，一旦祸发成灾想抢救也来不及了，世间万事都如此。

8. 自身的内比

"西域之在汉，为赘疣也，于唐，则指之护臂也，时势异而一概之论不可执，有如此夫！"（卷二十四，德宗二一，P.752）王夫之在随后的文字里，对何以为赘疣、何以为护臂做了分析，实际上也是一种内比，即自身的过去与后来比，以帮助分析一事一物一地在不同时期具有何种作用，西域在汉时"各有君长，聚徒无几，仅保城郭，贪赂畏威，两衵胡、汉，皆不足为重轻，故曰赘疣也"。而到唐代："为安西，为北庭，则已入中国之版；置重兵，修守御，营田牧，屹为重镇。安史之乱，从朔方以收两京，于唐重矣。代、德之际，河、陇陷没，李元忠、郭昕闭境拒守，而吐蕃之势不张，其东侵也，有所掣而不敢深入。是吐蕃必争之地也，于唐为重矣。惟二镇屹立，扼吐蕃之背以护萧关，故吐蕃不得于北，转而南向，松、维、黎、雅时受其冲突。乃河、洮平衍，驰骤易而防御难。蜀西丛山沓嶂，骑队不舒，扼其从入之路，以囚之于山，甚易易也，故严武、韦皋捍之而有余。使割安西、北庭以畀吐蕃，则戎马安驱于原、洮而又得东方怀归怨弃之士为乡导以深入，祸岂小哉？"

在这一番比较之后，王夫之论道："拓土，非道也；弃土，亦非道也；弃土而授之劲敌，尤非道也。邺侯决策，而吐蕃不能为中国之大患，且无转输、戍守、争战之劳，胡为其弃之邪？"王夫之肯定了德宗李泌君臣维护西域的决策，他又顺带来了一番对比："永乐谋国之臣，无有如邺侯者，以小信小惠、割版图以贻覆亡之祸，观于此而可为痛哭也。"

9. 综合比较

李存勖是五代后唐的建立者。在一般人看来其与韩信并无比较点，但王夫之却写道："李存勖不可以为天子，然固将帅之才也，知用兵之略矣，得英主而御之，与韩信齿。"在用兵之略与韩信相提并论。韩信的用兵之略，在做这番比较时并不具体论述，而反列出李存勖用兵之略。李"全力以图东方"，而其根本之地太原内蹙，其咽喉之地泽潞等也失陷，"而东出之师，若脊断而不能举"，但李存勖正确判断形势，不管不顾，"疾趋汴、雒，一战而朱温以亡"，王夫之称"其神矣哉""一举而袭梁都、夷友贞、平河南，规恢之大略也"。王夫之称："微韩信，孰足以及此？"

项羽与李存勖似也毫无可比较处，但王夫之也在用兵上做了比较。当然这种比较可以称为暗比。如前述，李存勖置内困不管不顾，竭全力东出汴、雒，而终取胜，但项羽当得知后方危急"急迫西楚，而汉追之"，也论刘邦追兵化险为夷，最终导致他垓下兵败，乌江自刎。王夫之还指出唐军也有类似情况，置自己的根基太原于一边，听任刘武周、梁师都之侵犯，"以亟攻东都，而三寇皆夷。"（卷二十八，五代上二一，P.911）用兵的得失之机，李存勖与唐军把握得好，项羽没有把握住让对手反败为胜。这个比较把人的比较与事件融合在一起。

在紧接之后的一则札记里，王夫之又将李存勖与项羽做了一番正式的比较。两人具有相同之点，也可以说是智勇双全的："项羽、李存勖战而必胜，犯大敌而不挠，非徒其勇也，知机之捷亦智矣。"但是他的"卒以倾亡者"，却有各自的智穷之处。两人的不同点：项羽"可以居胜而不可以持败，故败则必亡"，李存勖"可以忍败，而不足以处胜，故胜则必倾。"（卷二十八，五代上二二，P.911）他们的必亡必倾是相同的，但其倾亡的因由是不同的，结果相同，路径不一。当然王夫之对他们倾亡的因由路径还有具体的描述，此处不再赘述。

王夫之在紧相衔接的两则札记里，以李存勖为论证主体，运用多种比较方法，设立多个比较对象，连续不断地进行多方面的比较，深化了对五代史尤其是李存勖的剖析论述，也显示出其历史比较的功力。

从上述王夫之的历史对比研究，足以看出比较可以深化历史的认知，可以看出论史者史实信手拈来，随意剪裁，非有渊博的历史知识和腹议，广阔的政治胸襟，洞悉全局的哲学视野，融会贯通的历史巨橼，而不能为。

第十三章 批判论

哲学家的任务之一就是批判世界，《读通鉴论》一书同样也充溢着哲学的批判精神。作为一部史论著作，其哲学的批判与史学的批判精神融合在一起。法国年鉴学派代表人物之一的布罗代尔说：历史学的精神在本质上是批判的。王夫之的独到之处，就是历史学的批判精神与哲学的批判方法的高度结合，故而其批判具有鲜明的自家特色，其批判思想深刻而言词激烈，其深刻或者片面，即所谓深刻的片面和片面的深刻。

一、政治批判

《读通鉴论》实际上是一部政治批判之作，其对于历史政治事件与人物的观照乃是批判性的，因为批判的眼光乃是政论之作的基本要求。而且，他对中国历史的政治批判是前所未有的。

1. 霍光废立

"昌邑之废，光之不幸也。始者废长立少，不择而立昌邑，光之罪也。始不慎而轻以天下授不肖，已而创非常之举，以臣废君，而行震世之威。若夫迎立宣帝，固以亲以贤，行其所无事者，非其论功之地也。宣帝纪定策功，加封光以二万户，侯者五人，关内侯者八人。宣帝之为此，失君道矣。己为武帝曾孙，遭家不造，以贤而立乎其位，所固有也。震矜以为非望之福，德戴己者而酬之，然则觊非望者，可县爵赏以贸天下之归，而天位亦危矣。爵赏行，而宣帝之立亦不正矣，以爵赏贸而得之者也。光不引咎以谢严延光之责，晏然受之而不辞，他日且为霍山请五等之荣，则光之废主，乃以邀功

293

而贸赏，又何怪其妻之鸩后而子之谋逆乎？则抑何异司马昭、萧道成之因以篡，苗傅、刘正彦之敢于行险以徼幸乎？"（卷四，宣帝一，P.81）相对而言，这一段文字在王夫之的批判文字中是相对温和的，但其批判的力道并不弱。其批判的着力点有三：其一，批霍光"以臣废君，而行震世之威"。霍光为西汉大将军，又是汉武帝的托孤大臣，其数次废立皇帝在历史上是有名的事件，有关评价大相径庭，正反两面都会援以为例。王夫之认定此为霍光之罪，且在别的文字中对造成这一行为的西汉大将军擅权而宰相为其府吏的政治体制表达过批评意见，后一层批判更为有力；其二，批汉宣帝登位纪定策功，大赏霍家，认为是有"失君道"，将因亲因贤的正当继位变成了主位不正，以爵赏交换而来。王夫之的批判不为无理，但实际政治又往往不能理想化，以羸弱之人实承大位，还有什么更好的固位办法呢？其三，再批霍光不能正确对待爵赏，"受之而不辞"，由此而导出日后更为严重的事件。这是从根上挖霍氏日后灭族的因由。文中提到严延年曾上书弹劾霍光擅废立无人臣礼，王夫之另有剖析，此不赘述。

2.天子巡游天下恶能不病

"明帝车驾屡出，历兖、并、冀、豫、徐、荆之域，章帝踵之，天下不闻以病告，然天下亦恶能不病哉！供亿有禁，窥探有禁，践蹂有禁；能禁者乘舆也，不能尽禁者从官也，不可必禁者军旅也、台隶也，天下恶能不病也！天子时出巡游，则吏畏觉察而饰治，治可举矣。乃使果有循吏于此，举大纲而缓细目，从容以綦乎治，而废者未能卒兴，且无以酬天子之省视；于是巧宦以逃责者，抑将缘饰其末而置其本，以徒扰吏民；天下恶能不病也！"（卷七，章帝九，P.179）在此段文字之前的几则札记都是对东汉政治的一种批判，最强烈的是对章帝柔弱政治的批判，包括批前人所言为误："曹子桓曰：'明帝察察，章帝长者。'为长者于妇人姻娅之闲会，脂韦嚅唲以解乾纲，恶在其为长者哉！范晔称帝之承马后也，尽心孝道。乃合初终以观之，帝亦恶能孝邪！"（卷七，章帝八，P.178）批判的锋芒所向如击雷霆。此则文字笔锋，对帝王巡视给天下造成的灾祸大张挞伐。其批判的火力点在于天子巡游天下无闻以病告的虚假性，以及天子巡游对天下吏民造成的袭扰，天子巡游希望天下达治的本意被层层官吏给扭曲了，而人民实际上是苦于天下巡游的，这也反映了王夫之的民本思想。

3. 宦官监军的批判

"中人监军，自冯绲之请始也。夫绲亦恶知蚁穴之决而氾滥迄于千载乎？绲之请也，以将帅出师，宦官多陷以折耗军资，而诬抵乎罪；使与焉，则以钳其口，而无辞以相倾。然未几而绲竟以军还盗复起免官。则其为此也，何救于祸。而徒决裂防闲，使内竖操阃外之权，鱼朝恩、童贯、卢受、张彝宪，小以败而大以亡，绲之贻害烈矣哉！"宦官专权是中国历史的一大毒瘤，王夫之特为痛恨，此则文字中，王夫之对宦官专权中最为重要的一个核心，宦官掌握军权的由来以及祸害，做了批判。事源东汉末年，冯绲鉴于自己的每次征战，总有宦官对其物资耗废指手画脚，便提出干脆由宦官来监督，以堵其口。不想冯绲本人既未得益，还由此开了一个宦官监军遗祸子孙的恶例。鱼朝恩、童贯等便是史上最有名的宦官掌握军权的有名人物。王夫之在接下来的文字里做了进一步的分析和批判，其一，当时宦官已经掌握了南北两个禁军，只是疆场军权不能染指，冯绲之例一开，宦官自扩监军权限，由此掌握朝廷全部军权，等于是朝臣自将利器授予宦官；其二，东汉政权"至此已无可为"，生死成败全得听由宦官。王夫之指出："推祸原而定罪首，绲不得辞矣。"（卷八，桓帝八，P.220）王夫之对宦官掌握军权的批判很重要，宦官掌兵不仅对东汉遗祸无穷，而且也是强大的唐朝覆灭的原因之一，王夫之有关唐史的评论也指出了这一点，王夫之从事情的源起上去"推祸源"，也是历史评论所必需的，但如果仅到此为止，则尚非"探本之论"，显然还要从东汉的政治制度及宦官制度去找祸源，才算是挖到了根本。不过话又说回来，王夫之是很重视对宦官政治的批判的，是书中有关论述夥矣，在本段引文之后，即有多则对宦官政治的批判，如对皇帝为何亲昵宦官的原因，他挖出一条"非艳妻哲妇之居间，则宦官之不敌士大夫久矣。内宠盛而后宦官兴……付诏令刑赏之权于宦官，而床笫之欢始得晏间于娱乐"。故王夫之认为"女谒远，奄权自失矣"（卷八，桓帝一二，P.223）。王夫之说这是"探本立论"。

4. 西晋灭亡的官员心态

"刘聪陷雒阳，执怀帝，百官无一死者。呜呼！若此之流而可责以仗节死义之道乎？雒阳之困危也，周馥请幸寿春而不听，苟晞请幸仓垣而不果，追其后欲出而不能，悲哉！帝将迁而公卿止之，为之辞曰：效死以守社稷也。乃若其情，则有二焉：弗能固守，而依于所迁，则迁寿春而周馥为公辅矣，迁仓垣则苟晞为公辅矣，从迁之臣，弗能据尊荣也，此一情也。久宦于雒，而治室庐、置田园、具器服、联姻戚，将欲往而徘徊四顾，弗能捐割，此又一情也。故《盘庚》曰：'无总于货宝，生生自庸。'总其心于田庐器服之中，仰不知有君，俯不知有躯命，故曰若此之流，恶可责以仗节死义乎？"（卷十二，怀帝四，P.338）这一节事关于西晋怀帝，时受五胡十六国之一的刘聪侵逼，雒阳失陷，怀帝被俘。王夫之要说的是为何西晋朝廷百官无一为怀帝和朝廷死节，这其实是王夫之批判笔锋的由头，他重在要揭批的是朝廷官员面临亡国的两种心态，困危之中，有大臣周馥、苟晞分别呈请怀帝适往寿春或仓垣，但百家谏止，王夫之指出，百家持反对意见的原因，一是朝廷百官考虑的是自己的权势地位受到影响，不愿迁往；二是朝廷官员久居京雒，家室田产亲戚朋友的生活圈都在此地而不能割舍。这样两条都是朝廷百官普遍的私心。有这样两种私心的人又怎能以国事为重呢？西晋之亡在所难免。王夫之的揭批很深刻，直指人心，官员丑态毕现。

5. 刘宋顾命大臣弑君事件

"乱臣贼子敢推刃于君父，有欲篡而弑者，有欲有所援立而弑者，有祸将及身迫而弑者；又其下则女子小人狎侮而激其忿戾，愍不畏死，遂成乎弑者。若夫身为顾命之大臣，以谋国自任，既无篡夺之势，抑无攀立之主，身极尊荣，君无猜忌，而背憎翕訿，晨揣夕谋，相与协比而行弥天之巨恶，此则不可以意测，不可以情求者矣。而徐羡之、傅亮、谢晦以之"。弑君篡位在中国历史上屡屡发生，这一段文字说南朝刘宋发生的弑君事件。弑君者有各色人等以及各种动机，但刘宋弑君者却是受集体托孤的几位顾命大臣，王夫之称为"弥天下巨恶"。在接下来的文字里，王夫之做了具体的评论，要点有：其一，营阳王（史亦称少帝）是刘宋开国之君刘裕（刘宋武帝）之子，但是此人"狎群小而耽嬉游，诚不可君天下"，但是其"立逾年耳"，并无大的失德，至少"淫昵之党未固，狂荡之恶未宣"，却被顾命大臣们集体谋杀了。其二，顾命大臣们既接受了托孤，又未对少帝有所谏止，"甫受遗诏以辅之，旋相与密谋而遽欲弑之"。王夫之痛斥"处心如此"，"视先君之子如孤豚"，"诚不可以人理喻之"。其三，在顾命之人中，徐羡之"以位而为之首"，但"谋之夙，行之坚，挟险恶以干大恶者，实谢晦也"。王夫之指谢晦其人为大阴谋家，甚至他自己都知道这样做的恶果，"吾其免乎"，也就是"亦自知其徒以膺天诛为万世罪人矣"。然而其人并无悔意，"机变之得逞，虽死而固甘之也"。王夫之通过这件事揭露政治上的阴谋与无耻，"故天下之恶，至于机变而止矣"（卷十五，营阳王一，P.428）。王夫之此则札记前后几则都是围绕刘宋武帝托孤事件展开的，通过这几则札记论述了顾命大臣"必其人之可托"以及"知人之难"的道理。

6. 甘露之变剖析

唐文宗朝发生了著名的"甘露之变"，成为唐代历史的重要转折点，祸延后世。

王夫之对文宗还是能够理解，文宗看到了唐代的宦祸，"耻为弑君之宦竖所立，恶其专横而畏其害己也，旦夕思讨之，四顾而求托其腹心"，并做了两次努力，他所托匪人，也有可原之处，在有关文宗朝的第一则札记里就写了如下的文字："元和以降，所号为大臣者，皆苴苜于不进不退之交，而白刃两加于天子之脰。唐之无人，厥有繇矣。文宗进李训、郑注而谋诛内贼，非尽不明也。人皆知有门户，而不知有天子，无可托也。"（卷二十六，文宗一，P.805）文宗接手的就是一个问题多多的烂摊子，他之前有两个皇帝宪宗和敬宗都是被弑的，且相隔没几年，是唐之无人，无可托者。在另一则札记里，王夫之对无可托者又做了进一步的分析，其一，文宗确有"不足与于知人之哲"处，当时朝中"非无勋望赫奕之元臣如裴中立、英果能断之伟人如李文饶，而清谨自持如韦处厚、郑覃者，不致危身以偾国。文宗俱未进与密谋以筹善败，独决意以托匪人"，是"亦有故存焉。"何故？
王夫之替文宗做了心理的描述，是其时整个朝廷诸臣"皆知有门户，而不知有天子"，整个朝廷都卷入了党争派系，皇帝在他们心中没有分量，至多是用来打人的工具即击倒对方的帮手，而对于日益严重的宦祸无人敢去碰它。即使是前面提到的裴度（中立）、李绛（文饶）等人，又会怎么样呢？王夫之的分析是："藉令谋之中立，而中立未必应也；谋之文饶，而文饶固不从也；谋之处厚、覃，而处厚、覃且战栗以退也……"所以文宗"交不敢信"（卷二十六，文宗三，P.808），不依靠李训、郑注还能依靠谁？

王夫之没有简单地归因于唐文宗个人，而把批判的锋芒指向唐环廷之士，这不是扫倒一大片，而是挖掘出了更深层次的原因。当然王夫之不是一味地简单批判，对于李石（处厚）、郑覃在"甘露之变"后镇定处理乱局给予了高度肯定："止滔天之水者，因其溃滥而徐理之，卒之仇士良之威不敢逞，文宗得以令终，而武宗能弭其乱，自二子始基之矣。"（卷二十六，文宗七，P.815）

7. 腐败官场之鞭笞

"尽天下之吏，咸习于侈以贪矣，前者覆车，后者知戒，抑岂无自艾以奉法而生不忍斯民之心者？乃自令狐绹、路岩、韦保衡执政以来，唯货是崇，而假刑杀以立威，莫之敢抗，宰相索之诸道，诸道索之州县，州县不索之穷民而谁索哉？执此以塞上官之口，而仰违诏旨，不得不为之护蔽，下虐穷民，

不得不为之钳服，天子孤鸣，徒劳笔舌而已，此其竟不能行者二也。"（卷二十七，僖宗一，P.848）

这是王夫之有关唐末时的一段批判文字，唐末懿僖之世有关官员与部门违背诏令横征已经蠲免之税，给人民生活造成灾难。王夫之分析了为何会出现这样的情形，指出三条原因，这一段是其中的第二条，文字较短，故引。王夫之直指僖宗朝以宰相令狐绹等为首的多级官员贪腐成风，"唯货是崇"，又官官相护，压榨百姓，文字虽短却鞭辟入里，揭露无遗。"尽天下之吏，咸习之于侈以贪"，这是一个腐败的官场。所以王夫之得出结论："害之积也，乱之有源也，非一天子暴且贪之故也。是以唐民迫于必死而揭竿以起也。"一个腐败的官场，官逼民反。

8. 妖孽之说

"国家将亡，必有妖孽。妖孽者，非但草木禽虫之怪也，亡国之臣，允当之矣。唐之乱以亡也，宰执大臣，实为祸本。大中以来，白敏中、令狐绹始祸者也，继之以路岩、韦保衡之贪叨无厌而已极；然其为人，鄙夫耳，未足以为妖孽也。草木之妖，亦炫其华；禽虫之孽，亦矜其异；未尝一出而即害于人。及其后也，草木之妖，还以自萎；禽虫之孽，还以自毙；无救于己，而徒以乱天下。人而如斯，其中不可测，其得失不可致诘，竭慧尽力，冒险忘身，嶷嶷荧荧，唯以亡国败家为见长之地上身为戮，族为夷，皆其所弗恤也，斯则为妖孽而已矣。张濬、崔昭纬、崔胤、孔纬、李溪是已。而

301

萧遘、杜让能心知不可，僶勉而从之波靡，亦妖风所袭，失其精魄者也。"（卷二十七，昭宗一，P.862）这一段文字在"宰相论"一篇中已做引用，这里换一个角度再做申论，实在是王夫之对唐末政治人物的批判，下笔之重，谴责之力，无以复加。在接下去的文字里，王夫之重点解剖了张濬等"贪一日宰辅之权"，而使国事日非，其结句是"若张濬之流，窃卫主之名，贪晨霜之势，含毒起秽以速君之死亡，而血流于天下。呜呼！至此极矣！故曰妖也"。字里行间，忧虑义愤溢于言表。一般历史学家不这样做，而取无情冷观，但王夫之论史却是笔下常带有感情，把历史撕裂了让你看，这是他王氏风格的独特与威力，寄托了他对明亡的哀思与祭奠。著史评史为哪般，为的是后世之鉴，王氏论史以这样的战斗性的风格很好地体现了史学的主要功能。

二、思想批判

　　王夫之是中国古代最重要的思想家之一，而《读通鉴论》更是其思想体系成熟的晚年之作，其思想批判锋芒所向有横扫千军之势，也很有思想史的认识价值。

《读通鉴论》一书的思想批判，最重要的是他提出了"古今三大害之说"："盖尝论之，古今之大害有三：老、庄也，浮屠也，申、韩也。三者之致祸异，而相沿以生者，其归必合于一。不相济则祸犹浅，而相沿则祸必烈。"（卷十七，梁武帝二五，P.482），王夫之认定三大害是老庄思想、佛教思想及申韩之术，并指出这三者融汇更具有危害性。他在分析了这三者的流变后进一步指出："佛、老之于申、韩，犹如鼙鼓之相应也。应之以申、韩，而与治道弥相近矣。"而这正是其危害之所在，"繇此言之，祸至于申、韩而发乃大，源起于佛、老而害必生，而浮屠之淫邪，附庄生而始滥。"

1. 对黄、老之术的批判

王夫之对老子的思想是有研究的，其第一部理论著作便是《老子衍》。但在其晚年的成熟之作《读通鉴论》里，王夫之并不信服于老子学说。在王夫之看来，老子学说贻害无穷，更不可用于经国治世。老子"非知道者"。（卷六，光武三四，P.160）连同庄子，"庄周非知道者。"（卷六，光武一八，P.148）算是他一锤定音。

王夫之在谈及西汉淮南王刘安所著时对老子有一大段评价："取安之书而读之，原本老氏之言，而杂之以辩士之游辞。老氏者，挟术以制阴阳之命，而不知其无如阴阳何也。所挟者术，则可以窥见气机盈虚之衅罅，而乘之以逞志。乃既已逆动静之大经，而无如阴阳何矣；则其自以为窥造化而盗其藏、而天下无不可为者，一如婴儿之以廷击贲、育，且自雄也。率其道，使人诞而丧所守，狂逞而不思其居。安是之学，其自杀也，不亦宜乎！夫老氏者，教人以出于吉凶生死之外，而不知其与凶为徒也。读刘安之书，可以鉴矣。"（卷三，武帝一三，P.63）这一段话连老子与刘安一道批判，从老子学说的根基即阴阳之说上批判起，言其根本不知阴阳为何物，批判之烈甚至刘安自杀也可以作为说辞，可见王夫之对老子学说的不以为然的程度。

黄老之道到底错在何处以至引起王夫之如此痛批？王夫之说："而黄、老之道，以灭裂仁义，秕糠尧、舜，谕休息于守雌之不扰，是欲救火者不以水，而豫撤其屋，宿旷野以自诧无灾也。"（卷三，武帝四，P.56），原来在于黄老之道与儒家学说根本对立，"灭裂仁义"，而"仁义"正是儒家的核心概念。王夫之站在儒家立场上对其大张挞伐便可理解。这是理论上的原因，在治国理政实务上，王夫之也认为其有祸国殃民的不良作用。其正为"盗贼之渊薮"，如汉末张角就说："吾之道，黄帝、老子之道也。"（卷八，灵帝九，P.232）

"玄宗初亲政，晋陵尉杨相如上言曰：'法贵简而能禁，刑贵轻而必行。小过不察，则无烦苛；大罪不漏，则止奸慝。'斯言也，不倚于老氏，抑不流于申、韩，洵知治道之言乎！后世之为君子者，十九而为申、韩，鉴于此，而其失不可掩已。"（卷二十二，玄宗一，P.669）。

"邪说之行于天下，必托于君子之道。释氏之言心性，亦君子之言也；老氏之言道德，亦君子之言也；天下以其为君子之雅言，遂谓其有当于治与道而信之。"（卷四，元帝五，P.100）王夫之还具体分析了焦延寿、京房假易经来推崇邪说，"托君子之道，诬圣人之教，矫造化之神，三者皆获罪于天而不可逭者也"。

王夫之对老子思想有所肯定的是"功成身退"的思想，"老氏非知道者，而身世之际有见焉。其言曰：'功成名遂身退。'盖亦察于阴阳屈伸之数以善进退之言也。"（卷六，光武三四，P.160）但他又指出："天之道，功成而退，春授之夏，冬授之春，元气相嬗于无垠，豫养其穉而后息其老，故四序循环而相与终古。老氏不足以见此……"（卷十四，孝武帝九，P.397）

王夫之剖析了黄老之术与申韩之术的关联："黄、老之术，所繇贤于申、韩也。然而疑虑以钳制天下，则一也。故曰黄、老之流为申、韩，机诈兴而末流极于残忍，故君子重恶之也。"（卷十五，明帝六，P.464）

2. 对申、韩之术的批判

王夫之最为痛恨与鄙视的是申、韩之术，达到口诛笔伐遍布全书的程度。申指申不害，韩是韩非子。

申不害，《资治通鉴》有谓："郑之贱臣也，学黄、老、刑名，以干昭侯。昭侯用为相，内修政教，外应诸侯，十五年，终申子之身，国治兵强"（周纪，周显王五十一年，前

351年），这个评价是中性的。《辞海》的"申不害"条释为："战国时思想家，法家主要代表人物之一"，思想与商鞅相近，主张吏治、君权，一为郑国人，相韩昭侯；一为卫国人，事秦孝公。《资治通鉴》所指为相韩的那位。

但在王夫之这里，申韩之法比黄老之术更有危害性。

历史上用申韩之术的均无好结果，"管仲用于齐，桓公死而齐无人；商鞅用于秦，始皇死而秦无人；无以养之也。宽柔温厚之德衰，人皆局踏以循吏之矩矱，虽有英特之士，摧其生气以即于瓦合，尚奚恃哉？"（卷十，三国三二，P.300）

王夫之推崇诸葛亮，但对诸葛亮也多次表示过惜憾，"昭烈习于儒而淫于申、韩，历事变而权术荡其心，武侯年少而急于勋业，是以刑名乱之。"（卷六，光武一五，P.146）对刘备诸葛亮一并给予批评。又言诸葛亮："志操伟矣，而学则申、韩也。"（卷十，三国三二，P.300）"乃尚名法以钳束其下，人皆自困于名法之中，而急于事功以为贤，则涵泳从容之意不复存于风俗，安所得高视远览以曙于贞邪顺逆之大者哉！诸葛之张也，不如孙氏之弛也。孙氏不知道而道未亡，诸葛道其所道而道遂丧。"（卷十二，惠帝七，P.330）意思是说诸葛亮执申韩之术效果反不如东吴。

对有宋以来诸大儒的批评也是与申韩联系在一起的，"以儒者而暗用申韩之术，将仁恕宽平之言"，所以王夫之发问，如此"尧、禹、汤、文、孔、孟其有奖乱之过与？""后世之为君子者，十九而为申、韩，鉴于此，而其失不可掩已。"（卷

二十二，玄宗一，PP.667-669）

　　在对申、韩之术这么严厉的批判之下，王夫之也分析了
"申、韩之言，何为至今而不绝邪"的原因，甚至连"志正
义明如诸葛孔明而效其法，学博志广如王介甫而师其意"，
没有其他原因，"申、商者，乍劳长逸之术。"（卷一，二
世三，P.5）这也就是实际上承认了申韩之术具有有利于统治
长久的某种功能的一面。这也是"以孔明之淡泊而尽瘁也，
以介甫之土木其形而好学深思也"，且乐奉名法的原因。连
后世统治者也多参以与融合法家思想的原因。这后一层意思
王夫之没有说。

　　3. 对佛教的批判

　　王夫之有几则札记专论佛教，其中一则重点指斥事佛反
而会走向与佛教本义相反的一面。王夫之在此则札记中不否
认佛教"以慈愍为用，以寂静为体，以贪、嗔、痴为大戒"。
但是事佛之人如"楚王英始事浮屠，而以反自杀；笮融课民
盛饰以事浮屠，而以劫掠死于锋刃；梁武帝舍身事浮屠，而
以挑祸乐杀亡其国"。因此，王夫之指出："邪说暗移人心，
召祸至烈如此哉！"王夫之的批判下断语很重，但是多少有
点以极端之例来概全盘，以个案言普遍。不过，王夫之接下
来的分析又多少有些道理，王夫之给自己设问为何会出现这
样的情况，"与其教相反，而祸发不爽，何也？"他的回答
是"夫人之心，不移于迹，而移于其情量之本也。情量一移，
反而激之，制于此者，大溃于彼，溃而不可复收矣。浮屠之

307

说，穷大失居，谓可旋天转地而在其意量之中，则惟意所规，无不可以得志，习其术者，侈其心而无名义之可守。且其为教也，名为慈而实忍也；发肤可忍也；妻子可忍也；君父可忍也，情所不容已而急绝之，则愤然一决而无所恤矣。……故学其学者，未有不驱戾以快于一逞者也。"（卷七，明帝五，P.169）这话不是很好理解，其要大致是，在王夫之看来，佛教是有关心的学说，还得从心上去探源阐发。佛教教得人有一时之忍，但解决不了人心的根本问题，所引最末一句则是王夫之试图从一般意义上来指斥佛教作为邪说对大众的影响，这又补充了我们前面所言极端个案的问题，梁武帝等只是显例不只是个案。

通观全书，王夫之对佛教的批判，重不在学理之上而在其害，如"佞佛者，皆非所据而据，心危而附之以安者也。自古帝王至于士庶，其果服膺于释氏之说而笃信者，鲜矣。其为教也，离人割欲，内灭心而外绝物，而佞佛者反是……于是而浮屠之为民害也，不可止矣"。（卷十五，明帝四，P.462）"浮屠之乱天下而遍四海垂千年，趋之若如者，唯其纳天下之垢污而速予之以圣也。"（卷十七，梁武帝一四，P.505）

总而言之，王夫之对儒学思想以外的百家思想，大抵均持否定之立场是毋庸讳言的。但是他在其思想批判中仍然坚持了他一贯的立场，用今天的话，即所谓上帝的归于上帝，犹大的属于犹大。如下一段文字可为明证："佛、老之教虽诐也，然其始教未尝倚乎鬼神。乃其流裔一淫于鬼神，而并悖其虚无寂灭之初心。岂徒佛、老然哉！君子之道，流而诬者亦有之，魏、晋以下，佛、老盛，而鬼神之说托佛、老以行，非佛、老也，巫之依附于佛、老者也。"（卷三，武帝二二，P.69）

近世马一浮先生说，国家生命所系，实系于文化，而文化根本则在思想。故王夫之的思想批判对于中国传统文化的整理发掘，是极富有认识价值与建设价值的，我们应予重视。

三、学术批评

王夫之是学人，学术批评最能反映他的学术思想和学术主张，也最能体现其学人本色。

1.批五德学说

"正统之论，始于五德。五德者，邹衍之邪说，以惑天下，而诬古帝王以征之，秦、汉因而袭之，大抵皆方士之言，非君子之所齿也。汉以下，其说虽未之能绝，而争辩五德者鲜；唯正统则聚讼不已。"（卷十六，武帝七，P.480）王夫之虽然说正统论讲不清楚，但他仍旧言之凿凿地说正统论的理论来源是战国齐人邹衍发明的五德之说：金木水火土的循环。也就是所谓五德终始，天命有归，都是跟着五德运作而盛衰。这一段话两个要点：其一五德说为邪说与方士之言，所以有相当的迷惑性；其二，汉以后对于五德之说市场不大，但由之派生的有关正统的聚讼却不断。这也就是争论谁为正统。王夫之没有说的是这个正统之说对中国历史的影响还是很大的。五德终始理论为封建王朝更替提供了理论依据。

王夫之批判邹衍五德正统之说集中于两点：一是指出历史上的一些帝王有何德可言，"拓跋宏欲自跻于帝王之列，而高闾欲承苻秦之火德，李彪欲承晋之水德；勿论刘、石、慕容、苻氏不可以德言，司马氏狐媚以篡，而何德之称焉？"二是揭示天下大势运行的规律在哪里："夏尚玄，殷尚白，周尚赤，见于礼文者较然。如衍之说，玄为水，白为金，赤为火，于相生相胜，岂有常法哉？天下之势，一离一合，一治一乱而已。离而合之，合者不继离者也；乱而治之，治者不继乱也。明于治乱合离之各有时，则奚有于五德之相禅，而取必于一统之相承哉！……一合而一离，一治而一乱，于此可以知天道焉，于此可以知人道焉。"王夫之说离开了这个规律来讲五德、论正统，都是绕嘴之舌。

2. 崔浩、宋濂著史比较

王夫之对北魏"崔浩以史被杀，而重有感矣"。感在两个方面，一方面"浩以不周身之智，为索虏用，乃欲伸直笔于狼子野心之廷，以速其死，其愚固矣。"另一方面"然浩死而后世之史益蔑，则浩存直笔于天壤，亦未可没也"。崔浩的直笔在哪里？"若浩者，仕于魏而为魏史，然能存拓跋氏所繇来，详著其不可为君师之实，与其乘间以入中国之祸始，俾后之王者鉴而知惧，以制之于早。后世之士民知愧而不屑戴之为君。"王夫之说即此一点，"则浩之为功于人极者亦伟矣。"崔浩虽被杀，其事业有继之者，"魏收继之，李延寿继之，撰述虽蔑，而诘汾、力微之蔑迹犹有传者，皆浩之追叙仅存者也"。

接下来，王夫之作了一番前后的对比，"前乎此而刘、石、慕容、苻、姚、赫连之所自来佚矣；后乎此而契丹、女真、蒙古之所自出泯矣。刘、石、慕容、苻、姚、赫连之所佚也，无史也；契丹、女真之泯也，蒙古氏讳其类，脱脱隐之也；然犹千百而存一也。"这里所列皆北方鲜卑等政权的起源或无史或史家有意隐讳之。这更突显出崔浩直笔存史的意义。有一个比较更为典型，这便是与著《元史》的宋濂的比较，对于宋濂其人王夫之并不反感，"宋濂中华之士，与闻君子之教，佐兴王以复中华者也，非有崔浩族诛之恐。"这本来是著史的极好的条件。但宋濂"修蒙古之史，隐其恶，扬其美，其兴也，若列之汉、唐、宋开国之君而有余休；其亡也，则若无罪于天下而不幸以亡也。濂史成，而天下之直道永绝于人心矣"。通过这一番对比，王夫之直接下结论："濂其能无愧于浩乎？浩以赤族而不恤，濂以曲徇虞集、危素而为

311

蒙古掩其腥秽，使后王无所惩以厚其防，后人无所魏以洁其身。……后之作者，虽欲正之，无征而正之，濂之罪，延于终古矣。"（卷十五，文帝一九，P.448）后来著史者由于当时之史籍没有留下史征而无法来正史，宋濂的非直笔乃是延于终古之罪。王夫之通过这番比较，对史家之曲笔做了学术乃至道德上的批判，让正者正之，蔑者蔑之，正者更正，蔑者更蔑。

3. 范缜《神灭论》评说

王夫之对范缜作《神灭论》也有评说，《神灭论》是魏晋南北朝时期一篇重要的无神论文献。王夫之的评说也是两点论，一方面"范缜作《神灭论》以辟浮屠，竟陵王子良饵之以中书郎，使废其论，缜不屑卖论以取官，可谓伟矣"。这是赞赏其学术品格；另一方面又指出"其立言之不审，求以规正子良而折浮屠之邪妄，难矣"。王夫之认为范缜的论文是以竟陵王萧子良为论敌的，立论行文过于"廖阔""卑陋"，也就是粗疏浅薄。一是与论敌萧子良处于同一层级，没有占住制高点。"子良乘篡逆之余润而位王侯，见为茵褥而实粪溷；缜修文行而为士流，茵褥之资也，而自以为粪溷。以富贵贫贱而判清浊，则已与子良惊宠辱而失据者同其情矣，而恶足以破之？"二是缺少深层次的理论批判，"子良奚以知神之不灭哉？谓之不灭，遂有说焉以成乎其不灭。缜又奚以知神之必灭哉？谓之灭，遂有说焉以成乎其灭。非有得于性命之原而体人道之极，知则果知，行则果行，揭日月而无隐者，讵足以及此？"这样便不免都是"浮游之论，一彼一此，与于不仁之甚"。关于萧子良，王夫之在另一则札记里有专论（见卷十六，武帝八，PP.481-482），可参阅。

王夫之又以唐代思想家韩愈作一对比，"后之儒者之于浮屠也，或惑之，或辟之，两皆无据，而辟之者化为惑也不鲜。韩愈氏不能保其正，岂缜之所克任哉？夫其辨焉而不胜，争焉而反屈者，固有其本矣。范缜以贫贱为粪溷，韩愈以送穷为悲叹，小人喻利之心，不足以喻义，而恶能立义？浮屠之慧者，且目笑而贱之。"王夫之将范缜的《神灭论》判为"无见于道，而但执其绪论以折之，此以无制之孤军撩蜂屯之寇盗，未有不衄者也"，"无制之孤军必为寇盗禽也。"（卷十六，武帝一，P.474）王夫之说范缜的《神灭论》在佛教盛行的梁武帝时代甚至整个中国的中世纪是"无制之孤军"倒是很贴切，用王夫之的话是"浮屠之乱天下而遍四海垂千年，趋之如狂者，唯其纳天下之垢污而速予之以圣也"。（卷十七，梁武帝一四，P.505）以这一孤军与当时的思想主流抗争显然是力量有限的，但仍然不能湮灭其思想史的价值。

4. 朱子说易之辨

"朱子乃谓《易》但为筮卜之书，非学者所宜学，何其言之似王安石，而顾出允下也！"（卷十五，文帝一六，P.445）此语原是论述"高允几于知《易》矣"而发。高允是北魏的史臣，后为累世高官。王夫之称道高允为人为官为学俱佳，此处本言高允于易学也"能知焉"。高允懂得《易》中之理,"以学为占,而不于得失之外言吉凶",懂得《易》之"使人惧"的道理。王夫之随马顺手刺出一枪,对朱子与王安石的易学给予批评,认为他们的不懂得易学,见解反在高允之下。显然历史上朱子与王安石的知名度高于高允。这也是王夫之批判精神与批评方法的特点,随时随地横枪一扫。

王夫之学术批评的范围很广阔,还有诸多对小人之儒之学、俗儒的批判等。所谓小人儒是相对于君子儒而言的,孔子有言"无为小人儒",王夫之也有言:"儒为君子者也。"(卷十八,文帝五,P.539)小人儒糅合了小人与儒的特点,以小人的行为方式披上儒者的外衣,王夫之对"小人之儒之学"的批判主要着重于揭露其伪饰与流俗,"流俗之好尚,政教相随以滥;礼文之缘饰,精意易以相蒙。"(卷四,宣帝一四,P.92)"挟儒术以饰其贪顽""有所缘饰以无忌惮"(卷五,平帝一,P.122),"貌君子而实依匪类"(卷五,王莽一,P.127)。甚至连王莽"将授首于汉兵,且以孔子自拟,愚昧以为万世笑而不疑"。(卷五,平帝一,P.122)小人儒,正如王夫之所言,"因以欺人而自欺也。"(卷十八,文帝五,P.539)而且危害性在于"自命于儒林,以窃先王之道"。(卷五,王莽一,PP.126-127)

至于俗儒,王夫之指出:"若夫坏人心、乱风俗、酿盗贼篡弑危亡之祸者,莫烈于俗儒。俗儒者,以干禄之鄙夫为师者也,教以利,学以利,利乃沁入于人心,而不知何者之

为君父，固异端之所不屑者也。……俗儒奉章程以希利达，师鄙夫而学鄙夫……"（卷十七，梁武帝六，P.497）

从王夫之以上学术批评来看，其带有明确的政治批判与思想批判的意味，其批判的武器既是学术的，也是政治的。这也是古代中国学术向来就与政治结合得较为紧密，甚至成为治国指导思想的一种反映。如汉代"罢黜百家独尊儒术"便是学术与政治紧密结合的例证，王夫之史学批判中有着强烈的"夷夏大防"的思想主张，其思想批判中又体现出强烈的儒家学术主张，所以往往很难分清是学术批评还是政治批判与思想批判。

四、人物批判

中国传统史学从外在的撰述形式到内在的精神旨趣，都具有以人物为中心的学术品格和特点。这在王夫之的《读通鉴论》里也有着鲜明的体现，品藻人物是其恣肆汪洋的风格的最好表达。对王夫之的人物评判我们在前面的篇章里已有所领略。王夫之本人在《宋论》一书就人物评价还说过一段话："论人之衡有三，正邪也，是非也，功罪也。正邪存乎人，是非存乎言，功罪存乎事。"现在，我们再来看看王夫之的人物批判，便很好地体现了他的这段话，也是其儒家价值观的绝佳表达。

1. 杨素：天下古今之至不仁者

杨素是隋唐最重要政治人物之一，王夫之将其视为隋朝亡国的重要因素之一："文帝之察也，肘腋有杨素之奸而信之笃，宫闱有逆广之凶而爱之专，卒以杀身而亡国。"（卷十九，隋文帝一六，P.571）

关于杨素的评论散见多处，最集中的一段是："隋之诸臣，唯素之不可托也为最，非但颖、弼、德林之不屑与伍，即以视刘昉、郑译犹有悬绝之分。何也？素者，天下古今之至不仁者也。其用兵也，求人而杀之以立威，使数百人犯大敌，不胜而俱斩之，自有兵以来，唯尉缭言之，唯素行之，盖无他智略，唯忍于自杀其人而已矣。其营仁寿宫也，丁夫死者万计，皆以杀人而速奏其成，旷古以来，唯以杀人为事者更无其匹。呜呼！人之不仁至于此极，而犹知有君之不可弑乎？犹知子之不可弑父而己弗与其谋乎？文帝之项领日悬于素之锋刃而不知，岂徒素之狐媚以结独孤后而为之覆翼乎？抑帝之惨毒之性、臭味与谐而相得也！"（卷十九，隋文帝一三，P.569）

此段文字因隋文帝有眼无珠，不识杨素之奸竟以之为托国之人而发，历数杨素杀人过多，无情弑君的罪恶。

王夫之在这一段文字后又有一句话："君不仁，则不保其国；臣不仁，则不保其身。"杨素不仁，其结果："素之族至其子而乃赤，犹晚矣。"

仁是儒家最核心的概念，王夫之将杨素定性为"天下古今之至不仁者"，是从最基本的价值观上将杨素一否到底。王夫之在是书对杨素评语用过"奸""伪忠"等字眼，但以此句为最。

杨素在废太子杨勇，改立杨广为太子事件上起了极坏的作用。一是他教唆杨广如何取信父皇，二是利用隋文帝对自己的"信而笃"助杨广上位。"无宇文述、杨素，则杨广不能夺嫡。"（卷二十二，玄宗九，P.677）

"隋高祖之谋于杨素，唐太宗之托于李世勣，皆鸷贼性成，而适足以贼其后裔；然二主之失，未能深知素、勣之奸耳。"（卷十五，宋武帝三，P426）人主不察是奸臣之兴的根本原因。

2. 万世罪人桑维翰

王夫之说天下罪人分为三等："谋国而贻天下之大患，斯为天下之罪人，而有差等焉。祸在一时之天下，则一时之罪人，卢杞是也；祸及一代，则一代之罪人，李林甫是也；祸及万世，则万世之罪人，自生民以来，唯桑维翰当之。"（卷二十九，五代中一六，P.932）

为何要将桑维翰列为"万世之罪人"？王夫之又写道："桑维翰一节度使之掌书记耳，其去公辅之崇既悬绝矣，必不可得，而倒行逆施者无所不至，力劝石敬瑭割地称臣，受契丹之册命。迫故主以焚死，斗遗民使暴骨，导胡骑打草谷，城野为墟，收被杀之遗骸至二十余万，皆维翰一念之恶，而滔天至此，无他，求为相而已。"耶律德光果告敬瑭曰："'维翰效忠于汝，宜以为相。'"（卷二十九，五代中一七，PP.934-935）这一段文字的主要意思有三，其一，桑维翰的罪恶；其二，桑维翰的个人动机；其三，桑维翰由异族扶为宰相。

王夫之最为气愤的是桑维翰两次曲媚于契丹。

第一次石敬瑭反，"桑维翰献割地称臣之计"（卷三十，五代下三，P.939），"而维翰急请屈节以事契丹，敬瑭智劣胆虚，遽从其策，称臣割地，授予夺之权于夷狄。"此"非敬瑭之始念也，维翰尸之也。"（卷二十九，五代中一六，P.933）"称臣、割地、输币之议，维翰主之，敬瑭从之。"（卷三十，五代下六，P.942）

第二次在石敬瑭死后，石重贵为新主，桑维翰"终始重贵之廷，唯以曲媚契丹为一定不迁之策，使重贵糜天下以奉契丹"。（卷二十九，五代中一六，P.933）

"桑维翰固争于重贵，复奉表称臣以示弱，然后孙方简一叛，大举入寇，而重贵为俘。繇此观之，契丹何遽不可拒？延广何咎？而维翰之贻害于中国，促亡于石氏，其可以一时苟且之人情，颂其须臾之安，而贳其滔天之罪哉？"（卷三十，五代下六，PP.942-943）

王夫之指出："石氏之亡，桑维翰实亡之。"（卷三十，五代下六，P.942）他亡的不仅是后晋，而是"祸及万世"，"契丹弱而女真乘之，女真弱而蒙古乘之，贻祸无穷。人胥为夷。"（卷二十九，五代中一六，P.933）都是桑维翰的"遗祸"，所以是万古罪人，是碎尸万段都不解恨的万古罪人。王夫之如此痛恨桑维翰与身处明清之际的特殊历史时期有关。清兵南下占领全中国，整个中国都处于满族统治之下，成为当时时代的主要矛盾，王夫之的痛批桑维翰正是这一时代主要矛盾的折射。桑维翰在历史上的骂名不如秦桧那么大，原因大概因后晋在中国历史上存续时间短，影响力大不及赵宋，但王夫之眼里桑维翰比秦桧更有过之。

3.坠节媚主不倒翁冯道

冯道是中国历史上的一个异数，在唐末入五代，历事多代而不倒，是一个真正的不倒翁，历史上的评论有不同，王夫之对其是彻底否定。在论三国史事就拿其与谯周批为一类："道，鄙夫也，国已破，君已易，贪生惜利禄，弗获已而数易其心。"（卷十，三国三五，PP.301-302）

冯道在唐末五代的纷乱中历仕数代而不倒，王夫之揭露其有套"奸术"："呜呼！人知道（指冯道——引者）之堕节以臣人，不知其挟小慧以媚主，国未亡而道已雠其卖主之术，非一日矣。此数主者，颠倒背乱于黼扆，道且尸位而待焉，不知其何以导谀也？然而不传者，摘小过以炫直，自饰而藏奸，世固未易察也。"（卷二十八，五代上九，P.898）

直指其"堕节""媚主""尸位""导谀""藏奸"。这就是冯道的伎俩。王夫之指冯道是五代中第一个被叛乱者引入帷幕之人,"其略用士人参帷幕者,自冯道始"。王夫之还具体罗列了冯道如何施小慧以媚主、深谙说与不说、避重言轻之术。

冯道长期位居宰辅,但王夫之很瞧不起他。王夫之指斥无代无相,只有尸禄之相,冯道列在第一位。

"其宰相者,其天子之宰相也。利禄在须臾,辱戮在眉睫,亦优俳之台辅而已矣,冯道、卢文纪、姚顗、李愚、刘昫、赵莹、和凝、冯玉之流皆是也。尸禄已久,磐固自如,其君见为旧臣而不能废,其僚友方畏时艰而不与争,庸人忘死忘辱,乘气运之偶及,遂亦欣然自任曰'吾宰相也'。无不可供人姗笑也。"(卷二十九,五代中一七,P.934)

王夫之很鄙薄冯道的为人为官之道。

王夫之对冯道的言论也有批判。其一是"事当务实"之语。这是后唐李从珂篡位时冯道说的一句话,王夫之指:此一语也,"道终身覆载不容之恶尽之矣",是"务实而不知有名者"。用今天的话说,冯道的这句话是典型的实用主义。王夫之说,从来还没有人对冯道的这句话来作批判分析,"顾未有穷其立念之差于务实之一言者"。(卷二十九,五代中一三,P.930)所以他要来批判。对冯道此语的分析,详见"名实论"。

其二是"未审陛下能为唐太宗否"之语。后周之主是冯道所奉的最后一个帝王了。高平之战，后周主"决志亲行，群臣皆欲止之，冯道持之尤坚，乃至面折之曰：'未审陛下能为唐太宗否？'"王夫之分析，冯道此语有三不是：一是"夫谓其君为不能为尧、舜者，贼其君者也"；二是"绝其君以攀跻之路"，是"小人之无忌惮也"；三是"己不难袖劝进之表以迎新君，而已愈重，卖之而得利，又何恤焉？"意思是这番劝阻又成为它对新朝的见面礼。所以王夫之又发问："周主之为天子，非郭氏授之，自以死生为生民请命而得焉者也。何遽不能为唐太宗，而岂冯道之老奸所可测哉？"只是"周主惮于其虚名而不能即斩道（指冯道——引者）以徇，然不旋踵而道死矣，道不死，恐不能免于英君之窜逐也"。（卷三十，五代下一八，P. 957）在王夫之看来，冯道是好死，不然终会遭贬逐的。王夫之还对明代李贽推奖冯道"以大臣之名"提出批判，认为做这样的评价只会"世教愈乱，亦憯矣哉"。（卷二十九，五代中一三，P.930）

从对杨素、桑维翰以及冯道的批判看，王夫之极重视从儒家价值观、士之气节和民族大节上来评论人物，这也是他评判历史人物的终极标准。用王夫之的话说，这些都是天下的"大公至正之是非"（叙论二，P.972）这是大节、是大是大非，人在大节上不能有亏、在气节上不能有亏，在大是大非上不能糊涂。

王夫之的批判精神是贯注其一生的一种自觉意识，几乎是其全部著作的总特征，从其生平第一部学术起就充满着这种批判性。《老子衍》是其生平第一部学术著作，当其写作这部著作的时候，时代与个人的命运都遭遇着巨变，内心深处的煎熬和愤懑，倾吐胸中块垒的方式便是拿起批判的武器进行武器的批判。《老子》这部古典便成了他批判的对象，他站在儒学立场对这种非儒学的名著进行了几乎是逐字逐句的批判，他甚至将现实政治中的许多流弊如君上无为无能，官员中庸昏聩都归结为老子的流毒。从这部著作起，这种富有时代特征的批判精神就一直伴随着他的著述生涯，也成为所有著作具有开创性价值的所在。而其晚年的压轴之作《读通鉴论》可以说是这种批判精神的最佳体现和集大成者，不因其年岁增长和老人心境而磨损消减。在是书中有一段话可作为其一生秉持批判精神、以批判为己任的最好的诠释："辟异端者，学者之任也，治道之本也。乃所谓异端者，诡天地之经，叛先王之宪，离析六经之微言，以诬心性而毁大义者也。非文辞章句度数沿革之小有合离，偏见小闻所未逮而见为毕者也。"（卷七，和帝八，P.188）而这些所谓异端就是他所批判的那些东西。

第十四章 史 学 论

　　《读通鉴论》是王夫之重要的史论著作，除了以对历史事件做出解释与评论来表达自己的政治思想外，其所寓含的史学思想见解也是独创而卓越的。王夫之既然要撰史论著作，必然要构建自己的历史观体系，他的历史观的基础是朴素的唯物论与辩证法的结合，甚至还有与唯心主义的杂糅与结合。除了卷末四篇叙论比较集中地阐述自己的史观之外，王夫之在是书中没有刻意去表述他的历史观体系，他对于历史学具有哪些见解，我们主要从其著述文字中去钩稽。

一、理势合一的进化史观

　　王夫之的历史观体系思想，具有前无古人的历史高度，本篇仅从其历史观的支点着论。历史学家的基本任务就是要在前瞻后顾之中，查考古今之变的时与势、势与理。用王夫之的话是"参古今之理势"。（卷二，文帝一五，P.38）

　　王夫之秉持"理势合一"的进步史观。理是人类社会发展的可知的规律，势是历史发展的必然趋势。在其书的开篇即亮出了这个核心理念。

　　"郡县之制，垂二千年而弗能改变矣，合古今上下皆安之，势之所趋，岂非理而能然哉？"（卷一，秦始皇一，P.1）

　　这个"理势合一"的观点贯注全书，为全书定下了一个基调，到最后的论述单元五代部分，他还再次强调人类社会"生之与死，成之与败，皆理势之必有"。（卷二十八，五代上二二，P.912）在这个基础上，王夫之又进一步阐明了如下三点：

　　其一，理势关系中势是决定性的。

王夫之特别强调"势"，势是客观存在的，是不由人的意志决定的，在人类社会历史发展中有决定性的作用，"夫封建之不可复也，势也。"（卷二，文帝一六，P.39）他突出这一个势。"理"是从"势"而来，"理因乎势。"（卷十二，愍帝一，P.344）"势相激而理随以易。"（卷一，秦始皇一，P.2）在理与势中，最核心是把握势。

其二，天下"离合之势"与"治乱一势"。

"天下之势，一离一合。"（卷十九，炀帝八，P.581）"天下之势，一离一合，一治一乱而已。"（卷十六，武帝七，P.480）这是王夫之根据王朝更替和天下治乱离合而总结出的"离合之势"的理论，是"理势合一"的进步史观的一种具体化和细化，也是对于中国古代社会运行规律与趋势的一种揭示，也是我们这里要论述的重点。

在此书《叙论一》中，王夫之据此提出"盖尝上推数千年中国之治乱以迄于今，凡三变矣"的观点。其第一变的情形是由三代之合经春秋战国之离再到秦汉之合；第二变则是汉亡开始到魏晋南北朝之离，再到隋唐之合；第三变则是自宋亡至之后的朝代，即王夫之所处的时代明末清初。

王夫之在阐述其三变观点时，所表达的三个要点值得注意，第一，一个离合之变有其不同的特点，其每一变的叙述也不尽相同。如第三变叙述就与其所揭示的离合之势有所不同，也就是有其特点："至于宋亡以迄于今，则当其治也，则中国有共主；当其乱也，中国并无一隅分据之主。"这一次的离的特征是后一句"当其乱也,中国并无一隅分据之主"。第二,离合之变是大规律,但其具体是怎么变的,前世不知后世,也就是预测不到的,"当其未变,固不知后之变也奚若,虽圣人弗能知也"。第三,天下的离合之势总是与治乱相联系,"天下之生久矣,一治一乱"。其离合三变,也是治乱之变。所以王夫之的"离合之势"的历史观也无妨称为"治乱一势",不同的说法而已,但这是王夫之所揭示的规律,"犹日之有昼夜,月之有朔、弦、望、晦也"。这种离合治乱相关联的思想,在正文中也有明确的陈述:"天下之势,一离一合,一治一乱而已。离而合之,合者不继离也;乱而治之,治者不继乱也。"(卷十六,武帝七,P.480)

王夫之的"离合之势"和"治乱一势"的思想是他破除"五德之说"的理论依据,如其所说:"明于治乱合离之各有时,则奚有于五德之相禅,而取必于一统之相承哉!"(卷十六,武帝七,P.480)五德循环之说是封建正统之说的理论依据,王夫之有专门的札记予以具体批驳,详见本书有关篇章。

王夫之在阐述离合治乱的规律时,又十分重视"天人合一"。他指出:"治乱合离者,天也;合而治之者,人也。""一合而一离,一治而一乱,于此可以知天道焉,于此可以知人治焉。"(卷十六,武帝七,P.481)天也,即是客观的自然规律;人也,即是人的主观能动性和人的作为。社会的发展进步正是这两者的结合。王夫之这种"天人合一"思想在全书中有比较充分的展现，如"天者，人之所可待，而人者，天之所必应也"。（卷二，汉文帝二三，P.46）"得失者，人也；存亡者，天也。"（卷六，光武一，P.134）"人也，即天也，天视自我民视者也。"（卷十九，隋文帝二，P.556）"圣人知天而尽人之理"（卷二十，唐高祖一，P.586）。

其三，势是变化的。

"极重必反者，势也。"（卷四，元帝二，P.97）

"时势异而一概之论不可执。"（卷二十四，德宗二一，P.752）

这既是王夫之的朴素辩证法思想，也是其社会发展进步理论的支点。

基于这种发展变化的思想，王夫之提出国家治理的一个原则："以古之制，治古之天下，而未可概之今日者，君子不立以事；以今之宜，治今之天下，而非可必之后日者，君子不以垂法。"（叙论四，P.975）

势为何是变化的？这又与时有关。时的变易带来势的变化。王夫之主张取势者必须观时，"势因乎时，理因乎势。"（卷十二，愍帝一，P.344）"时者，方弱而可以强，方强而必有弱者也。见其强之已极，而先自震惊，遂朒缩以绝进取之望；见其势之方弱，而遽自踟蹰，因兴不揣之师；此庸人所以屡趋而屡踬也。焚林之火，达于山椒则将熸，扑之易灭而不敢扑，待之可熄而不能待，亦恶知盈虚之理数以御时变乎？刘渊、石虎、苻坚、耶律德光、完颜亮，天亡之在眉睫矣，不知乘时者，犹以为莫可如何，而以前日之覆败为惩。悲夫！"（卷二十五，宪宗二，P.773）有关王夫之的时与势论述，详见本书"睿智论"之"时与势"。

其四，"几"在理势中的重要性

"几"在王夫之著中出现的频率很高，是王夫之理势合一的进步史观中一个很重要的概念。依王夫之本人的解释，几有两层意思。第一是基本义，"几者，事之微，吉凶之先见者也。"（卷八，灵帝一八，P.239）这一意思的含义在现代汉语中仍然存在，就是事物的苗头。王夫之用一则具体的史例解释了这一层意思。东汉末年，董卓征召天下士人，有名申屠蟠者"征而不至，论者谓之知几"，"人劝蟠之行，蟠笑而不答。"王夫之说这是"人不可语也，志不自白也"。又指出这申屠蟠在"笑而不答"中不仅仅是体现出"知几"，而是具有"志定而安士之仁"。与此形成对照的蔡邕、荀爽，此二人畏失如征，后来的结局也不好，这两人就不仅是不知几，连知都还达不到。魏晋南北朝有一历史评论家刘知几，其名姓的"知几"或也是这一含义。

第二是最重要的，是王夫之的发明："天下不可易者，理也；因乎时而为一动一静之势者，几也。"（卷十四，安帝七，P.405）这句话有一个要点，一是，几是有所显露但尚未明确的变化的势头，是时与势的综合反映；二是，几是与天下不可易之理相联系的。几具有这样的特性，"夫几亦易审矣，事后而反观之，粲然无可疑者。"王夫之阐述这

328

一含义的几的概念，用的是东晋之时刘裕故事，其要者是"裕告无忌曰：'玄若守臣节，则与卿事之。'非伪说也，乱有可已之几，不可逆也。又曰：'不然，当与卿图之。'则玄已在裕目中矣。所谓世间之英杰能见几者，如此而已矣，岂有不可测之神智乎？"文中的无忌是何无忌，玄是桓玄。

《读通鉴论》系"读史有感，随事触发，初无意于为文"，更无意成一系统而自成体系，乃在于他的史观的统领，能够提纲挈领。

二、历史的主要功能

在国人的概念里，历史往往具有两重含义，既是指历史的过往本身，也是指史家笔下的历史和史书，历史与历史学几乎是想同的概念。在王夫之那里史也具有这样两重含义。

历史学是什么？王夫之着重从其功能来界定："史者，垂于来今以作则者也。"（卷二十，太宗二二，P.628）

同时代的顾炎武有大致相同的观点："夫史书之作，鉴往所以训今。"没有任何证据说明这两位思想大师有过思想与生命旅程的交集，但他们各自得出的认识表明了明末清初经世致用史学思潮已成为时代共潮。这既有王、顾等人对前人经世致用思想的继承，也是他们将中国古代经世致用思想推到一个前所未有的高度。

在王夫之看来，史学的目的其实也在这里。

王夫之联系其所阅读的《资治通鉴》，阐述了史学的主要功能："旨深哉！司马氏之名是编也。曰'资治'者，非知治知乱而已也，所以为力行求治之资也。""夫治之所资，法之所著也。……故治之所资，惟在一心，而史特其鉴也。"（叙论四，PP.976-977）

显然，王夫之认为"资治"是史学的重要甚至是第一个功能，而这种"资治"功能正是历史学本身所具有的"史特其鉴"派生衍生出来的。没有这种功能，"为史者，记载徒繁，而经世之大略不著，后人欲得其得失之枢机以效法之无繇也，则恶用史为？"（卷六，光武一〇，P.142）

从历史（史书）中汲取历史的教训则成了著史的重要功能，是"资治"的一个方面。

王夫之通过唐代一段史实直接表达了这样的观点："且重兵之在边也，兵之强弱，朝廷不得而知也……乃其亡也，亦以边强腹弱……后之谋保天下者，可弗鉴诸？"（卷二十二，玄宗一七，P.686）

三、史不可尽信

王夫之据孟子"尽信书则不如无书"之说与孔子删书的事例说:"《尚书》删自仲尼,且不可尽信,况后世之史哉?"王夫之是有感而发,他所针对的史例是南齐郁林王,"郁林王昭业之不足为君,固已。然曰:'世祖积钱及金帛不可胜计,未期岁而用尽',则诬矣。"王夫之提出质疑:"夷考期岁之中,未尝有倾宫璇室裂绘凿莲之事也,徒以掷涂赌跳之戏,遂荡无穷之帑乎?"王夫之又做了一个对比,"隋炀之侈极矣,用之十三年而未竭,郁林居位几何时,而遽空其国邪?"(卷十六,郁林王一,P.482)王夫之认为是当时政治斗争对于郁林王的抹黑。

王夫之对类似的史书记载失真失实,常以"史有溢词""溢恶之词"来揭露批评。

史有溢词,此乃王夫之的一句话:"史有溢词,流俗羡焉,君子之所不取。"其所举出的史例是:"纪明帝之世,百姓殷富,曰'粟斛三十钱'。"如果是真的话,就有两个

331

结果："谋国者失其道，而民且有馁死之忧矣。"（卷七，明帝七，P.170）为何这样说，"粟斛三十钱"就是粟贱，农人一年所得不过五十斛，折钱千五百之利，扣除税赋等之后不够生活之用，民"固不足以自活"。粟贱伤农，然是谋国者失道。所谓溢词，就是溢美失真之词。

还有一则与此相类似但为时更早的史例："史称宣帝元康之世，比年丰稔，谷石五钱，而记以为瑞，盖史氏之溢辞，抑或偶一郡县粟滞不行，守令不节宣而使尔也。"（卷四，宣帝一一，P.89）这段内容是汉宣帝史事，接下去的文字是分析："谷石五钱"是不可能的，作为他所说"史氏之溢辞"的论据。王夫之是评史论史，不可能从史籍中去直接寻找"史为溢辞"的直接证据史料，但其推论是成立的，对"史为溢辞"的批评也令人信服。

曾有盗贼劫持桥玄之子要求赎金，而桥玄拒绝，认为"劫质以胁人，法之所不可容也"，并上书凡有劫持人质者连盗匪与人质一起杀以绝后患。王夫之写道："史氏之言曰：'玄上言凡有劫质者皆并杀之，不得赎以财货，由是劫质遂绝。'史之诬也。"这里王夫之指出"谓劫质永绝者，非果有之，为诬而已矣"。这个诬字当为失真之意。因此王夫之认为史家如此之言，实际是"乐道之以为溢美之言，以覆玄绝恩之咎也。"（卷八，灵帝八，P.231）史家"溢美之言"掩盖了桥玄不顾天伦、绝情寡恩的过错。

与"溢美之词"意思相同的还有一个"厚"字。"故为

汉而存先主者，史氏之厚也。"（卷十，三国三，P.273）
为什么是厚？在于"若先主，则固不可以当此也"。不可以
当此又是因为刘备没有为承汉统出过力，只不过"乘时以自
王而已"。

与"溢美之辞"相对的，王夫之用"溢恶之辞"来揭示
古史学的另一种现象。

"更始不足以有为，史极言之，抑有溢恶之辞。"（卷六，
后汉更始五，P.132）王夫之分析了之所以出现"溢恶之辞"
的原因："欲矜光武之盛而掩其自立之非，故不穷更始之恶，
则疑光武之有惭德也。"

良史是中国古代史学的优良传统。王夫之使用了"非良
史之辞"的概念："故奖妇贤者，非良史之辞也。"（卷七，
安帝三，P.193）这句话的具体内容我们在别处有分析，此
姑不论，而"非良史之辞"的意思应当指历史记载与评述的
失真失实以及溢美溢恶等。

为何会出现史书不可尽信，除了王夫之谈到的历史发生
的当时的捏造与诬词之外，其实还有许多原因，比如史学主
观好恶、是非认同、历史本身的错综复杂以及外部压力与影
响等，对这些王夫之都有所涉及。

在谈及历史上的名义问题时，王夫之批评说："论史者
之乱义久矣。"（卷二，汉高帝三，P.13）历史记载者把许
多事情的本义是什么都搞乱了。本义都搞乱了，历史还有什
么是真实可信的呢？

"史臣于百世之后，因无所据以正越弑逆之罪，何也？天下胥幸惠帝之死也。"（卷十二，惠帝一二，P.333）晋惠帝大约是史上最愚蠢的君主，当时天下人都庆幸其死，哪里还管他是怎么死的呢？而实则司马越弑君，史臣没有证据便没办法写出司马越弑君之罪。这是史家受到社会影响之一例。

　　《三国志》成于晋代，固司马氏之书也。后人因之掩抑孤忠，而以恃禄容身。"望风依附之逆党为良图。公论没，人心蛊矣。"（卷十，三国二五，P.293）《三国志》被认为是"前四史"，向被认为是历史著作中较为优秀的一部，王夫之也提出批评。唐宪宗之死，"见弑已明，而史氏以疑传之，莫能申画一之法"。"穆宗以适长嗣统，逆出秘密，故大臣不敢言，史臣不敢述，而苟且涂饰。"（卷二十五，宪宗一八，PP.792-793）唐宪宗是被害死的，史家只能以疑侍疑，说法不一。这事与新继位的穆宗有关联，这样的秘密上下都不敢言，直到几十年后隔了几茬的宣帝继位，"追宪宗之仇"才真相大白。"史家不敢言"，既有外部的压力，又有内因，是史家没有求实做良史的胆量。

　　王夫之对前代之史批评较多，但也并非刻意或故意求异。

　　"史称晋、宋以来，宰相皆以文义自逸，岂其然哉？王导、谢安勿论已，王华、王昙首、谢弘微，夫岂无文义者？而政理清严，一时称治。虔矫苛细之小人，又何足以乘墉而

攻之？"（卷十七，梁武帝二三，P.514）

王夫之对前代史家的指斥亦有不妥之处。

"拓跋氏以伪饰之诗书礼乐诱天下之士，而翕然从之。且不徒当世之士所为欺也，千载而下，论史者犹称道之而弗绝。"（卷十七，梁武帝一七，P.507）王夫之这一段评论至少是可以商榷的，甚或是缺乏历史眼光的。王夫之将北魏事系于南朝，对北朝少数民族政权是持非议的。王夫之所言"拓跋氏以伪饰之诗书礼乐诱天下之士"，实际是北魏统治者推行汉化，与汉族文化逐渐融合。从历史发展来看是进步的，王夫之斥之以"伪饰"一词，显然有问题。因之他对"史家"的批评也就失据，未必客观公允。

四、秉笔直书的考察

秉笔直书是中国史学最重要的学术传统，唐代史学家刘知几在其史学理论名著《史道》中专辟"直书"一节，主张史学"直书其秉"。王夫之很重视这种传统，对之进行了独到的分析论述。

王夫之对崔浩著史被杀大有感慨。大约崔浩是因著史而被杀的典型。"浩以不周身之智，为索虏用，乃欲伸直笔于狼子野心之廷，以速其死，其愚固矣。然浩死而后世之史益蒇，则浩存直笔于天壤，亦未可没也。直道之行于斯民者，五帝、三王之法也，圣人之教也，礼乐刑政之兴废，荒隅盗贼之缘起，皆于史乎征之，即有不典，而固可征也。"王夫之在这段文字称颂崔浩著史为"直笔"，也就是秉直实录。这是史家应有的实事求是精神。王夫之进而又说："若浩者，仕于魏而为魏史，然能存拓跋氏之所繇来，详著其不可为君师之实，与其乘间以入中国之祸始，俾后之王者鉴而知惧，以制之于早，后世之士，民知愧而不屑戴之为君，则浩之为功于人极者亦伟矣。浩虽杀，魏收继之，李延寿继之，撰述虽蒇，而诘汾、力微之蒇迹犹有传者，皆浩之追叙仅存者也。"（卷十五，文帝一九，P.448）在这段文字里，王夫之点出崔浩为何被杀，乃是因为其直笔揭了北魏统治阶层和贵族阶层的"老底"，崔浩作为汉人服务于鲜卑族北魏政权，曾得到隆遇和重用，但他著史并不图报而是直书，王夫之直探其内心，为非汉民族存史，就是要让汉民族深刻认识"其乘间以入中国之祸始，俾后之王者鉴而知惧，以制之于早，后世之士民知愧而不屑戴之为君"。王夫之称道这是崔浩著史的伟绩，崔浩被杀，其继起者多少能够传其遗绪，这也是让人欣慰的。崔浩是北魏最有名的政治家与学者，崔浩著史被杀是有名的"国史案"，崔浩被杀的原因可能是多方面的，王夫之就其著史的"直笔"发论，在于提倡著史的实事求是精神。

王夫之对秉笔直书还有另一重分析。

其一，直书必须全面，而不能片面，以此掩彼。王夫之以孙盛作《晋阳秋》为例，"桓温伐燕，大败于枋头"，孙盛"《阳秋》直书其败"，这也是事实，孙盛作为秘书监也是直书。但是王夫之对孙盛的这种直书又提出了严厉的批评，因为孙盛对另一种更为重要的"实"却有所"隐"。在事前，申胤就说过"晋之廷臣，必将乖阻，以败其事"，孙盛不记这种实，"史不著乖阻之实"，当时整个朝廷对桓温之败"晋臣所深喜而道之者也"。而王夫之从"夷夏大防"的民族大义出发对桓温北伐是给予皆定的，对晋朝不顾民族大义持批评立场："舍夷夏之大防，置君父之大怨，徒为疑忌以沮丧成功，庸主具臣之为天下僇，晋、宋如合一辙，亦古今之通憾已。"他甚至联系后来赵宋的屈辱一并给予谴责。因此他对孙盛撰史就不是仅从秉笔直书的顾此失彼来批评，而是更为严厉的史德的谴责："若孙盛之流，循流俗而矜直笔，幸灾乐祸，亦恶足道哉！"（卷十四，帝奕二，P.386）

其二，不能以直书相标榜，或掩盖真相，或另有意图。唐太宗曾不恰当地调阅史臣所做当朝实录，对其中涉及自己弑兄上位，命直书其事，不必忌讳。王夫之对这段史事做出自己的评论。"史臣修高祖实录，语多微隐，若有怵惕不宁之情焉。""而太宗命直书其事，无畏于天无惮于人而不掩，乃以自信其大恶之可以昭示万世而无惭，顾且曰'周公诛管、蔡以安周,季友鸠叔牙以存鲁'"。王夫之对唐太宗所谓"直书"提出批评:"谁欺乎?"这是欺骗谁呢?王夫之强烈不满唐太宗有违"天伦之不可戕也",一直认为唐太宗在弑兄夺位上是有"惭德"的,在王夫之眼里"太宗之不仁蔑以加矣",不以为耻,反以为荣,还拉来古人作为借口。如果这样的不仁还要毫无愧疚地昭示天下以为垂范,这不是直书而是公然以欺天下。所以王夫之说唐太宗:"至于自敕直书,而太宗不可复列于人类矣。"(卷二十,太宗二二,P.628)

五、司马迁与班固之书

《史记》与《汉书》是"前四史"中的两大标范,向为史家称道。

《资治通鉴》序对司马迁评价极高,"惟其是非不谬于圣人,褒贬出于至当,则良史之才。"但王夫之基本上属于贬司马崇班一路,历史上早就有如此分野。

王夫之批评司马迁的地方很多。

"司马迁之史谤史也,无所不谤也。"(卷三,武帝

338

一七，P.66）王夫之这段文字是针对汉武帝征边耗费过大而言的，"故善于因天而转祸为福，国虽虚，民以生，边害以纾，可不谓术之两利而无伤者乎！史讥其费以亿计，不可胜数，然则疾视民之死亡而坐拥府库者为贤哉？"或许针对具体问题指斥其不当犹可，但"无所不谤"的断语就言之过重，未必妥当。

王夫之又谓"司马迁挟私以成史，班固讥其不忠，亦允矣"。这是批评司马迁著史动机不纯，从总体上给予否定。虽然此语是针对司马迁有关李陵问题而言，这是一个历史案件，就学术而言可以见仁见智，但王夫之下断语峻严，"迁之书，为背公死党之言，而恶足信哉？"是就具体问题而加大延伸。

"太史公言：'匈奴畏李广之略，士卒亦多乐从广而苦程不识。'司马温公则曰：'效不识，虽无功犹不败；效李广，鲜不覆亡。'二者皆一偏之论也。"（卷三，武帝五，P.57）连带司马光也一道给批了。在阐述了自己的不同看法后，王夫之又是一笔："太史公之右广而左不识，为汉之出塞击匈奴言也。温公之论，其犹坐堂皇、持文墨以遥制阃外之见与！"

王夫之对司马迁的批评，其具体的批评意见暂不深论，他所提出的写史必须公正，不能"挟私"的主张则无疑是正确而有卓见的，也是王夫之的史识。作为史论或论史，史识是特别需要注意的，我们应当从这里来汲取思想智慧。

王夫之扬班："班固叙汉初之富庶详矣。……班固推本

所由，富庶原于节俭。……知言也夫！"（卷三，景帝七，PP.50-51）

王夫之对班固也有批评，认为班固在对其弟班超通西域的叙述上有个人目的。王夫之对班超通西域评价不高甚至很低，认为是"戏焉耳矣"，"有识者笑之久矣。"而班固一方面对光武帝刘秀"闭玉门，绝西域""赞其盛德"，另一方面"其往来报超于西域之书，述窦宪殷勤之意，而羡其远略"，王夫之说从这一点看班固与班超"非意异而不相谋也"。因此班固"其立言也如彼，其兄弟相奖、谄上徼幸以取功名也如此，弄文墨趋危险者之无定情，亦至此乎！"王夫之批评说"班氏之倾危，自叔皮而已然，流及妇人而辩有余，其才也，不如其无才也"。（卷七，明帝九，P.172）王夫之对班固对于自己兄弟的私心，极不为然，甚至指为有才还不如无才。对具体的历史事件的评论姑且不论，王夫之所说的史才不能用歪，著史不能有私心，不能"挟私"则是可取的。

"光武处之也，不十年而天下晏然，此必有大用存焉。史不详其所以安辑而镇抚之者何若，则班固、荀悦徒为藻悦之文、而无意于天下之大略也，后起者其何征焉？"（卷六，光武一〇，P.143）光武帝刘秀是王夫之最为称道的帝王，称道其在天下大乱之际迅速安定民心，故批评班固等的史书对此注意不够，甚至无意于叙述此等最重要的天下大略，他们都不能记载详尽，后世史家又何以叙说。

六、以诗证史开先河

　　中国古代有以诗反映历史、以诗存史的传统，以诗证史之说可以早溯至杜甫。唐人孟棨在其《本事诗》中言"杜逢禄山之难，流离陇蜀，毕陈于诗，推见至隐，殆无遗事，故当时号称'诗史'"。这是文学史上的说法。史学界以诗证史之说，当是近世史家陈寅恪的发明。陈氏说，中国诗虽短，却包括时间、人事、地理三点。中国诗既有此三特点，故与历史发生关系。把所有分散的诗集合在一起，对于时代人物之关系、地域之所在，按照一个观点去研究，连贯起来可以有以下的作用：说明一个时代之关系；纠正一件事之发生与经过；可以补充和纠正历史记载之不足。后世称道陈寅恪以诗证史、诗史互证之法的发明，而在数百年前，王夫之已经在使用以诗证史，故可以说《读通鉴论》在以诗证史方面也是开其先绪。

　　《读通鉴论》至少有四处引杜甫诗证史："至于唐，承五胡十六国之习，始驱农民以为兵。读杜甫《石壕吏》之诗，

为之陨涕。"（卷三，武帝二七，P.74）

"唐府兵之未尽革也，求兵于免租免庸之夫，且读杜甫无家、垂老、新婚三别之诗，千古犹为垂泪。"（卷二十，唐高祖九，P.598）

"读杜甫拟绝天骄、花门萧瑟之诗，其乱大防而虐生民，祸亦棘矣。"（卷二十三，肃宗五，P.700）此句文字是述唐肃宗史事："肃宗用朔方之众以讨贼收京，乃唯恐不胜，使仆固怀恩请援回纥，因胁西域城郭诸国，征兵入助，而原野为之蹂践。"

又"杜甫所为哀寡妇诛求之尽者，良有以也"。（卷二十三，代宗五，P.717）此句所言乃是肃代二帝之时的赋税乱象，前句是"今以一而应军兴之求索，故其后两税行而税外之苛征又起"。

杜诗向有诗史之誉，以杜诗来印证唐时社会状况，实是十分妥贴。王夫之虽然没有具体引用杜甫的诗句，但将文学史上杜诗"诗史"之说引入史学范畴，从总体上肯定了杜诗的诗史作用，实际上堪为近世"诗史互证"的滥觞。

王夫之还有句曰："民之可悲者，聂夷中之诗尽之矣。"（卷二十四，德宗三五，P.766）此一句乃是王夫之在论唐季乱世德宗朝税赋问题时所说，此句前有"悲哉！乱世之民；愚哉！乱世之君也"，后有"乱世之上下，胥以迫促为便，而国日蠹，民日死，夫谁念之？"《资治通鉴》后唐明宗天成四年记后唐主与宰相冯道对话中，冯道有言：农家岁凶则死于流殍，岁丰则伤于谷贱，丰凶皆病者，惟农家为然。臣记进士聂夷中诗云："二月卖新丝，五月粜新谷，医得眼下疮，剜却心头肉。"语虽鄙俚，曲尽田家之情状。王夫之所指聂诗是否系冯道所引诗尚待考论，但意思当相去不运。

用诗反映民生疾苦，是中国诗歌的优良传统，幸有王夫之这样的史论大家发掘了诗歌中的历史真实来论史，让古典诗歌的作用不仅仅局限于文学。

七、王夫之论史的几大特点

王夫之评论历史和其他史家的不同之处，在于他完全把自己摆进历史，与历史事件和人物同呼吸共命运，把历史的际遇与感受清晰地表达出来。读如下一段文字读者会感触很深："西汉之亡也，龚胜、薛方、郭钦、蒋诩、陈咸，皎然不辱，行迹相侔，而未可等也……咸谢病不应，辞亦孙矣，而悉收汉之律令书文壁藏之，岂徒以俟汉氏中兴之求哉？诚有不忍者矣。子之慕亲也，爱其手泽；臣之恋主也，闵其典章；典章者，即先王神爽之所在也，故以知咸有不忍之心也。

呜呼！胜以死自靖，咸以生存汉，恻怛之生心一也。微二子，吾孰与归？"（卷五，王莽三，P.128）这是一段有关西汉覆亡的文字，龚胜、陈咸等人以不同的方式来面对汉亡，中间省略的文字是王夫之对诸人"行迹相侔，而未可等也"的具体解说，我们省略不说，仅读后面的文字便可读出作者对西汉之亡的痛切，分明是明亡之祭，最末一句则完全代入了自己，没有一死一生的龚胜与陈咸这两个人，我去哪里找灵魂的归宿。在全书的其他札记里，虽然并没有太多如此以我的直接代入，但字里行间的爱憎情感是十分明显的，从本书所引录文字中均可感受得到。需要进一步指出的是，王夫之论史中的情感流露并不是偏私，而是对历史人物与事件的感同身受。

王夫之论史紧扣当下与时代，在明清鼎革之际以史喻今。王夫之重朝代兴亡的探讨，尤其是亡的教训。其实其写历朝之亡，就是论明亡，找寻历朝灭亡之因就是探明亡之因。如写唐亡之因，王夫之就能发人所未发："唐之亡不可救，五代之乱不可止，自康承训奏使朱邪赤心率沙陀三部落讨庞勋始。"（卷二十七，懿宗四，P.844）康承训是唐招讨使，朱邪赤心是沙陀府都督，在平定庞勋起义之后由唐朝赐姓名李国昌，为李克用之父。王夫之认为"承训召寇以入，为灭唐之戎首，罪其可逭乎？"王夫之此论显有指向，明末吴三桂引清兵入关，就是唐末的康承训。当然王夫之的探因，并非影射史学，而是从历史中抠出可以为后世求鉴的道理。西方一位史学家说："历史之光并不是投射在'客观的'事件上，而是投射在写历史的人身上，历史照亮的不是过去，而是现在。毫无疑问，这就是为何每一代人都觉得有必要重写他们的历史。"（沃尔什：《人心中的历史》，P.177）王夫之就是在依据当下重新解释过往的历史。

当代历史学者戴逸先生说过一句话："对现实知道得更多，对历史会理解得更深。"（《清史是我生命之安宅》，《文艺研究》2017 年第 8 期）王夫之深山论史评史，并非与世隔绝，而是紧紧扣住明末清初的时代背景来理解历史的，他和时代不脱节。这又与他的史学通识大有关联。王夫之主张通识。"通识者，通乎事之所繇始、弊之所由生、害之所繇去、利之所繇成，可以广恩，可以制宜，可以止奸，可以裕国，而咸无不允。"（卷二十二，玄宗七，P.674）王夫之这番话乃是针对治国问题而来："经国之远图，存乎通识。"但推广开来，通识对一切问题，"咸无不允"，于治史学亦很重要。王夫之或许并非纯粹的历史学家，却具有卓越的史识，远超前代史家。《读通鉴论》这是一部史论和政论著作，对于历史研究来说，这是一部锤炼史识的书，其对于史学的价值在此，应作如是观。

第十五章　睿智论

　　王夫之到晚年著《读通鉴论》时，已经是成熟的、有自己思想体系的思想家、哲学家，思想家和哲学家的光芒必然映照到他所关照的历史中来，他的史论也必然融入和充满着哲学的思想光辉，充满灼见与哲思，也使之有别于一般史学家。所以，《读通鉴论》不只是史论，也是哲学，是思辨，是睿智。

一、思想的穿透

王夫之看历史具有很强的思想穿透力，这种思想穿透其实高于史家所习称之史识，使评史、论史更充满洞见与灼见。虽然有时不免偏激片面，但仍掩盖不了思想的震撼与魅力。

1. 秦始皇"未坑儒"

在"秦之所以获罪于万世"的情况下，王夫之对秦始皇仍有充满灼见的评价。

"君天下者，道也，非势也。如以势而已矣，则东周之季，荆、吴、徐、越割土称王，遂将黜周以与之一等；而嬴政统一六宇，贤于五帝、三王也远矣。"（卷十五，宋武帝一，P.425）虽然这是从君天下之道而言，认为秦始皇得天下是以势，但毕竟肯定了秦始皇统一六域之功。何况王夫之论势还有这样的观点："势之所趋，岂非理而能然哉？"（卷一，秦始皇一，P.1）他还肯定了秦始皇推行郡县制是"势之所趋"。势在王夫之的史观中占有很重要的位置。

对秦始皇坑儒，王夫之也有自己的见解："博士以神仙欺嬴政而谤之"，"故坑于咸阳"，如此之祸"皆自取之也"。（卷十七，梁武帝一七，P.507）又曰："嬴政坑儒，未坑儒也，所坑者皆非儒也；朱温杀清流，沉之河，未杀清流也，所杀者非清流也。信为儒，则嬴政固不能坑之矣；信为清流，则朱温固不能杀之矣。"（卷二十七，昭宣帝一，P.882）秦始皇千古骂名，焚书坑儒是其著者。实际上，秦始皇焚书坑儒有其过但背的过太大，其焚书只是将民间的秦国以外的史书烧了，医药、种树之类的书不烧，皇家所藏书不烧，其焚书的规模远不及项羽一把火烧的多，其坑儒是认为犯禁者四百六十余人，远不及明清文字狱涉杀的读书人。王夫之从特有的角度为此一辨，对读书人本身当是一剂醒世之药。

2. 韩信为何不反

韩信数次被刘邦夺其兵权而无怨，"韩信下魏破代而汉王收其兵，与张耳破赵而汉王又夺其兵"，这里既有汉王"之所以不可及也"之处，即汉王具有"制之者气也，非徒气也，其措置予夺之审有以大服之也。结之者情也，非徒情也，无所偏任，无所听荧，可使信坦然见其心也"。又有韩信的自信，"信固知己之终为汉王倚任而不在军之去留也，故其视军之属汉也无以异于己也。"（卷二，汉高帝五，P.14）

韩信不从蒯彻之计。"信始不从蒯彻之言与汉为难者，项未亡也。"蒯彻又名蒯通，曾劝韩信"参分天下，鼎足而立"，即脱离刘邦自立，与项羽、刘邦三分天下。史上之人大都相信韩信对蒯彻所言"不忍背汉"。王夫之独具只眼，说韩信为何拒绝蒯彻的游说是"信知其不可而拒彻，计之深也"。深在哪里，深在韩信对时势的洞察："信反于齐，则张耳扼其西，彭越控其南，鼎足先折而徒为天下蟊贼。"王夫之认为韩信其实是有反心的，只是时势时机的问题："项王灭，汉王倦归于关中，信起而乘之，乃可以得志。彻之说，信岂须臾忘哉？"

3. 晁错的悲剧

"文帝且崩，戒景帝曰：'即有缓急，周亚夫可任将兵。'则文帝未尝须臾忘制吴也。故几杖之赐，欲以销其雄心而待其自敝，非玩也。中有所恃，则可静以待动，而不为祸先，无已，则固有以胜之矣。柔而不陷于弱，本立焉耳。晁错者，焉知此！迫而无以应，则请上自将而身居守，有亚夫之可恃而不知任也，身之不保，宜矣哉！故柔而玩、竞而不知自强之术，两者异出而同归于败。"（卷三，景帝二，P.48）这是完整的一则札记，事涉西汉文景两帝史事。王夫之看问题之深体现在两个方面，一方面看出文帝对吴王之乱是有防范的，采取的方法是"柔而不陷于弱，本立焉耳"，这是晁错不能领会的。在前面的另一则札记，王夫之对此亦有论及，是文帝"坐待七国之瓦解，而折箠以收之"，"文帝之所持，非谊与错所能测也。"（卷二，文帝二三，P.46）引文中的谊指贾谊，错指晁错；另一方面，又对照晁错在临事变而失措，提出的对策十分荒唐，让景帝亲率大军平乱而自己独自留守京城，所以王夫之说他"竞而不知自强之术，两者异出而同归于败！"文人看问题常会缺乏高度，不会处变，是王夫之此则文字中寓含的批评深意。

4. 袁绍不袭曹

曹操进攻刘备，袁绍的谋士田丰建言袁绍"乘间举兵以袭其后"，袁绍以幼子正生病不能出兵。世人多以袁绍年老智衰，禽犊爱重误大事。王夫之也把世人的指责写了出来："岂至以婴儿病失大计者？且身即不行，命大将统重兵以蹑之，亦讵不可？"但王夫之不这样看，他比世人看得更深刻，袁绍是另有算盘："而绍不尔者，绍之情非丰所知也。操东与先主相距而绍乘之，操军必惊骇溃归，而先主追蹑之，操且授首；先主诛操入许而拥帝，绍之逆不足以逼，而遽与先主争权；故今日弗进，亦犹昔者拥兵冀州，视王允之诛董卓而不为之援，其谋一也。"袁绍认为自己"乘间举兵"是帮了刘备的忙而给自己添了麻烦，莫若让其两败俱伤。王夫之认为其实刘备"亦固有此情矣"，如"遽发以先绍者，亦虑操为绍禽，而己拥天子之空质"，自我孤危。而这样的如意算盘是袁绍与刘备要"缄之于心"的。但是结果适得其反。袁绍与刘备"两相制，两相持，而曹操之计得矣"（卷九，献帝二一，PP.258-259）。

5. 鸿门宴异解

"李密以杀翟让故，诸将危疑，一败于邙山，而邴元贞、单雄信亟叛之；密欲守太行、阻大河以图进取，而诸将不从，及相帅以降唐，则欣然与俱，而密遂以亡。项羽杀宋义，更

350

始杀伯升，皆终于败，其辙一也。然则令项羽杀汉王于鸿门，犯天下之忌，愈不能以久延，而昧者犹称范增为奇计，鄙夫之陋，恶足以知成败之大纲哉？"（卷二十，唐高祖二，P.588）这是有关唐高祖史事的一则札记的起首一段。李密与李渊是唐末最重要的两股政治势力，本段文字写李密杀翟让致使失道寡助，最后失败，进而又以比较之法，以项羽杀义帝，更始杀伯升也导致失败为对照，说明政治不能乱杀人的道理，尽管这是暗藏的结论。而最有灼见的是有关鸿门宴的一句，世人最为熟悉此一史事且多以项羽不杀刘邦为愚，但王夫子别有卓见，项羽要真杀了刘邦则是犯天下大忌，天下更不能长久占有，称范增鸿门宴为奇计者也是鄙夫陋见，根本不懂得什么是天下成败之大纲。王夫之常道人所未道，且既道之总有石破天惊之慨，此为一例。

6. 唐太宗论治之言

"身正而天下正，不以言也。"（卷二十，太宗六，P.610）这句话具有普遍的意义，有言教不如身教之意，但更为广大崇高。原来是就唐太宗的言教而论的。王夫子在这一则札记中起首就写道："读太宗论治之言，我不敢知曰尧、舜之止此也，以视成汤、武王，其相去无几矣。"可谓评论极高，直追上古圣王。但王夫之却写道："乃其敎彝伦，亏至德，杂用贤奸，从欲规利，终无以自克，而成乎大疵。"直言唐太宗在身正方面有大疵，紧接一句是"读史者鉴之，可以知治，可以知德，可以知学矣"。从相连贯的这三句整体来看，王夫之是让读史者从言教与身正两方面结合起来借鉴。他在后面的文字里进一步写道："今太宗之言，非尧、舜、汤、武之言，而伊、莱、周、召之言也。任尧、舜、汤、武之任，而夺伊、莱、周、召之言以为己言，则下且何言之可进，而闻善之路穷。"这是说唐太宗做了本属于主要辅佐所做的事，说了本由他们所说的话，而放弃了自己的职责，有相当的副作用，即："闻善之路穷。"王夫之又分析为何会出现这样的状况，在于"盖太宗者，聪明溢于闻见，而气不守中，以动而见长者也。其外侈，其中枵，其气散，其神骜，其精竭，其心驰，迨乎彝伦之攸敦，至德之已亏，佞幸外荧，利欲内迫，而固无以自守；及其衰年而益以氾滥，所必然矣"。（卷二十，太宗六，P.611）王夫之对唐太宗的评价有褒有贬，褒是很高的褒，贬是很低的贬，这一段其实不算是很低的贬，但确是言之成理，不无灼见，且发人深省。

二、名实论

"名从实起"（《思问录·外篇》）是王夫之重要的朴素唯物主义观点，在《读通鉴论》里关于名实的问题也多所阐述。

1.释名

名，其含义是多重的，名分、名义、名声，都是名。名在王夫之是书中是使用较为广泛的一个概念。有的则是与名有关的复合词，如名誉、名节。以下引数则"王论"以观之：

"文帝避杀弟之名，置盎不谴而参用其说。"（卷二，文帝一〇，P.34）"安以文词得后世之名"（卷三，武帝一三，P.63）。这个名是名声。

"光武之诏任延曰：'善事上官，勿失名誉。'"（卷六，光武二七，P.154）这个名已经点明是名誉了。

"谦别将掩袭曹嵩而杀之，谦可谢过曰不知，然使执杀嵩者归之于操，使脔割而甘心焉，则操亦无名以逞。"（卷九，献帝九，P.249）此名乃是名义。曹嵩是曹操的养父，为徐州刺史陶谦部下杀。

"乃导之渱涩两端，不足以为晋之纯臣也，则有繇矣。盖导者，以庇其宗族为重，而累其名节者也。"（卷十三，东晋元帝七，P.355）

谢安"而乍秉大权，桓冲之党且加以专国自用之名而无以相折，则奉母后以示有所承，亦一时不获已之大计也"。（卷十四，孝武帝三，PP.390-391）

名本身应该是一个中性的东西。在不同的事物和场景语境之下被赋予了褒贬好坏。

名是重要的，王夫之引孔子一则事例说："故名者，延夫人未绝之秉彝于三代之下者也。夫子于卫辄父子之际，他务未遑，而必先正名，盖有不得已焉耳。"（卷九，献帝一一，P.251）

"名未易言也。"（卷九，献帝一一，P.251）

"故义者，人心之制，而曰名义；节者，天理之闲，而曰名节；教者，圣人率性以尽人之性，而曰名教；名之为用大矣哉！"（卷二十九，五代中一三，P.929）

名是必须要有的，有的名还不能泯灭。王夫子说唐亡之际有三人可称为士，这就是罗隐、梁震、冯涓，王夫之分别阐述了他们三人可称为士的所在，然后说："唐之亡，三士而已。公卿大夫恶足齿乎？司马子长有言：'伯夷虽贤，得孔子而名益著。'三子者，降志辱身，非可望伯夷之清尘者也，而能自标举于浊乱之世，不易得也。后世无称焉。宋人责人

无已而幽光掩，可胜叹哉！"（卷二十八，五代上三，P.892）
王夫之感叹宋人埋没了这三人的名声。

有些名是不能承受之重的。

"故郭嘉之说曹操，勿徒受害贤之名，而曹操笑曰：'君
得之矣。'"（卷九，献帝一五，P.254）

"梁武篡，而反念所学，名义无以自容，不获已，而闻
浮屠之法有'心亡罪灭'之旨，可以自覆，故托以自饰其恶，
愚矣。"（卷六，光武一五，P.146）梁武帝篡萧齐之位后，
这种篡位的名义与一向所学的儒家思想是相违的，不能承受
之重而找到佛教的解脱办法，王夫之说梁武帝"愚矣"。

"夫人无一可恃者也,己恃之,人亦以名归之,名之所归,
人之防之也深，御之也力，而能终有其所恃者，无有。以勇
名者，人以勇御之，而死于勇；以谋为者，人以谋御之，而
死于谋；二者俱自亡之道也，而谋为甚。"（卷二十八，五
代上一一，P.899）像这样的因名而死，当也是不能承受之
重的名。在王夫之有关名的论述里，名义问题和名实问题是
最重要的。

2. 名义释

孔子"名不正则言不顺"里面的名，在很大程度上便是
名义、名分的意思。

王夫之指出名义应该是不可分割的统一体："名因以
生实,而义不在外。""名不正,义不直。"（卷三,景帝一,P.47）

王夫之还有一段更重要的论述："名义者，邪正存亡之

355

大司也，无义不可以为名，无名不可以为义，忠臣效死以争之，奸雄依附而抑必挟之。"（卷十，三国三〇，P.298）这一段话揭示名义的重要性、统一性以及正反两方面的看重与利用。接下来王夫之的史例对这段话做出阐释："以曹操之不轨也，王芬欲立合肥侯以诛宦官，而操审其必败，勿从也；袁绍欲立刘虞以诛董卓，而操恶其徒乱，勿从也；名正而义因以立，岂特操之智远过于凌乎？天下未解体于弱主，而己先首祸，心之所不安，裁之所必逮也。刘虞贤矣，袁绍弗能惑也；合肥侯听曹操而安，楚王彪听王凌而死，非独自杀，且以启祸于宗室，胥入司马之阱中，亦烈矣哉！"（卷十，三国三〇，P.298）在另一则札记里，王夫之还有相关的述论："韩馥、袁绍奉刘虞为主，是项羽立怀王心、唐高祖立越王侑之术也；虞秉正而明于计，岂徇之哉？王芬欲立合肥侯而废灵帝，合肥侯愚而曹操拒之，合肥以免。刘虞之贤必不受，操知之矣。故但自伸西向之志，而不待为虞计。于是而知操之视绍，其优劣相去之远也。操非果忠于主者，而名义所在，昭然系天下之从违，固不敢犯也。未有犯天下之公义，而可以屈群雄动众庶者也。"（卷九，献帝三，P.244）后一段话更突出了名义是众目睽睽之物。

名义应该是一个整体，名因以重的实义在其中。而且义是内在的，名应该是外在的，"义者，心之制也，非天下之名也。"（卷二，汉高帝九，P.16）但王夫之思考得很深，往往有这样的情形："名义云者，因名以立义，为可繇不可知之民言也。"（卷二，汉高帝三，P.12）人不知义，必须先给出一个名"使之故而思"。由于是顾名思义，则可能带来认识和理解的各不相同，甚至产生歧义，或以名为义。

由于名（名义）具有这样的特性，王夫之一再指出名（名义）是可以利用的，正反两面都有可能利用它。正用或反用，大用或小用。"乱天下者，托于名以逞其志；故君子立诚以居正，而不竞以名，则托于名者之伪露以败，而君子伸。"（卷九，献帝一一，P.250）

正面利用的，王夫之举刘邦为例："项羽立义帝而弑之，并其名而去之矣；汉高为帝发丧，名而已矣，而天下戴之以诛羽之不义。使义帝而存，汉高之能终事之也，吾不敢信，然而以讨项羽则有余。"诚如王夫之另有所言，汉高帝并无"哀义帝之心"，也就是并无这个义，但刘邦用了这个名以达到诛除项羽这个义。

还有一个最有名的史例，就是曹操挟天子以令诸侯，这是一个正面的事例，还是一个反面的事例，史家见仁见智。王夫之写了这样一段话："袁绍不用沮授之策，听淳于琼而不迎天子于危困之中，授曰：'必有先之者。'而曹操果听荀彧迎帝以制诸侯。夫无君之心，操非殊于绍也，而名在操，故操可以制绍，而绍不能胜操；操之胜也，名而已矣。"

这两例是大利用的例子。小用和中用的史例亦不少。

"唐之举进士也，不以一日之诗赋，而以名望之吹嘘，虽改九品中正之制，犹其遗意焉。"（卷十，三国二，P.272）在王夫之看来，魏晋南北朝的九品中正制以及唐代举进士，可以算作是以名为基础的，算是中利用。唐代许多诗人进京时都要设法扩大自己的名声，以求引起注重。

"东汉之中叶，士以名节相尚，而交游品题，互相持以成乎党论，天下奔走如骛，而莫之能止。"（卷十，三国一六，P.283）实际上整个南北朝时期都是如此，名节成为风尚，相互借势借用。这里用的是名节一词，但竟以名节实际上乃转化为名义。

甚至于"彭绮，乱人也，借为魏讨吴以为名，而实贼也"。（卷十，三国九，P.278）各色人等都会借名义，看来名义是个香饽饽。这时候，名与义已经被人为地分离了、割裂了。

要正确地使用名义。孔子言："名不正则言不顺。"实际上也是一个名义的有无与使用问题。

王夫之举例，刘秀在与隗嚣的交往中对于名义的使用不当，导致失去一个联盟者。

"光武报隗嚣书，称字以与颉颃，用敌国礼，失御嚣之道矣，是以失嚣。"王夫之认为隗嚣"异于狂狡之徒，犹知名义者也"。隗嚣知道什么名义呢？王夫之分析说，隗嚣"始起西州，歃血告于汉祖之神灵，知汉之未绝于天，愿为中兴之元功耳。更始疑欲杀之，亦奔归秦、陇，而耻与张卬、谢禄同逆。达其情，奖之以义，正名之为君臣，而成其初志，嚣将以为得知己而愿委身焉。名义者，嚣所素奉之名也，待

358

以敌国，而置之名义之外以相笼络，嚣且谓更始之始尊我而终忌我，今犹是也，奚以委身而相信哉？”（卷六，光武一一，PP.143-144）

　　王夫之还指出唐取江山本来是名正义顺，由于不恰当地使用名义而使自己居于篡的位置。“惜乎唐之不正名为诛弑父虐民之独夫，而托之乎禅，以自居乎篡也。”（卷十八，陈高祖一，P.500）此句之前，王夫之比较了几个朝代得天下的方式：“自曹魏以迄于宋，皆名为禅而篡者也。盖尝论之，本以征诛取天下，狃于习而假迹于篡者，唐高祖也，其名逆，其情未诈，君子恶其名而已。以雄桀之才起而图功，其图功也，以觊得天下为心，功既立而遂攘之，曹魏、刘宋也，而刘宋之功伟于曹魏矣。受推诚托孤之命，遂启逆心，非不立功，而功不在天下，以威福动人而因窃者，司马氏也。无固获之心，天下乱而无纪，一旦起而攘之者，宋太祖也。无功于天下，天下已乱，见为可夺而夺之者，梁武帝也。既无功矣，蓄奸谋以从人于弑逆，因而夺之者，萧齐也。本贼也，而名为禅者，朱梁也。

　　“若夫陈氏之篡梁，功劣于曹、刘，而抑有功焉。天下之乱已极，可攘而攘之，亦无固获之心，如是，则不足以颉颃于刘宋，而优于赵宋，有讨平侯景之义；愈于曹、马者，无素蓄之奸；贤于梁武者，无犯顺之兵也。是故其为君也虽微，而其罪亦轻矣。却渊明而复辟于敬帝，非果念武帝之子孙而固立之，然当其时，江左之不能自立甚矣，萧詧称藩于宇文，

359

以杀叔父而保一隅，以号为君，渊明称藩于高氏，以蔑君之遗孙，而拥虚号以为君，皆非君也。宇文，高氏守藩之臣也，使渊明得立，则举江东以属服于高洋，尤惨也。陈高非忠于萧氏，而保中国之遗民，延数十年以待隋之一统，则功亦伟矣哉！

"夫陈高始起岭表之日，逮乎入讨侯景之初，固知其未有妄干天位之志也，萧氏子孙自相戕贼，天下莫适为主，而后思攘之，其罪既轻，虽无赫赫之功，而功亦不可泯，视隋之居中狐媚以夺宇文氏者远矣。若夫君子之有恕于隋者，则以中国代夷狄，得之不以其道，而终不可名为篡也。此陈、隋之后，天下所以定也。"（卷十八，陈高祖一，PP.532-533）所引文字有几处谈到名的使用与理解，或"名为禅而篡"，或"终不名为篡"，都是世人的看法，而"惜乎唐之不正名"而"托之乎禅"则是王夫之本人的观点。在王夫之看来，唐"本以征诛取天下，狃于习而假迹于篡"，没有正大光明地树起"诛弑父虐民之独夫"杨广即隋炀帝的大旗，反而把自己摆到了"自居于篡"的位置。王夫之在另一则札记里也写道，唐高父子"奉词伐罪，诛独夫以正大位，天下孰得而议其不臣？""不能揭日月而行吊伐"是受了曹魏以来天下"以接受为得"风气的影响，"故以唐高父子伐暴君、平寇乱之本怀，而不能舍此以拔起"。（卷十九，炀帝八，P.581）

3. 名实辨

名实其实是一个哲学问题，王夫之以哲学家的眼光来观察社会历史现象，目光自然更深邃。

在是书比较靠前的部分，王夫之就提出了名与实的问题。"名以生实，而义不在外。"（卷二，景帝一，P.47）

"名与利，相违者也；实与名，未相违而始相合也。"（卷九，献帝一一，P.251）后一句的意思是，名与实在某种意义上应该是相合的，但后来被分离了。

"治天下之纲纪，非徒以其名也。其实在，其名虽易，纲纪存焉。其实亡，其名存，独争其名，奚益哉！"（卷七，安帝一六，P.203）王夫之把名实的概念引入国家治理的行政范畴，名与名称无关宏旨，实才是关键。他还具体考察了历史上宰相的名实与职权的分合，如"西汉置丞相而无实，权移于大将军"。其实不仅西汉宰相有名实的问题，唐代也存在宰相的名实问题，"唐世宰相，名尤不正。"（《新唐书·百官志》）唐行集体宰相制，名义很多，甚至唐德宗还与李泌有"真宰相"之议。王夫之主张"为公辅争名不如争实；其争实也，争权不如争道。"（卷七，安帝一六，P.204）名与实相比较，实的意义通常要高于名的价值。

"胡氏曰：'与其名存而实亡，愈于名实之俱亡。'此三代以下之天下，名为之维持也大矣。"（卷九，献帝一一，P.251）这实际上是指出名的象征意义有时高出于实际意义。比如献帝的存在，某种意义上是名存实不在，但献帝存在表明汉在，这时名的象征意义高于其实。

"法先王者以道，法其法，有拂道者矣；法其名，并非其法矣。道者因天，法者因人，名者因物。道者生于心，法者生于事，名者生于言。言者，南北殊地，古今殊时，质文殊尚；各以其言言道、言法；道法苟同，言虽殊，其归一也。法先王而法其名，唯王莽、宇文泰为然。莽之愚，刘歆导之；泰之伪，苏绰导之。自以为周官，而周官矣，则将使天下后世讥周官之无当于道，而谓先王不足法者，非无辞也，名固道法之所不存者也。泰自以为周公，逆者丧心肆志之恒也；绰以泰为周公，谄者丧心失志之恒也。李弼、赵贵、独孤信、于谨、侯莫、陈崇，何人斯而与天地四时同其化理，悲夫！先王之道，陵夷亦至此哉！高洋之篡也，梁、陈之偷也，宇文氏乃得冠猴舞马于关中，而饰其膻秽以欺世。非然，则王莽之首，刳于渐台，泰其免乎？以道法先王而略其法，未足以治；以法法先王而无其道，适足以乱；以名法先王而并失其法，必足以亡。"（卷十七，敬帝二，PP.529-530）要透过名来看实。

"安之愚至于如此，固高煦、宸濠之所不屑为，而安以文词得后世之名。由此言之，文不足以辨人之智愚若此乎！"（卷三，武帝一三，P.63）这里，安指淮南王刘安，愚指其"叛谋不成，兵不得举，自刭于宫庭，其愚可哂，其狂不可瘳矣"。其名则是后世有文名，在王夫之这里文名是名，愚是实。

王夫之注意到历史上的名实不副，重名而轻实："名之不胜实、文之不胜质也，久矣。"（卷十，三国一六，P.283）魏晋乃至东汉中叶以来，玄风特炽，就是重名节而虚谈，"乃遂以终魏之世，迄于晋而不为衰止"，虽然有曹操等"综核名实也，适以壅已决之水于须臾，而助其流溢而已耳"，"抑之而愈以流也"，"且蔓引以迄于陈、隋而不息，非崇质尚实者之激而岂至此哉？"

所以王夫之一再说："不以虚名为荣而荣有实。"（卷二十三，肃宗二，P.696）"勿徒矜虚名而损实事也。"（卷二十五，宪宗一五，P.789）

王夫之还对以"务实"为借口不顾名义名节的思想行为做了辩证批驳。"李从珂之入篡也，冯道遽命速具劝进文书，卢导欲俟太后命，而道曰：'事当务实。'"李从珂乃后唐末帝，道指冯道，曾事历朝多君。王夫之颇为鄙视冯道为人为官之道，在这里也指斥说："此一语也，道终身覆载不容之恶尽之矣。"王夫之随后论述了冯道乃是借实之名行不义之实。说冯道的实是"禽心兽行之所据也"，其所谓实乃"理之不容"。王夫之进而阐述了实应与名匹配、实名相符一致的思想。"宰我以心安而食稻衣锦，则允为不仁"，求实在得实惠必须注重名义、名节，这也是一种名实不脱节。这时"名之为用大矣哉！""但务实而不知有名者，犬豕之食秽以得饱也，麋鹿之聚麚以得子也"。这样的"务实"与禽兽无异。（卷二十九，五代中一三，P.930）

4.好名乎

好名是人的本性，或者说也是一种劣根性，为名生为名死，汉代就有这样的说法："荣名以为宝。"这也是人们要谈论名的意义所在。中国古代最有名的一部家训《颜氏家训》就专有一篇是"名实"，说的是名实要相符的道理：德性最好的人是忘名，其次是立名，最下是窃名。窃名自然是好名所致。

王夫之注意到了人的好名，如指汉将李广"好名市惠"。（卷三，武帝一八，PP.66-67）东汉马皇后"好名而巧于言者也"。（卷七，章帝三，P.174）王夫之还有一则札记专门谈到好名的问题。他指出一个事实："抑闻之曰：'三代以下，唯恐不好名'。""于名而不好，则好必有所移。宠，其好矣；利禄，其好矣；全身保妻子，其好矣。"所以王夫之认为好名并不是一件很坏的事情。

尽管其开宗明义指出："名者，实之所自薄也，故好名为士之大戒。"但王夫之说，这个好名问题不是要以常人的角度来论，而是要从资治的角度来考察。于是他重点谈了人君与臣属之好名的关系。他首先指出这是关乎人治的大问题："故名者，亦人治之大者也。因义而立，谓之名义；有节而不可逾，谓之名节；君之求于士者，节义而已。"这意思是，人君取义取节，而要将名给予士，不吝与。王夫之又进一步论述了这一层意思。

怎么样才会有名："夫所言非道，不足以为名；君未有过，不足以为名；时未有危，不足以为名。取善言而效之，乘君瑕而攻之，知时危而先言之；既而其言验矣，天下相与传诵之，然后忠直先识之名归焉。"

人君如何看待人臣之名："夫士苟非自好有素，忧国之有诚，但以名之所在，不恤恶怒，不避罪罟，而力争于廷，诚为臣之末节，而君子之所耻为。然其益于人主也，则亦大矣。忠信诚悫，端静和平，格心非而略人政，以远名而崇实者，闲世而一遇。如有其人，固宅揆亮工、托孤寄命之选也。谏省部寺以降，有官守言职者，岂必尽得此而庸之乎？则汲汲焉求好名之士，唯恐不得；而加之罪名曰'沽直好名'，安得此亡国之语哉！"

王夫之对人君如何对待臣下好名有一段史论结合的总结性话语："德宗恶姜公辅之谏，谓其指朕过以求名。诚指过以求名，何惜不予之名，而因自惩其过乎？陆敬舆曰：'掩己过而过弥著，损彼名而名益彰。'所以平复谏者之浮气也，实不尽然也。予士以名，则上收其实也。"（卷二十四，德宗一八，P.749）

所以王夫之认为，人君应当以把握与利用好人臣的好名，"为人君取士，劝奖天下于君子之途。"

最糟糕的是小人与君子争名。"夫小人之毒不可扑者，莫甚于与君子争名；君子之自贻以戚者，莫甚于与小人竞气"。

"夫名者，君子之实也，气者，小人之恃以凌物者也。君子惜名已甚，而气乘之，小人于是耻荣名之去己，而亦饰说以干誉；然后公忠正直之号，皆小人之所弋获，一旦得志以逞，则尽取君子题以奸党而诛殛之，空其禄位，招致私人，而朝廷倏易其故。及其败露，直道乍伸，义激气矜者，抑用其术以铲绝败类。"王夫子说小人与君子争名，君子与小人斗气的局面是很要命的："甚矣使气而矜名者之害烈也。"（卷二十一，中宗一七，P.661）

王夫之一生治学崇实，志在"欲尽废古今虚妙之说而返之实"。（王敔《姜斋公行述》）这也是他在《读通鉴论》一书里重视名实问题的内在理路。

三、哲与思

王夫之的这部史论著作有许多哲学思想贯注其中，更有许多充满思想智慧的哲学佳句，且多方法论意味，构成这部史论著作的特色，也是其最具有当代启示意义的所在。这里从中择寻若干加以解说。

1.时与势

"时之所兴，势之所凑，人为之效其羽翼，天为之长其聪明。"（卷六，光武八，P.140）"势因乎时，理因乎势，智者知此，非可一概以言成败也。"（卷十二，愍帝一，P.344）

这两句话，前者是王夫之论述东汉光武帝刘秀得天下较汉高帝为难的史事而发的议论，意思是把握好时势之人会得到天之助变得聪明起来；后者是王夫之论述东晋愍帝西入长安造成必亡之势时的有感而发，意思是时与势以及理都会随各种因素的变化而变化，应变才会成功。这两句话的重点在于时和势。通常说时势造英雄，之所以能造英雄，在于英雄明时势，更善于把握时势。

时与势并称，则表明它们是有统一性的，按王夫之的意思它们还不是一成不变的。对于这个问题，可以依据《读通鉴论》的意旨好好议论一下。

时有时务、时机、时节、时令等义，在王夫之的概念里，基本义当是历史发展的特定时间或时段。唐太宗即位后曾说："朕虽以武功定天下，终当以文德绥海内。文武之道，各随其时。"这里的"各随其时"就是识时务。在其即位之初还曾说："凡事皆须务本。国以人为本，人以衣食为本，凡营衣食，以不失时为本。"这里的时，是时节、时令、时机的意思。

时是客观的存在，"人者，以时生者也。"（卷十四，孝武帝四，P.365）"时者，圣人之所不能违也。"（卷二十，唐高祖一，P.586）。由于这种客观，人只能与时俱进，更不能以法古之名而泥古倒退。如王夫之言："度德、量力、相时者，道也。"（卷十二，愍帝三，P.346）王夫之进而说："知时者，可与谋国矣。"（卷二十五，唐宪宗二，P.772）

"一代之治，各因其时。"（卷二十一，高宗八，P.640）

关于势，最有名的一句话大约要数《三国演义》开头的一句话："天下大势，分久必合，合久必分。"王夫之的史观与此句颇为相合："天下大势，一离一合。""势"是王夫之进化史观的核心概念。势是历史发展的必然趋势。《读通鉴论》提到的涉及天下大势最有名的分析先后有三。一是诸葛亮的"隆中对"，本书有关篇章有论，此不再赘述；二是西汉韩信拜将后与刘邦的"关中对"。"关中对"的格局比"隆中对"大多了，"隆中对"是"天下之分"，"关中对"是夺天下，"明修栈道，暗度陈仓"便是此对的核心内容，构成了刘邦夺天下的基本战略规划；三是东汉邓禹与刘秀也有一番"榻下对"。刘秀要夺天下，邓禹和他讲了一番"图天下策"，核心内容是先夺河北再夺天下。这样一些大对策的共同点就是在对天下大势的精准分析的基础上提出战略解决方案。

势是客观的必然。但如同"时势造英雄"，英雄也可以造时势，这是人的能动作为。所谓造势是也，造势就是营造环境，创造条件，创造声势。造势有好坏两种结果，好的结果不言而喻，这也是人们造势的追求。王莽篡位也是造势的结果，白居易曾有诗句"王莽谦恭未篡时"就是说王莽未上台之时曾将自己塑造成一个纯儒形象，在做大司马时又通过一系列收买人心的政治举措造势，甚至到了他不当皇帝都不行的程度。当然这样的造势最后是葬送了自己。

理解时与势的一个重要视角就是时与势的变易。时与势不是一成不变的，"时异而势异"，王夫之还有言："极重必返者，势也。"（卷四，元帝二，P.89）"时势异而一概之论不可执。"（卷二十四，德宗二一，P.752）他提出要做"善审势者。"（卷六，光武二五，P.153）

孟子有言："虽有智慧，不如乘势。"（《公孙丑》）王夫之说要"运以心，警以目，度以势，乘以时"，（卷二十四，德宗二〇，PP.751-752）明晓和把握时与势，慎于、善于审时度势，是智慧与气量，不仅是历史的，也是当下的，不只是英雄要如此，天下人都可以从时与势的运行变化中，找准自己的路。

2. 难易之事如何处理

"事难而易处之则败，事易而难图之亦败。易其难者，败而知其难，将改图而可有功；难其易者，非急悔而姑置焉，易者将成乎难，而祸不息矣。"（卷六，光武三五，P.161）这一段话极有方法论的意义，王夫之或是论从史出，或是以论统史，总之他将史与论结合得十分妥帖。他在这一则札记中首先亮出了这一观点，然后才是以史例加以解释。他举的史例是东汉光武帝时武陵蛮之叛，在王夫之看来这本是"一隅之乱，坐困而收之，不劳而徐定"。但是朝廷先后出动刘尚、马成、马援等大军剿之，结果都是失败，名将马援身殒。最后是一个叫宗均的邑长"折简而收之，群蛮帖服，振旅以还，何其易也。"（卷六，光武三五，P.161）这一史例，本来是容易处理的事，却用了复杂烦难的方法去处理，导致失败。这样的例子史上其实多多，王夫之在另一札记里就记有何进欲除宦官集团，"袁绍以豪杰自命，为进谋主，且忧危展转而无能为计；而遣鲍信募泰山之甲，丁原举孟津之火，甚且召董卓以犯宫阙。"而在曹操看来，这事其实很容易："诛其元恶，一狱吏足矣。"（卷八，灵帝一六，P.237）何进把事情搞复杂了，也搞砸了，才有董卓之乱。事情很难，却用简单的方法去处理亦会失败，王夫之没有用具体史例去论说，但从哲学意义上说此推论是成立的。这其实是事情的难易与解决问题的方法的难易之间的辩证法。

3. 刚柔文质

"故刚柔文质，道原并建，而大中即寓其闲。因其刚而柔存焉，因其文而质立焉，有道者之所尚也。"（卷七，章帝二，P.174）

王夫之是哲学家、思想家，总能以哲学观点来观察历史现象。此段文字原系论述汉代章帝史事而起，王夫之主张帝王继位也应"三年无改于父之道"。王夫之说所谓："道者，刚柔质文之谓也。刚柔质文，皆道之用也，相资以相成，而相胜以相节。"如"怀忿愆而递更张之，如攻仇雠，如救暴乱，大快于一时，求逞而不忌，其弊也，又相反而流以为天下蠹"。而撇开这一具体历史问题，观察所有历史现象乃至世间事，王夫之的这一思想都是通行的哲学洞见。世界是一个多元的矛盾统一体，刚柔文质是这个矛盾统一体的不同方面，把握好各个不同方面才能使世界平衡。

4. 智莫智于知耻

"夫有耻者，非以智也，而智莫智于知耻。知耻而后知有己；知有己而后知物之轻；知物之轻，而后知人之不可与居，而事之不可以不断。故利有所不专，位有所不受，功有所不分，祸有所不避。不知耻而避祸，是夜行见水而谓之石，不濡其足不止也。"（卷八，灵帝一五，P.236）这一段是王夫之对东汉末年董卓入京，袁隗"犹然尸位而为大臣，廉耻之心荡然矣"所发的议论。思想家、哲学家评说历史总是有思想的高度，充满洞见，这一段文字当用为官场通则，官员为官要有廉耻之心。无廉耻之心便是无智。儒家讲究立德、立功、立言三不朽，王夫之在这段文字后有"不朽有三，唯有耻者能之"，并说袁隗其人"其朽久矣"。

5. 不因人废言

"故听言者，不惟其人，惟其言而已矣。"（卷十一，晋一一，P.316）《论语》里就有言曰："君子不以言举人，不以人废言。"王夫之将孔子思想与对历史的考察结合起来，有感而发。"不惟其人"，其实有两方面意思，不管他是忠是佞，是奸是恶，都要凭其言语的价值来定夺。引发王夫之此语的是"傅咸之忠，荀勖之佞，判然别矣"，但他们就裁省官员所说的话，却是"荀勖之说为长"，荀勖说的话是"清心省事"，也就是省官不如省事。王夫之说荀勖这句话"庶几经国之弘猷，讵可以其人而废之"。而傅咸刚直疾恶，见闲官冗官或怠傲而废功，或舞文以牟利，很是愤然曰："焉用此为，而以费农夫之粟，空国家之帑哉。"王夫之认为"其言非不快于一时之心，而褊衷以宰天下，天下又恶能宰哉！"王夫之不因人废言，贯注于全书，在傅、荀一例之前有汉成帝时有名谷永者曾多次上谏言事，但汉成帝觉得谷永是王莽的人而未采纳，王夫之有一段说此事："永，王氏之私人也，其心，王氏之心也；若其言，则固成帝膏肓之药石，可以起汉于死而生之也。"王夫之对汉成帝不采纳谷永之谏言引用了古语"君子不以人废言"给予批评，并指出："读永书者，勿问其心可也。"（卷五，成帝七，P.111）傅、荀一例之后如唐代封德彝虽为佞人，但其好几次奏对却应肯定。

"太宗从封德彝之言，而曰天子养百姓，岂劳百姓以养己之宗族乎？以公天下者，即以安本支而劝进其贤能。德彝，佞人也，于此而几乎道矣。"（卷二十，太宗二，P.604）"言有不可以人废者，封德彝之策突厥是已。"（卷二十，唐高祖七，P.593）不因人废言的思想在今日犹有价值，但今人的理解又过于偏狭，反不如几百年前的王夫之全面深刻。

6. 君子之文乐以自见之戒

"君子之有文，以言道也，以言志也。道者，天之道；志者，己之志也。上以奉天而不违，下以尽己而不失，则其视文也莫有重焉；乐以之自见，则轻矣。乐以自见，而轻以酬人之求，则人不择而借之以为美。为人借而以美乎人，是翡翠珠玑以饰妇人也；倚门者得借，岂徒象服是宜之之子哉！"（卷十二，惠帝五，P.328）王夫之这段话是说文与人的命运，此则札记的首句是："士有词翰之美，而乐以之自见，遂以累其生平而丧之，陆机其左鉴已。"王夫之在上段文字之后又有一系列文人因人借文而罹祸的编排，包括李白《永王东巡之歌》等。文人有文才，敝帚自珍是谦语，高看自己也是常有的，但君子还是要像王夫之这段话所言注重两个方面，一是明白文以载道，文以言志，知晓天之道己之志；二是既要莫恃文才，也要爱惜羽毛。

7. 历史的动静

"老子曰：'静为躁君。'非至论也。"（卷十二，惠帝一〇，P.332）中国文化其实是主静的文化，不仅老子说："静为躁君。"儒家也是主静的，王阳明便主张"静坐收放心"，"处事中亦可宁静。"王夫之却说老子的这一说法非至论。此处的躁为动之意，作为思想家的王夫之将静之哲学概念引入到政治学、历史学的领域。政治和历史领域，"'静为躁君'非至论"又相当的深刻。王夫之在此则札记里其实有其贡献，分析了作为人类政治历史领域的静为何物及其作用："所谓静者，于天下妄动之日，端凝以观物变，潜与经纶，而属意于可发之几，彼躁动者，固不知我静中之动，而我自悠然有余地矣。天地亦广矣，物变有所始，必有所终矣。事之有可为者，无有禁我以弗为；所难者，身处于葛藟脆厖之中，而酒食相縻，赤绂相系，于是而戈矛相寻而不觉矣。静者日悠然天宇之内，用吾才成吾事者无涯焉，安能役役与人争潆洄于漩澓之中乎！澄神定志于须臾，而几自审，言之有当者，

373

从之自决矣。"在这段论述里，王夫之所谓历史过程当中的静既是相对的静，潜藏着"静中之动"，又是动态的静，"事之可为者，无有禁我以弗为。"王夫之以史为证，说琅邪王与王导能够"得意忘言而莫逆于心"的原因便在此，"瑯邪之全宗社于江东，而导昌其家世，宜矣。"而这种方法也正是老庄以之"处乱世而思济者也"。"得则驰骋天下之至刚；不得，抑可以缘督而不近于刑"。王夫之又进一步指出以这种方法在历史上处静，作用是有限的。"此以处争乱云扰日而姑试可也；既安既定而犹用之，则不足以有为而成德业。王与导终始以之，斯又晋之所以绝望于中原也。"所以王夫之的着眼点其实还在于适度的适当的动。"孔子思小子之简，而必有以裁之，非精研乎动静之几、与时偕行者，不足以与于斯。"王夫之力主要精研动静相互变化的苗头、与时俱进灵活机动。以哲学之思辨来研判历史，自然站在一个新的高度，言人所未言，这个人指历史学家们。

8. 政治不一定要改弦更张

"语曰：'琴瑟之不调，必改而更张之。'非知治之言也。弦之不调，因其故而为节其缓急耳，非责之弦而亟易其故也。不调之弦，失之缓矣，病其缓而急张之，大弦急，小弦绝，而况可调乎？"（卷十二，怀帝六，P.339）改弦更张是一句古语，王夫之说不能将此语引入政治范畴。弦之不调，可以因故而予调节，不必怪这张弦不好而更换它。弦没有调好，因其缓而急张之，结果就是弦与弦之间极不协调甚至崩断。

王夫之充满哲学思辨的政治见解并非空论，是因东晋一段史实。当王导主政时，有叫陈珺的劝其一改西晋之制，王导未从。看起来是王导的不是，但王夫之说"然使导必从珺言，大反前轨，任名法以惩创久弛之人心，江东之存亡未可知也"。因为"晋代吏民之相尚以虚浮而乐于弛也久矣，一旦操之已蹙，下将何以堪？"必定的结果会是"矫枉而又之于枉"。王夫之前述文字之后又进一步提供了许多史例来论证自己证明的观点，说都是"彼皆乐翘前人之过，形君人之非，以快人心而使乐附于已"而已，而政治是不能"求快一时"的。从政治扩大开来，不一定改弦更张，其实是处理一切事物的方法论。

9. 好谀丧德亡身

"天下之足以丧德亡身者，耽酒嗜色不与焉，而好谀为最。"（卷十二，愍帝四，P.346）王夫之认为天下对于人的进德修身最为有害的是三桩：耽酒、好色、好谀，其中好谀为最，而且不只是有害于进德修身，而且关乎性命本身。他举史例论证自己的观点，其中一桩便是唐高祖起兵之初为拉拢李密，给李密信对其大加吹捧，其实是"以屈巽之辞以诱"，而李密"遂信而不疑"。李密"起兵败窜，艰难辛苦已备尝矣，而一闻谀言，如狂醉而不觉"。最后的结局是李密"禽于唐"。好谀其实是人性的弱点，王夫之这番言论从进德修身乃至生命存亡的高度提醒人们予以重视，"好谀者，大恶在躬而犹以为善，大辱加身而犹以为荣，大祸临前而犹以为福；君子以之丧德，小人以之速亡，可不戒哉！"（卷十二，愍帝四，P.346）这后一句，其实是王夫之此则札记的起句，可谓开宗明义。但人确有好谀的习性，说好话言好事往往会带来好的利益，说者愿意听者高兴，王夫之在这里给好谀之人开了一副"清醒汤"。

10. 性，人所不知

"夫人能知其所知，而不知其所不知，必矣。欲人之知吾之性也实难，非吾之性异于人，彼不能知也；彼不自知其性，抑将知何者为性，而知吾性之然哉！不知仁，以为从井救人而已；不知义，以为长彼之长而已；性固人所不知，而急于求人之知，性则非性也。"（卷十三，成帝一二，P.367）王夫之的此则札记真正是一篇哲学史小论，源自如下一段："颜含可谓知道之士矣。郭璞欲为之筮，含曰：'修己而天不与者，命也。'此犹人之所易知也。又曰：'守道而人不知者，性也。'渊乎哉其言之！非知性而能存者，不足以与于斯矣。"文中之郭璞是魏晋时著名的玄学家。颜含两句话乃性命之言。这里的命指天命，性当指的人的心性。王夫之对于性加以阐说，核心是人我之性都难知。王夫之在随后的文字述说郭璞不知性为人所不可知，而死于其术，而只有孔子之言道尽一切："知我者，其天乎！"儒家讲修身养性，但性既不可知，养性的意义只是重在一个过程。过程在许多时候比结果重要。

11. 功成身退别解

"天之道，功成而退，春授之夏，冬授之春，元气相嬗于无垠，豫养其稚而后息其老，故四序循环而相与终古。"
（卷十四，孝武帝九，P.397）老子有一句话："功成身退，
天之道也。"王夫之肯定能够功成身退的人，如郭子仪，
对功成而不知退的东汉名将马援则有所贬，"何为老于戎
马而不知戒乎？"（卷六，光武三四，P.161）对老子"功
成身退"不能做肤浅的理解，王夫之对这句话多所引用，
说是"身世之际有见焉"，此处又有新说。王夫之研老有年，
第一部学术著作是《老子衍》，却并不服膺老子哲学，且
常带批判。这里颠倒词序用了老子的一句话，但又将老子
的意思加以深化与发挥。老子是身退，是无，王夫之则是
相嬗与转化，是授，是相与循环，所以王夫之说这是老子
没有的思想："老氏不足以见此。"王夫之将自己这种相
嬗与授的思想引入政治领域，特对官员而言，"乃及身而
止，不能树人以持数世之危，俾免于亡，大臣无可辞矣。"
他分析的案例是东晋的王导与谢安，王导"庇其族而不能
公之天下，故庾亮得而闲之；然其没也，犹有郗鉴、王彪之、
谢安以持晋室之危，虽非导之所托，而树之者犹导也"；
谢安"以族盛而远嫌，不私其子弟可矣，当其身而道子以乱，
迨其后而桓玄以篡，廷无端方严正之士，居端揆以镇奸邪，
不于安责，将谁责而可哉？"王导与谢安对待家族与建树
人才方面正好是相反的典型。但从建树人才而言，王导可
取，谢安可责。官员对于自己身后要负责，不能简单地说：
"功成身退。"要像王夫之所说的"豫养其稚而后息其老"，

使事业有继。

12. 不可以一时废千古

"有一人之正义，有一时之大义，有古今之通义；轻重之衡，公私之辨，三者不可不察。以一人之义，视一时之大义，而一人之义私矣；以一时之义，视古今之通义，而一时之义私矣；公者重，私者轻矣，权衡之所自定也。三者有时而合，合则亘千古、通天下、而协于一人之正，则以一人之义裁之，而古今天下不能越。有时而不能交全也，则不可以一时废千古，不可以一人废天下。执其一义以求伸，其义虽伸，而非万世不易之公理，是非愈严，而义愈病。"（卷十四，安帝一四，P.412）王夫之这段话是论述魏晋南北朝史事札记一则里的开头，接下来是围绕这段议论以史例来进一步说明，其中心意思则是强调古今夷夏之通义不可废。这是王夫之认为的民族"大节"和民族利益高于一切。近世章太炎驳康有为《论革命书》所依据的理论主张便是王夫之此说，这里所引一句是在讲史，又像是讲哲学，这一段是典型的王氏作文法，是"论从史出"与"史从论出"的高度结合。我们且从哲学的角度来解读，这二百来字很有辩证法的色彩。三个义即一人之正义、一时之大义、古今之通义三者的关系，其要点有二：一是三者关系的衡器则是公私轻重，一时大义大于一人正义，古今通义高于一时大义。二是这三者关系又是发展变化的，三者可能重合也可能不重合，不可以一时度千古，不可以一人废天下，假使偏执一义则会伤公理损公义。而这一段话的重中之重是教会我们胸有大局，目光长远，审时度势，不可以一时废千古。

13. 通识与独断

"有通识而成其独断。"（卷二十二，玄宗七，P.674）。学贵有通法，学人尽知。而王夫之主张"经国之远图，存乎通识"。什么是政治上的通识？王夫之说："通识者，通乎事之所繇始、弊之所繇生、害之所繇去、利之所繇成，可以广恩，可以制宜，可以止奸，可以裕国，而咸无不允。"也就是对事物来龙去脉和利益关系的通盘认知。通识之重要，王夫之还有言语表达了要有通识的意思："故论治者，贵于知通也。"（卷二十四，德宗三四，P.766）但"司国计而知大体者"很不易也难得，但必须有这种通识，而独断也从中而来，有通识为底盘，才能形成独断，政治上的独断是成功的路径。但是独断之行，往往"大骇乎流俗，而庸主具臣规目前之损益者，则固莫测其为，而见为重有损"，由于缺乏通识，一般的人往往看不出独断的意义，而往往只会从眼下的得失去计较。王夫之举的史例是唐宰相宋璟"发太府粟及府县粟十万石粜之，敛民闲恶钱送少府销毁"，一般官吏会认为"散粟于民，而取其值"，不足为仁之惠；"君与民市"不是为义之宜。而以粟易钱再加销毁，不是让朝廷国家吃亏吗，白白消耗十万石粟。但王夫之很认同宋璟的做法，正是通识之上的独断，其根本目的是要制恶钱，"恶钱不行则国钱重"，发粟以收恶钱这个办法容易推行，"使人不丧其利而乐出之"。以十万石粟销毁恶钱只是个引子，推行之后以长期观之"其利百倍十万粟之资"，乃"富国之永图"。王夫之又指出此策虽为宋璟之议，但若"非玄宗之倚任，姚崇、苏颋之协恭，则璟言出而讪笑随之矣"，独断也是需要支持的，要有独断的政治基础。通识和独断成为一对很好的政治学概念，甚至是放之诸事物也可通行的办事津梁。王夫之类似的政治性格言还有："持其大纲，疏其节目，为政之上术也。"（卷二十四，德宗六，P.733）。后世所谓"抓大放小"有异曲同工之妙。

14. 大勇大智解

"是以小勇者，大勇之所不用；小智者，大智之所不事；固吾本，养吾气，立于不可胜之地，彼且自授我以胜，而我不劳，王者之用兵，无敌于天下，唯此也。"（卷二十八，五代上一一，P.900）本则札记是谈用兵的内容，勇与智是用兵的两个重要方面，王夫之的主要意思，不可恃勇，不可恃智，恃勇恃智，极有可能因智因勇而名，结果造成跛足，其不败也鲜。而且一味恃勇，一味恃智，也极有可能成为小勇小智，为大勇大智所不取。所谓大智大勇即是不依凭勇与智，是"固吾本，养吾气"，立于敌不可胜我之地，而待敌出现我可胜之机，我可不战而胜，不劳而胜，不战而屈人之兵，这才是无敌于天下的大勇大智。撇开用兵之道而言，仁、智、勇，是儒家重要的思想观念，是孔子对君子的人格定位。孔子有谓君子道者三："仁者不忧，知（智）

者不惑，勇者不惧。"（《论语·宪问》）勇是意志的刚强，智是认知的聪慧，而大勇大智是做人的极高境界。

15. 量胜于智

"成大业者，在量而不在智，明矣。"（卷二十八，五代上二二，P.912）这句话很有现代意味，在许多领导学著作都有表达，但王夫之在清初已说了这样的观点。王夫之是从哲学与历史相结合的角度提出这个观点的。他的哲学见解是："成而不倾，败而不亡，存乎其量之所持而已。智非所及也。量者心之体，智者心之用。用者用其体，体不定，则用不足以行；体不定而用或有所当，惟其机也。机者发而可中，而不足以持久，虽成必败，苟败必亡。故曰非智所及也。"这一段话说明了两点：一是决定成败的最关键和最重要的是量而不是智，二是量与智的界定及其相互关系，量与智都是心的使用。前一点是朴素唯物主义的，后一点可以说是主观唯心主义的解释。量与智的关系是体用关系。王夫之还有进一步的说明，"量者，定体于恒者也。体定于百年之长虑，而后机不失于俄顷之利钝。忧喜变迁，须臾不制，转念知非，而势已成乎莫挽，唯定体之不立故也。"智可以起一时的作用，量才是永远起作用的东西。

王夫之的史例是李存勖与项羽的分析。这两人"战而必胜，犯大敌而不挠，非徒其勇也，知机之捷亦智矣"。他们都是有一定的智的人物。他们最后的失败在于量，项羽是"量不足以胜之也"，假定项羽为"借令戢悻悻之怒，渡江东以为后图，韩、彭、英布非不可移易而必忠于汉者，收余众，间群雄，更起而角死力，汉亦疲矣"。而项羽"量止于一胜之威，败出于意外而弗能自固也"，于是有乌江自刎。而李存勖是"量尽于争战之中，胜出于意外而弗能自抑也"，消灭强敌后，"借令忍沾沾自喜，以从容论功而行赏，人且喻于君臣之义，虽有大勋，亦分谊所当尽，嗣源虽挟不轨之心，无有为之效命者，自敛雄心以俯听。"但李存勖打下江山却不能享有江山，"卒为嗣源所迫，身死国亡，量不足以受之也。"（卷二十八，五代上二二，P.911）

王夫之另有一则札记，专言五代后汉皇帝刘知远之智，"过于石敬瑭也远甚"，也高出同时代许多人，"李存勖之后，其能图度大谋以自立者，唯知远耳。而终不能永其祚者，虽割据叼幸之天子，亦不可以智力取也。"（卷二十九，五代中一五，P.932）。此一则札记大概是前述量与智的一种呼应。

16. 欲望何止累德损物

"耳目口体之各有所适而求得之者，所谓欲也；君子节之，众人任之，任之而不知节，足以累德而损于物。"（卷三十，五代下一一，P.948）本则札记约八百字，可以说是一篇哲学短论，全篇谈人的欲望及其危害，只在末尾带出后周主郭威始建国尽毁宫中宝器，予以赞扬："亦正人心、端好尚良之法也。"这样的论述结构属于《读通鉴论》，充分体现哲学家、思想家论史的特色。本则札记的中心意思是谈人的欲望，所引是本则札记的起语。人是有欲望的，欲望是人生存的动力，也是毒药，就看怎么样来受欲望驱使。"君子节之，众人任之"，"任之而不知节"，自然欲望便成了毒药，累德损物。在后面的文字里，王夫之还指出了欲望最坏的结果比"累德""损物"要严重得多，就是君子说的"殃民必身"，非虚语也。王夫之具体言之："于阗之玉，驰人于万里；合浦之珠，杀人于重渊；商、周之鼎彝，毁人之邱墓；岂徒累德以黩淫哉？其贻害于人也，亦已酷矣！从吠声之口，荡亡藉之心，以祸天下，而旋殃其身。"人因欲望而毁及自身，确是一个重要的警示。

17. 人当自念

"人可不自念也哉？于人则智，自知则愚，事先则明，临事而暗，随世以迁流，则必与世而同其败，人可不自念也哉！勿论世也，且先问诸己；勿徒问之己也，必有以异乎世。"（卷二十八，五代上一三，P.902）这段话是对五代史事的一种观察。有刘岩此人明知唐亡以后五十年"中国纷纷，孰为天子"，但他既已知之，而又"拥海隅一曲之地，自号为帝"。又有名郑綮的人说："歇后郑五为宰相，时事可知矣"，可是却又"终就之，然后乞身而去，则亦归田之相矣"。王夫之说这样的人"自知之，自哂之，复自蹈之，苟徼一日之浮荣，为天下傺、为天下笑而已矣"。由此王夫之生发出有关"人可不自念也哉"的议论。这段话包含一个发问句，一个感叹句，充满睿智，是王夫之对世道人心和历史的深刻洞察。其中心意思是人怎么能够不对自己有所珍视，怎么能够没有自知之明。人看别人很有智慧，但就是看不清自己，人在事先也很聪明不糊涂，但是事到临门却又昏暗不察，人活于世上总是随波逐流，则必定遭大浪淘沙。所以王夫之劝告人们一定要珍惜自己而有自知之明。察世论世必先明己，明己则是要异于时人与时世的精神，不要受时人时世的影响。

王夫之此一类的哲言佳句比比皆是，再如"人之欲大有为也，在己而已矣"，（卷九，献帝一五，P.254）请君细予品味。

四、论学

王夫之隐居山林，读书治学为其毕生的志业。观其读书又非象牙塔里闭门造车，对世事的关心又是他的牵挂。他以"六经责我开生面，七尺从天乞活埋"为座右铭鞭策自己，因而在其《读通鉴论》表达的论学思想乃是再自然不过的事情。

1. 立于仁，充于学

"夫君子立本于仁义，而充之以学，年虽迈，死则死矣，智岂与之俱亡哉？"（卷十七，梁武帝二八，P.520）王夫之在论述梁武帝晚年八十有五，何以"血气衰而智亦为之槁也"时写下这段话。王夫之认为"智者，非血气之有形者也，年愈迈，阅历愈深，情之顺逆，势之安危，尤轻车熟路之易为驰也"。梁武帝的晚年智力衰退，王夫之认为有两个原因，一是早年"其智资于巧以乘时变，而非德之慧，易为涸也"；二是"其中岁以后，薰染于浮屠之习，荡其思虑……荡散而不为内主矣"。这一番论说有多少道理暂且不论。所引"夫君子立本于仁义，而充之于学"确是典型的儒家思想，均从《论语》而来。做君子必须有这两条，王夫之有所发挥的是本则札记起首段有曰："裕于学者正。"学富五车有益于做正直的人，大概是王夫之此言的含义。

2. 一日不可废学

"故君子一日不可废者，学也。"（卷九，献帝六，P.246）古人常说"人不可不知学"，所引之句是王夫之在论述汉代管宁潜心学问所说的，意思就更进一层。管宁此人"专讲诗书、习俎豆，非学者勿见"，如果有人认为这是管宁在汉末乱世的"全身之术"，那是并不了解管宁这人。管宁曾有一句话"潜龙以不见成德"。王夫之以管宁为真正的读书人、向学之人，"诚潜而有龙德"，品学兼优之人。即使是乱世，能够潜沉向学，非有强大意志与毅力不能成。学为立身之本，在一定意义上可以这样说，活到老学到老，其实是一种人生境界。

3. 志定而学乃益

"志定而学乃益，未闻无志而以学为志者也。"（卷十七，元帝二，P.528）此句所本是孔子的"吾十有五而志于学"，王夫之又做了自己的理解，对志与学的关系做了阐说。在王夫之看来，志是本，志定是学的前提，更是学乃益也就是学问增长的途径。学与志是有根本性区别的，不能以学为志，为学而学，否则便入歧途。王夫之在他的读史论史札记中之所以提出这个问题，起因在于梁元帝史事，本则札记的中心内容就是剖析为学而入歧途的梁元帝。梁元帝当其都城江陵被攻破时，焚古今图书十四万卷，并有言："读书万卷，犹有今日，故焚之。"王夫之认为梁元帝是"以学而游移其志"，"大以蚀其心思，而小以荒其日月，"如此学"则与六博投琼、耽酒渔色也，又何以异哉？"既忘其天下大义，又至死不悟而归咎于读万卷之书。所以王夫之提出有志才有学，并提出正确的读书之道是"夫读书将以何为哉？辨其大义，以立修己治人之体也；察其微言，以善精义入神之用也"。由此看来有志至少是要明白为何而学。王夫之在另一则札记里对"志定"还有所阐发："诗云：'我徂惟求定。'定者，非一旦之定也。志惟求定，未定而不以为忧，将定而不以为喜，所以求之者，持之心者定也。"（卷二十四，德宗八，P.736）这句话至少有这样的启发，志定不是一朝一夕便能达致的，志定还需心定。

4. 志学而非劝学

"有不待劝者，士之学也，农之耕也。劝士以学，士乃习为为人之学；为人而学，学乃为道术之蠹，世道之患"（卷十五，明帝七，P.464）。这段话里，有两层意思：其一，对士子不要劝学，如后面还有文字说的："果有志于学者，岂待劝哉？"如劝学后才能学，则是为他人而学，这样学习就会走样，成为"道术之蠹，世道之患"，这是强调学习要有主动性，是为自己而学，非为他人而学，如孔子有言："吾十有五而志于学。"其二，将士子之学与农人之耕做了类比。中国传统社会是农耕社会，重农思想是主流，农与士在四民中排位靠前。王夫之这段话其实是为后面讲不要劝农做铺垫的，他将劝学与劝农做了对比："士无志于学，劝之而不学，弗能为益，而犹无伤于士。若农，则无不志于得粟者矣。其窳者，既劝之而固不加勤；而劝之也，还以伤农。"王夫之着眼的是劝农则会伤农，也就是增加农民的赋税和负担。这是王夫之民本思想的体现。王夫之在这一则札记的末尾还以北魏拓跋氏的一些劝民措施实则扰民为史例论证其观点。而北魏主之所以采取这样的措施是听信陋儒之言，所以王夫之最末一句又回到有关读书学习的话题："读古人书而不知通，且识而夕行之，以贼道而害及天下，陋儒之妄，非夷狄之主，其孰听之。"（卷十五，明帝七，P.465）此句虽然对北魏呼为夷狄之主含有民族仇视，但就其有关读书学习的见解与前面所引劝学句则是今人足可借鉴的。

5. 问学与为政

"问，次于学者也；问之道，尤重于学也。"（卷十四，孝武帝八，P.395）学问之道，有学有问。王夫之在这里不仅是强调了学问的组成，而且重点突出了学问之中以学为重，问是为了学。学是自为学，而问则待人。王夫之此则札记是将学问之道引入政治领域，任何政治人物都得学会问人，所问之人必得人，否则就会出问题："问人者，舍其是非而求人之是非，舍天下之好恶，而求一人之好恶，察焉而愈昏，详焉而愈诐，君子之喜怒有偏者矣，小人之爱憎，未有不私者也，急于求短以疑其长，乱国暗主猜忌之臣所以惑焉而自夺其鉴也，愚者之狂药也。"所以王夫之又说："不择人而问之，则善恶互乱；有所偏任，则谗间行。问之君子，则且对以不知；问之小人，则尽言而若可倚。于是而贤才之心，疑畏而不为用；奸伪之士，涂饰以掩其恶；则有谗不见，有贼不知，皆好问者之所必致矣。居官而败其官，有天下而败天下，必也。"学问的道理，其实许多是与政治相通的，问学与为政，其理一也，一通而百通。王夫之作为学问之通人，对于政治的参悟，许多论述是很到位的。

6. 官员的学与术

"论者曰：'光不学无术。'"《资治通鉴》是一部资治之书，资治是为官员用的。那么官员之学又是如何？王夫之自然会涉及这一问题。这一句中的光指汉代霍光，这一句话涉及官场通行的官员之学与官员之术，几千年都有这样的概念，以及近世还有张之洞有学无术，曾国藩有学有术，袁世凯不学有术之说。在王夫之心目中，官员之学指什么？"学何为者

388

也？非揽古今之成败而审趋避之术也。"王夫之将学与术做了区分，进而又以诸葛孔明"非淡泊无以明志"与"学须静也"两句为依据，认定学乃是"君以顺天休命而无私，臣以致命遂志而不困"。霍光不学，乃是"未能学乎此"。官员"非此之学，而学于术，以巧为避就"，就不是学。显然王夫之对于官员之学的理解界定与阐发是关乎官员修身养性的根本的，并不是指官员具有某种知识性的学问。王夫之又举例说："曹操盖尝自言老而好学矣，曾不如金日磾之颛愚，暗合乎道也。"（卷四，宣帝一，P.82）金日磾是与霍光同时的汉武帝三位托孤大臣之一，虽然其无学也无术，但王夫之对其评价甚好："降夷也，而可为大臣，德威胜也。"（卷四，汉昭帝一，P.78）王夫之在另一则札记中写道："古无不学之天子，后世乃有不学之相臣。以不学之相臣辅草泽之天子，治之不古。"（卷六，光武一五，P.146）。这里的学大致也是这个意思。

王夫之还说过："周主威不学无术。"（卷三十，五代下一七，P.957）周主威即后周开国皇帝郭威。

7. 子弟不必从父好

"陶令之子，不爱纸笔，幸也，而何叹焉？"（卷十七，梁武帝二，P.493）陶令当指陶渊明，毛泽东词有"陶令不知何处去，桃花源里可耕田"一句，可知这陶令一称是千古沿用的，陶渊明做过县令，故有是名。王夫之此句原本是在论述梁武帝时谢朏在改朝换代之际多次不受当朝官，而在老年反而忽自至拜谒"以受司徒之命"，"又终不省录职事"，

原因就在子弟所逼，子弟要考虑他们的出路。王夫之说："胐
不出而见绝于当世，则闺之内，相迫以不容，胐于此亦无可
如何，而忍耻包羞，不惮以老牛为牺，而全其舐犊之恩也，
是可悲也。"又说"'母也天只，不谅人只'，父母之不谅，
可形之歌叹，而子弟之相煎，其威更逾于天。白首扶筇，唯
其所遣"。此段话之后紧接所引之第一句。王夫之是以谢胐
及其子弟之事与陶令及其子弟事作为对比，谢胐子弟"竞进
之志而不可遏"，对长辈"相迫以不容"，长辈只能违心屈
从。或许这当中还有魏晋南北朝时的门阀制度的影响与压力，
子弟不能不如此，在此不论。两相对照，陶令及子弟的命运，
则要好得多。撇开这一层对比不说，单就"陶令之子，不爱
纸笔，幸也"字面来说，其实也具有丰富而深刻的内涵。父
母长辈不必强令弟子从自己之好，从自己之业，不必子承父
志，甚至无须强迫子弟好学好文好艺，也是我们可以读出的
意思。三国曹丕说过一句话，文气这东西，"虽在父兄，不
能以移子弟。"为王夫之此言的一个映照。

　　8. 为无用之学而广其心

　　"能为无用之学，以广其心而游于乱世，非圣人之徒
而能若是乎？"（卷一，秦始皇二，PP.2-3）这句话的重
点在于无用之学及其意义。这"无用之学"应是指功利不
是很强的学问，王夫之这里所据是孔鲋所言。孔鲋是孔圣
人后裔，所以王夫之说"圣人之徒"。当秦始皇焚书可能
危及孔鲋藏书时，不怕秦火烧书，他把书藏了起来，说了

如后一句话：吾为无用之学，知吾者为友。秦非吾友，吾何危哉？孔鲋这句话是很可以玩味的，一是何为无用之学，在我为有用，在人为无用，如王夫之后文还有的话"君子之道，储天下之用，而不求用于天下。知者知之，不知者以为无用而已"，有用与无用都是相比较而言的，将天下之用视为无用，"其愚不可及也。"在孔鲋看来，我所习的在别人或者秦统治者眼里都是无用的，而都是对我有用的，甚至于对于天下都是有用的，但非他人所知。二是知我这无用之学的都是我的朋友，秦当局他们不懂得我的无用之学，自然不是我的朋友，他们不懂我的藏书，所以我不怕危及我的藏书。尽管如此说，孔鲋还是将自己的藏书藏了起来。王夫之引孔鲋这段话，既在表彰孔鲋对秦火的态度，又重在褒奖能于乱世之中为无用之学而广大其心的精神。这才是真正的读书的种子。20世纪，王国维撰《国学丛刊序》就主张："学无新旧也，无中西也，无有用无用也。"（《王国维全集》第14卷，P.129）

9. 读书要通古今

"读古人之书，以揣当世之务，得其精意，而无法不可用矣。"（卷二十一，高宗八，P.642）中国古代之人大概要比现代人读得到更多比他们更古的书，《论语》之类便是他们的必读书，古代官场上能读古书的士大夫阶层，读古书更是日课。古人之书也就是古人的智慧，用之于官场便是和当世之务挂起钩来。官员们如何读古人之书和用前人的智慧，王夫之在这里便提出了值得注意的恒言。这句话至少含有三层意思：其一是读古人书要与当世之务相联系，学以致用；其二是得其精意，把握要义；其三是古书里的道理是十分广泛、包罗万象的，照本画葫，照方抓药，各取所需也是十分普遍的。王夫之接下去就告诫世人读古书"于此而见此之长焉，于彼而见彼之得焉，一事之效，一时之宜，一言之传，偏据之，而曰：'三代之隆、两汉之盛恃此也'"则是误人误事误世的，所以读古人以及一切书都要分清表里，"知之求其审也，安之求其适也，所以知，所以安"都得搞清楚，方能运用得当，否则就像不分表里、不通温凉的庸医，是会害人的。

王夫之在另几则札记里也说到类似观点："读古人书，不揆其实，欲以制法，则殃民者亦攀援附托以起，非但耕战刑名之邪说足以祸天下也。"（卷二十三，代宗六，P.717）"读古人书而不知通，且识而夕行之，以贼道而害及天下，此为陋儒之妄。"（卷十五，明帝七，P.465）"读古人书，欲学之，而不因时以立义，鲜不失矣"（卷七，明帝六，P.170）。王夫之通古今的思想是很重要的，不仅要通古今，还要察后世："以古之制，治古之天下，而未可概之今日者，君子不以立事；以今之宜，治今之天下，而非可必之后日者，君子不以垂法。"《读通鉴论》的这段话见于外国学者的有关研究里。

10. 学以启智而非启愚

"学以启愚也，不善学者，复以益其愚。"（卷四，宣宗一〇，P.89）越学越蠢，是民间的俗语，而世界上还真有这样的典型。王夫之说这句话的史例是汉代的韦玄成，"避嗣父爵，诈为狂疾，语笑昏乱。"王夫之批评说避不受爵，"以义固守，请于天子，再三辞而可不相强，奚用此秽乱辱身之为以惊世哉！"王夫之对自身身体是很看重的，尝言："故君子之爱身也，甚于爱天下；忘身以忧天下，则祸未发于天下而先伏于吾之所忧也。"（卷五，成帝一，P.105）虽然王夫之说的爱身更多的是指社会学意义的身，在本则札记中王夫之更明确说身体是"所贵乎道者身也，辱其身而致于狂乱，复何以载道哉！"这是"丧其常度，拂其恒性，亦愚矣哉！"这韦氏一家"世治经术，而玄成以愚"。王夫之还以点带面说"汉人学古而不得其道，矫为奇行而不经，适以丧志"。"汉人专经保残之学，陷之于寻丈之间也"，虽然这是从极端之例而来，但这段话对今人还是有警醒之用，学以开智，不以启愚。

11. 以醇正之学服务于世

"君子出所学以事主，与激于时事之非而强谏之臣异。以谏为道者，攻时之弊，而不恤矫枉之偏。以学事主者，规之以中正之常经，则可正本以达其义类，而裁成刚柔一偏之病；主即不悟，犹可以保其大纲而不乱。"（卷四，元帝四，P.99）一个人有一身本领与学问，总得服务于社会，或者说服务于一个社会的代表者和体现者，甚至服务于领导者，这其实是学问和学术的一种功能。王夫之提出了"出所学以事主"这种功能，这是学问的政治功能，一部分学人要承担起这种功能，或更是一种转化为政治人物的原知识分子要承担的功能，一部分知识分子可能要有这样一种政治使命。王夫之推崇能以学事主的君子，并将之作为"激于时事之非而强谏之臣"的对照。这一则札记，王夫之重在读醇正之学，既提出了"读其文，绎其义，想见其学"的观点，又指出和批评了公孙弘、倪宽等"剿旧闻而无心得"以及韦玄成、薛广德等"择焉而不精"的不良学风。所以王夫之所说的"出所学以事主"的学乃是指醇正之学，也就是真正的学问，以真学问而不是假学问和伪学邪说见用于时。而上位者也是需要这种学问的，王夫之称赞东汉光武帝刘秀，"天下未定，战争方亟，汲汲然式古典，修礼乐，宽以居，仁以行，而缘饰学问以充其美，见龙之德，在飞不舍，三代以下称盛治，莫有过焉。"（卷六，光武一五，P.146）这里面便有"出所学以事主"者的功劳。

西方著名的史学家或者更准确地说历史哲学家柯林伍德曾提出过一个著名的论点"一切历史都是思想史"，这是他的名言。读王夫之《读通鉴论》很容易让我们想起柯林伍德的这句名言。在人类思想大家的视野里，历史并不是一门静止的"过去的事实"，历史是活的，是人们当下的感悟。而王夫之著作里的这些超出于感悟之上的洞见与哲思，让人领悟到王夫之思想的宽度、精神的厚度、学术的深度、生命的强度。

第十六章 余 论

作为天涯孤独行人，王夫之在这个世界上有形以及无形地行走了四个世纪。我们对其遗著《读通鉴论》的探讨方兴未艾，难以穷尽。在笔者的视界内，还有若干问题思考不够充分，特作余论如后。

一、正统之说

统是王夫之是书中很重要的一个概念，而强烈的正统观更是此书最重要的政治支撑理论，这不仅表现在全书的框架结构上，也贯注于全书的论述当中。其《叙论一》更是一篇有关正统的专题论文。我们的重点是将王夫之散见于全书的有关正统论思想予以爬梳整理。

尽管王夫之在《叙论一》里说中国的统与正统是很复杂的，也很难说清楚，往往是见仁见智的，但王夫之在书里还是反复言说关于统与正统的观点与史事；尽管王夫之在书里反复强调统的必要性与正当性，但更多是对正统思想的辩证与批判。

1.治统与道统、儒统

"天下所重者，统也"（卷十，三国一五，P.282）。而统又有治统、道统、儒统之分。

"天下所极重而不可窃者二：天子之位也，是谓治统；圣人之教也，是谓道统。"（卷十三，成帝七，P.362）所谓治统也就是帝统，王夫之的用语，还有"帝王之统""帝王之统系""中国之统"等，如"晋保江东以存中国之统"。

"儒者之统，与帝王之统并行于天下，而互为兴替。其合也，天下以道而治，道以天子而明；及其衰，而帝王之统绝，儒者犹保其道以孤行而无所待，以人存道，而道不可亡。"（卷十五，文帝一三，P.441）儒统是与帝统并行的，儒统既与帝统有相合处，也有其独立性，王夫之甚至说"天下自无统，而儒者有统"。

在王夫之的话语系统里，道统与儒统都分别对应于治统，也就是帝王之统，那么道统与儒统又有什么关联？这两者应该是大同小异的。大同于"圣人之教"，这个圣人应当是"孔圣人"，大同于它们都是相对于治统的，与治统即国家行政管理相对应的应当是有关教化的礼俗文明，也就是说道统、儒统都是国家意识形态系统，甚至是主流意识形态系统，治统是行政之统，道统、儒统是政教之统。而小异则在于侧重不同而已。这样将道统、儒统与治统平列，表明王夫之相当重视道统与儒统在国家治理过程中的重要作用。而且从上述引文看，王夫之更重视道统，道统与治统既并行而互有兴替，且比治统更为绵长，帝统绝而道统不可亡而不会亡。

无论是治统还是道统（儒统），都是不能随便改变的。统变易必有乱。"治统之乱，小人窃之，盗贼窃之，夷狄窃之，不可以永世而全身；其幸而数传者，则必有日月失轨、五星逆行、冬雷夏雪、山崩地坼、雹飞水溢、草木为妖、禽虫为之异，天地不能保其清宁，人民不能全其寿命，以应之不爽。道统之窃，沐猴而冠，教猱而升木，尸名以徼利，为夷狄盗贼之羽翼，以文致之为圣贤，而恣为妖妄，方且施施然谓守先王之道而化成天下；而受罚于天，不旋踵而亡。"（卷十三，成帝七，PP.362-363）

　　治统与正统是有区别的。治统是指帝王的统系，就是沿革。而所谓正统是指正当得位的治统的统系，王夫之不赞成以五德终始循环的正统之说，但还是有自己的对于帝王之统的见解，这不仅从其全书论述可以得知，而且王夫之将帝王的统系思想落实到全书的结构上，从其正文中对篇目的注解文字可以看出他的用心（见下表）。

东晋元帝	自此至陈，凡僭伪诸国事俱附六代编年下论之。（卷十三，东晋元帝，P.349）
齐高帝	凡篡位者，未即位皆称名，已即位则称帝，史例也。萧齐无功窃位，不足列于帝王之统系，而以帝称者，以北有拓跋氏之称魏，故主齐以存中国。（卷十六，齐高帝，P.470）
宣帝	自太建十三年（581）以前，论高齐、宇文周事皆附陈下；自太建十二年（580）隋文帝纪号开皇，凡论隋事皆附隋下，唯论陈事则列卷中；陈、隋皆中国之君，南北分疆，义无偏胜下。（卷十八，宣帝，P.541）
炀帝	凡六代不肖之主，皆仍其帝称，篇内独称炀帝曰逆广，以其与刘劭同其覆载不容之罪！且时无夷狄割据，不必伸广以明正统。（卷十九，炀帝，P.572）
中宗	伪周武氏附于内（卷二十一，中宗，P.642）
五代上	合称五代者，其所建之国号，皆不足称也。朱温，盗也，与安禄山等，李存勖、石敬瑭、刘知远，沙陀三部之小夷，郭威攘窃无名，故称名。周主荣，始不与谋篡逆，受命为嗣，而有平一天下之志，故称周主，愈于夷盗之流，要之皆不足以为天子。（卷二十八，五代上，P.887）

东晋元帝　自此至陈，凡僭伪诸国事俱附六代编年下论之。（卷十三，东晋元帝，P.349）

齐高帝　凡篡位者，未即位皆称名，已即位则称帝，史例也。萧齐无功窃位，不足列于帝王之统系，而以帝称者，以北有拓跋氏之称魏，故主齐以存中国。（卷十六，齐高帝，P.470）

宣帝　自太建十三年（581）以前，论高齐、宇文周事皆附陈下；自太建十二年（580）隋文帝纪号开皇，凡论隋事皆附隋下，唯论陈事则列卷中；陈、隋皆中国之君，南北分疆，义无偏胜下。（卷十八，宣帝，P.541）

炀帝　凡六代不肖之主，皆仍其帝称，篇内独称炀帝曰逆广，以其与刘劭同其覆载不容之罪！且时无夷狄割据，不必伸广以明正统。（卷十九，炀帝，P.572）

中宗　伪周武氏附于内（卷二十一，中宗，P.642）

五代上　合称五代者，其所建之国号，皆不足称也。朱温，盗也，与安禄山等，李存勖、石敬瑭、刘知远，沙陀三部之小夷，郭威攘窃无名，故称名。周主荣，始不与谋篡逆，受命为嗣，而有平一天下之志，故称周主，愈于夷盗之流，要之皆不足以为天子。（卷二十八，五代上，P.887）

夷狄是天下之大防，故夷狄是不可能进入王夫之的治统体系的。凡是夷狄建立的政权所发生的事情都被写入具有正统地位的朝代，从前引篇目说明文字即可见一斑，如北魏事系于六代齐。就是道统也不能移入夷狄，前面引用的文字里

已有说明，王夫之还有一句话："此则圣人之道统，非可窃者也。"（卷十三，成帝七，P.364）

2. 所谓正统

在卷末"叙论一"里，王夫之说："正统之说，不知其所自昉也。"昉乃起始之意。但在正文里，王夫之也曾有言："正统之论，始于五德。五德者，邹衍之邪说，以惑天下，而诬古帝王以征之，秦、汉因而袭之，大抵皆方士之言，非君子之所齿也。汉以下，其说虽未之能绝，而争辨五德者鲜；唯正统则聚讼而不息。"（卷十六，武帝七，P.480）

邹衍乃战国齐人。邹衍提出的金木水火土的五德终始理论，为中国封建王朝更替提供了理论根据。但并非邹衍本人为正统之说，而是后人大约秦汉以后被人拿来与帝王的统系嫁接。王夫之对五德之说的分析，详见本书《批判论》。

王夫之对以五德终始循环为理论支撑的正统之说持批判立场，但他并不一味反对治统的正当与否。重视统，也就是重视得天下的由来。王夫之称道唐高祖得天下之正："唐之为余民争生死以规取天下者，夺之于群盗，非夺之于隋也。隋已亡于群盗，唐自关中而外，皆取隋已失之宇也。……不贪天方动之几，不乘人妄动之气，则天与人交应之而不违。故高祖以五月起，十一月而入长安立代王侑，其明年二月，而宇文化及遂弑杨广于江都。广已弑，代王不足以兴，越王侗见逼于王世充，且夕待弑，隋已无君，关东无尺寸之土为隋所有，于是高祖名正义顺，荡夷群雄，以拯百姓于凶危，而人得主以宁其妇子，则其视杨玄感、李密之背君父以反戈者，顺逆之分，相去悬绝矣。"（卷二十，唐高祖一，P.587）这是从得天下过程写其正。

"汉祚既终，曹魏以下二百余年，南有司马、刘、萧、陈氏，皆窃也；北有五胡、拓跋、宇文，皆夷也；隋氏始以中原族姓一天下，而天伦绝，民害滋，唐扫群盗为中国主，涤积重之暴政，予兆民以安，嗣汉而兴，功亦与汉垺等矣。"（卷二十二，玄宗一九，P.688）这是从历史朝代的比较中说唐得天下之正。

历史上关于正统问题，最为热闹而引人注目的是刘备的正统地位问题，由于《三国演义》，刘备是否为正统的问题影响巨大，王夫之对刘备的正统地位有一定的认可："特其待操之篡而后自立焉，故不得罪于名教，而后世以正统加之，亦可勿愧焉。"（卷九，献帝二〇，P.259）这个无愧是相对曹魏之篡而言的，这句话也分析了刘备的所谓正统的来历。

但王夫之也说："以先主绍汉而系之正统者，为汉惜也；存高帝诛暴秦、光武讨逆莽之功德，君临已久，而不忍其亡也。若先主，则恶足以当此哉？"王夫之认为刘备"承统以后，为人子孙，则亡吾国者，吾不共戴天之仇也"。但刘备"无一矢之加于曹氏。即位三月，急举伐吴之师，孙权一骠骑将军荆州牧耳，未敢代汉以王，而急修关羽之怨，淫兵以逞，岂祖宗百世之仇，不敌一将之私忿乎？"在王夫之眼里，刘备不足以承当起绪统之任，不过是"乘时以自王而已"，刘备的正统地位也不过是"史氏之厚也"。（卷十，三国三，P.273）王夫之认为刘备不足以承继汉之正统，是就其作为而言的。

王夫之正统论的指向是反清复明，清族入关得天下，不是正统，这是王夫之在书中未言明而实际的指向。

与正统之说相关联，王夫之提出一个顺逆之说。这个顺逆之说比正统之说更为科学。"宇文氏、鲜卑之运已穷，天乃默移之而授之杨氏，以进李氏而主中国。故杨氏之篡，君子不得谓之贼，于宇文氏则逆，于中国则顺；非杨氏之能以中国为心，而天下之戴杨氏以一天下也，天地之心默移之也。"（卷十三，成帝一〇，P.366）这一段文字系说隋文帝取代西魏，进而唐朝统治中国的历史，王夫之这里显然又是以其夷夏大防思想为理论依据的。以逆顺之说来解说中国历史的朝代兴替不失为一种观察与解析历史的角度，比正统之说要接近历史的本真。

二、为官论

中国古代的官员是以读书之士为主体的。王夫之说："君子者，以仕为道者也。"（卷六，光武一七，P.147）这无疑为古代士之出以官找到了一条理论的依据。

1. 官常与官守

官常、官守、官威，是王夫之话语里常用的语词。

官员必有官常。官常是为官的基本准则。

"大人者，正己而物正，己之正非一旦一夕之功矣"。（卷二十，太宗一〇，P.616）这里的大人者，无妨解读为为政之人。孔子有言："政者，正也。"意思是为政之人要走正道，要摆正自己的位置，行得正。也就是正己，正己才能正人正物。而这种正己的功夫，王夫之认为既重要又非旦夕之功可就。

"夫苟欲自全其志行以效于国，则乐党淫朋以败官常也，必其所不欲为。"（卷二十二，玄宗二，P.669）

为官必执官守。官守则是官员的职守。

"命官图治之道，莫大乎官各明其守，而政各任于其人。"（卷二十，太宗三，P.606）这个职守既是上位者给定的、岗位赋予的，从为官者本人来说，更重要的是要明白自己的职守所在，在职守的范围内做好自己的政务。王夫之还具体剖析了一个重要的案例，"京兆尹崔日知贪墨不法，御史李杰纠之，日知反构杰罪。"如何处理这种情况？王夫之认为："尹之贪暴，御史之所必纠；御史汰纵于辇毂，尹亦习知，而执官守以论劾之。"（卷二十二，玄宗四，P.672）都是各自的责任范围的事，不能因为先后的关系而有所障碍或减免袒护。"不消弭人情之竞，不可以定国事之衡。"（卷二十，太宗五，P.610）王夫之在论唐初史事时写下这一句话，此句之后即引唐太宗言"或成怨隙，或避私怨，顺一人之情，为兆民之患，亡国之政，炀帝之世是也"。为政治国，不可意气用事，在唐初唐太宗即注意到这一点，并在行政方式上有相应的安排，但是到了他的子孙后代时，还是避免不了这种意气之争，唐代历史上的党争自唐中叶以后即已存在，最有名的当是牛李党争，长达四十余年，以李德裕之死才告结束，严重影响政治的清明与效能。党争的许多问题并非原则之争，乃是意气之争，成为唐政之毒瘤。"持其大纲，疏其节目，为政之上术也。"（卷二十四，德宗六，P.733）王夫之主张为政莫善于简，显然这里的这句话是为政求简的要领所在。对于为官之人，这也是治术的精华，是工作方法的要害。后世之"抓大放小"与此大意相同。

2. 地方主官

地方主官又是王夫之特别重视的官员群体。

在古代社会地方主官是守令，这是郡县制替代封建制以后的产物，"易国而郡县，易侯而守令矣。"（卷七，安帝七，P.196）。古代统治者都很重视地方太守之官，汉宣帝曾言："与我共天下者，其二千石乎？"所谓两千石即是地方守令的俸禄，故以此为地方太守的代称。王夫之指出："天子详于二千石之予夺，而治道毕举矣。"（卷二十二，玄宗一〇，P.677）

王夫之认为选择任命地方官是君主之责，贤明的君主之治，便在选好地方主官，要依靠责任部门帮助选任地方主官。

"明君之治，择守令而已；守令不易知，择司铨司宪者而已。司铨司宪者，日在天子之左右，其贤易辨也。而抑得贤宰相以持衡于上，指臂相使，纲维相挈，守令之得失，无不可通于密勿，则天子有德意而疾通于海内，何扞格之有乎！"

要给守令加责，使其权责分明，不要以专使替守令之责。"此之不谨，而恃专使以行上意，是臂不能使指，而强以绳曳之也。一委之专使，则守令监司皆卸其利国利民之责，行之不顺，国病民劳而不任其咎；即有贤者，亦以掣曳而废其职，况不肖之徒张威福，迫促烦苛，以苟且报奉行之绩乎！"（卷三十，五代下一六，P.956）

地方主官贤能的标准，王夫之认为："论守令之贤，曰清、慎、勤，三者修，而守令之道尽矣乎？夫三者，报政以优，令名以立，求守令之贤，未有能置焉者也。"但是如果仅仅持有这样三条，则是不够的，"持之以为标准，而矜之以为风裁，则民之伤者多而俗以诡，国亦以不康。"王夫之分别论述这三条标准，"矜其清，则待物也必刻；矜其慎，则察物也必细；矜其勤，则求物也必烦。夫君子之清、清以和，君子之慎、慎以简，君子之勤、勤以敬其事，而无位外之图。"王夫之说"君子修此三者，以宜民而善俗，用宰天下可矣"。但是如果过分地追求三者，又有相当的副作用，"然而课政或有所不逮，而誉望减焉，名实之相诡久矣。第五伦言'陈留令刘豫、冠军令驷协务为严苦，吏民愁怨，议者反以为能'，谓此也。使豫与协不炫其曲廉小谨勤劳之迹，岂有予之以以能名者？"所以王夫之认为这三者之外，还有更为重要的东西在，"欲矫行以立官坊而不学，则三者之蔽，民愁而俗诡。故曰：'君子学道则爱人。'弦歌兴而允为民父母，岂仅恃三者哉！"（卷七，章帝四，P.176）这更重要的东西还在地方主官要爱民，真正是为民父母。

"郡守之得民也，去其郡之病以兴其利，而民心悦矣。"（卷七，明帝三，P.168）"守令者，代天子以养民者也，民且流亡，不任之而谁任乎？"（卷二十一，高宗六，P.639）"郡县之天下，守令为天子牧民，民其所司也，土非其世守也。"（卷二十二，玄宗二二，P.693）这几句话极有民本思想，和孟子的"民为贵，社稷次之"的原意很接近。后世毛泽东有一句话："存地失人，人地皆失，存人失地，人地皆存。"对后句话也是很好的阐释。没有人民生存拥护，空守土地又有何用。

王夫之所说清、慎、勤，不仅是地方主官的标准，他还将之作为为官的一般标准。"论官常者曰：清也，慎也，勤也。而清其本矣。"在这三者当中，他认为清是根本，甚至说："弗慎弗勤而能清也，诎于繁而可以居要，充其至可以为社稷臣矣。"三不之人，"其罪易见，而为恶也浅。"弗清之人"而慎以勤焉"，则"察察孳孳以规利而避害，夫乃为天下之巨奸"。他说对于官员的考核、升降，往往"多得之于勤慎以堕其清"。（卷十，三国二三，P.291）

王夫之认为对于守令这样重要的地方官自然要有一套体系，"安守令也有体，严守令也有道。"那么这个体与道在哪里？在于"守令之仁暴，天子之所操也；其次，廷臣之所衡也；其次，省方之使所纠也；非百姓之所可与持也"。对于地方主官的任命考察之权在于朝廷，而不在百姓。显然王夫之的这个观点有其合理性，又有局限性，合理性在于其体现了封建社会的思想体系，局限性在于不适合于近代社会的民选、民察、民督规则。

对于吏民告守令，王夫之有一则札记专论，"吏民得告守令，拓跋氏之制也。拓跋焘自谓恤弱民而惩贪虐，以伸其气，自以为快，而无知者亦将快之，要为夷狄犷戾之情，横行不顾，以乱纲纪、坏人心，奈之何世主不择而效之也！"从这段话看，王夫之是不认可吏民告守令的，认为是"夷狄"的政策。这是一句笼统的话，王夫之对所谓"夷狄"是有切肤之恨的，王夫之还从三个方面进一步阐述其主张，第一方面是告状的人，"以事言之，能于天子之阙、大吏之廷告守令者，必非愚懦可侮、被守令之荼毒而无告者也。奉公有式，守宪有常，守令犹以苛敛残虐枉抑之而无所忌，此其人见守令而惴栗弗敢逆者，而能叩天子之阙、登大吏之廷以告守令乎？"第二个方面是实际的效果，"此诏行，而奸猾胁守令以横行，守令且莫敢谁何，乡闾比族之弱民登其刀俎者，敢有或为喘息者哉？若夫贪墨之守令，免此亦易尔，宽假奸顽而与相比，则愚懦者之肉恣食之而固无忧也，其害于拓跋氏之世已著见矣。而君子所甚恶者尤不在此。逆大伦、裂大分也，奖浇薄而导悖乱也，贱天之所贵、夷堂廉而天子且不安其位也，此则君子之所甚恶也。"第三方面是朝廷与人君要思其是否残民。"夫人君诚患守令之残民与？则亦思其残民也何所自。"王夫之列举了许多朝政方面的不正常现象后指出，"源其所本，则女祸兴，宦寺张，戚畹专，佞幸进，源浊于上，流污于下，其来久矣。"王夫之甚至揭露允许吏民告守令，"腥闻熏天，始从而怒之，假手于告讦之民以惩之；必民之是假也，亦恶用天子与大臣哉？夷狄不能禁其部曲，渐以流毒于郡邑，无已而此法行焉。堂堂代天而理民者，明大伦、持大法，以激浊扬清而弗伤其忠厚和平之气者，焉用此为？"（卷

十五，文帝一二，P.441）

　　王夫之主张加强地方政权及其主官的作用，"天下之治，统于天子者也，以天子下统乎天下，则天下乱。故封建之天下，分其统于国；郡县之天下，分其统于州。后世曰道、曰路、曰行省、曰布政使司，皆州之异名也。州牧刺史统其州者也，州牧刺史统一州而一州乱，故分其统于郡。隋、唐曰州，今曰府。郡守统其郡者也，郡守统一郡而一郡乱，故分其统于县。上统之则乱，分统之则治者，非但智之不及察，才之不及理也。民至卑矣，其识知事力情伪至不齐矣。居尊者下与治之，亵而无威，则民益亢而偷；以威临之，则民恇惧而靡所骋。故天子之令行于郡而郡乱，州牧刺史之令行于县，郡守之令行于民，而民乱。强者玩焉，弱者震掉失守而困以死。唯县令之卑也而近于民，可以达民之甘苦而悉其情伪。唯郡守近于令，可以察令之贪廉敏拙而督以成功。唯州牧刺史近于守，可以察守之张弛宽猛而节其行政。故天子之令不行于郡，州牧刺史之令不行于县，郡守之令不行于民，此之谓一统。上侵焉而下移，则大乱之道也。而暴君污吏，恒下求以迫应其所欲，于是牧刺不能治守，守不能治令，令抑不能治民。其尤乱者，天子之令，下与编氓相督责，守令益旷，奸民益逞，懦民益困，则国必亡。故统者，以绪相因而理之谓也，非越数累而遥系之也。"（卷十六，齐高帝一，PP.470-471）这一段话强调分统的作用，天子之下也就是中央集权之下，仍要按州郡县三级分统，其分统之必要理由，不仅是这里所引

409

的"非但智之不及察，才之不及理也"，更主要的在于治理郡县民众，官员愈到下层愈接近于民，了解民情，"唯县令之卑也而近于民，可以达民之甘苦而悉其情伪"。其最末一句是结论，实际上与近代西方之科层制的理论有异曲同工。

在其他著作中，他也说要加强地方各级主官的权力责任，主张要"革分司，重府权，尽治其郡……自郡上之为民之治者受于司，为兵之治者请仍巡抚使之任。"（《黄书·宰制》）

三、边防论

《读通鉴论》卷末之"叙论四"有"边防在焉"四字，王夫之说这四个字也是《资治通鉴》的"通"的内容之一。"边防"也就是边疆防卫。在《读通鉴论》的评史时段内，中国自秦汉以后，作为王朝国家，其边疆是统治核心区以外的边远部分，通常是相对于中原地区的"四夷"，其地域并不十分确定。

1. 国家版图

王夫之主张根据山川形势、地理环境以及人民风习来分划国家版图，"越之不可不收为中国也，天地固然之形势，即有天下者固然之理也。天地之情，形见于山川，而情寓焉。水之所绕，山之所蟠，合为一区，民气即能以相感。"接下来王夫之具体论述了古中国之形，而越"居其内"。而且，"越者，大禹之苗裔，先王所以封懿亲者也，非荒远之谓也。""顾使山围海绕、天合地属之人民，先王声教所及者，悍然于彝伦之外，弗能格焉，代天子民者，其容恝弃之哉！"据此，王夫之对西汉淮南王刘安谏伐南越指斥为"讦天子之过以摇人心，背汉而德己，岂有忧国恤民仁义之心哉！""言虽辩，明者所弗听也。"（卷三，武帝三，P.56）

王夫之以山川地理的概念来擘画中国版图也有一定的局限性，如其认为西域就不在山川地理的情理之中。"玉门以西水西流，而不可合于中国，天地之势，即天地之情也。汉武帝、张骞谋西域，是张骞恃其才力强通之，固为乱天地之纪。"是汉武帝"闻善马而远求耳，骞以此而逢其欲，亦未念及牂柯之可辟在内地也"。（卷三，武帝一五，P.64）但是在汉唐经营西域之后，王夫之还是给予了肯定，"至唐，为安西，为北庭，则已入中国之版。"（卷二十四，德宗二一，P.752）

2.开疆扩土

历史上对汉武帝开疆扩土，有贬为穷兵黩武，好大喜功，但王夫之却从长远大计的角度给予高度评价。

汉武帝"而北讨匈奴，南诛瓯、越，复有事西夷，驰情

宛、夏、身毒、月氏之绝域。天下静而武帝动，则一时之害及于民而怨谤起。"（卷三，武帝一五，P.64）

"以一时之利害言之，则病天下；通古今而计之，则利大而圣道以弘。"（卷三，武帝一五，P.64）

"汉武之疲敝天下……非埽幕南之王庭以翦艾匈奴之害也……汉承文、景休息之余，中国无事，而乘之以除外偪之巨猾，故武帝之功，至宣、元而收，垂及哀、平，而单于之臣服不贰。"（卷五，王莽二，P.127）不能废汉武之功。

王夫之还引述汉武帝所言："朕不变更制度，后世无法；不出师征伐，天下不安；为此者不得不劳民。若后世又如朕所为，是袭亡秦之迹也。"称汉武帝"有是心，为是言，而岂不贤乎？"（卷三，武帝二八，P.75）

3. 重边防

王夫之说："语曰：'明王有道，守在四夷。'制治保邦之道至矣。"（卷二，惠帝二，P.24）"守在四夷"就是讲的边防，王夫之认为制治保邦是最重要的关键。

王夫之论秦汉以来统一王朝主要的边防形势，"西汉都关中，而匈奴迫甘泉；东汉都雒阳，而上谷、云中被其患；唐复都长安，而突厥、回纥、吐蕃乘西塌以入；宋都汴，契丹攻澶、魏，卒使女真举河北以入汴，元昊虽屡胜而请和。"（卷三，武帝六，P.58）

王夫之认为巩固边防具有重大意义，是保境安民，既是"遐荒之地，有可收为冠带之伦，则以广天地之德而立人极

也"，也是"且抑以纾边民之寇攘而使之安"。（卷三，武帝一五，P.64）

王夫之对唐代巩固西域"置重兵，修守御，营田牧，屹为重镇"（卷二十四，德宗二一，P.752）给予高度肯定。

4.守战策略

王夫之以汉代故事为例，进行了两种守战模式的分析。一是赵充国"持重以破羌，功莫盛矣"，所谓持重乃是困敌之法，"当充国时，求战不得、坐而自困之羌，心灰而不敢竞者阅二十年。"王夫之在这些文字之前还有一整则札记专论"赵充国之策羌"。（卷四，宣帝一二，P.89）二是冯奉世"决于进讨，功不可泯"，之所以要进讨是因为"后起之胡雏，未尝躬受挫抑，将曰：汉但能自守，而不能有加于我，前人无能为而受其困，我别有以制汉而汉穷矣"。王夫之就此分析道："羌之初起也，持重以困之而自敝，万全之道也……奉世决于大举，合六万人以捣之于初起，盖与充国之策异术而同功。""奉世不可师充国之守，充国不可用奉世之攻，因时度敌而善其操纵，其道一也。"（卷四，元帝三，P.98）

5.边防费用

边防费用一直是中国历代朝廷很头疼的一个问题，也曾有过多次因为费用而放弃边地的事情发生。如汉代放弃漠南建置，唐代放弃西域经营等。王夫之认为不能以"小吝而大伤"，他以新收南越为例："新造之土，赋不可均，如安所

413

云：'贡酎不输大内，一卒不给上事。'诚有之矣。且城郭、兵防、建官、立学之费，仰资于县官，以利计之，不无小损。然使盗我边鄙，害我稼事，置兵屯戍，甚则兴师御之，通计百年之利，小吝而大伤,明王之所贱,而抑岂仁人之所忍乎？"（卷三，武帝三，P.55）

而边防战争费用，也是不得不用的，王夫之以汉代史事论之。"宣帝之诏充国曰：'将军不念中国之费，欲以岁数而胜敌，将军谁不乐此者？'"王夫之感叹"此鄙陋之臣以惑庸主而激无穷之害者也。幸充国之坚持而不为动，不然，汉其危矣！"（卷四，宣帝一三，P.90）王夫之进而论述道，边防战争费用"诚不可得而已也，举四海耕三余九之积，用之一隅，民虽劳，亦不得不劳；国虽虚，亦不得不虚。鄙陋之臣，以其称盐数米于烓厨之意计而为国谋，庸主遂信以为忧国者，而害自此生。司农怠于挽输，忌边帅之以军兴相迫，窳敝之有司，畏后事之责，猾胥疲民，一倡百和，鼓其欲速之辞，而害自此成。茫昧微功之将帅，承朝廷吝惜之指，翘老成之深智沉勇以为耗国毒民，乃进荡平之速效，而害自此烈矣"。"害生""害成""害烈"三层剖析，让读之者对边防费用有了更深层的察知。

6. 边地文武官员的选用

"债帅横于边而军心离，赇吏横于边而民心离，外有寇则速叛，外无寇则必反。"边地文武官员的选用是十分重要的，但实际情况从王夫之的有关论述可归纳如下：

其一，任重又得不到重视。

"边任之重，中主具臣必轻之""及边民之憔悴极、反叛起，然后思矫其弊，重选人才以收拾之，祸已发而非旦夕可挽矣。"

其二，不愿担任。

"于是而边方郡邑永为下劣之选，才望之士且耻为之，亦恶望其有可任之人乎？""非夫涂穷望尽不获已而姑受一命者，固不屑为也。人士之习见既然，司铨者遂因之以为除授之高下，于是沿边之守令，莫非士流不齿之材，其气茶，其情偷，苟且狼戾，至于人之所不忍为而为之不耻。"

其三，仕途无望，姑以贪之。

"而在边者途穷望尽，姑偷利以俟归休也。"所以"在边之将，贪残弩阘者，甚于腹里"；"在边之守令，污墨冒昧者，甚于内地。"

其四，文武之间常有不协。

就文官而言，"且也大帅近而或挫于武人矣，监军出而或辱于中涓矣，刍粮庤而或疲于支给矣，重臣临而或瘁于将迎矣。"（以上均卷十七，梁武帝一三，PP.503-504）

以上所论似乎着重于文官言，但有些情况武官也与此相类似。

所以王夫之对袁翻、李崇忧六镇之反，请重将领守令之选的奏议极为赞赏："匪特验于拓跋氏，亦万世之永鉴也。"

王夫之又专门论述了边将的重要性。"无可信之边将者

415

国必危"，危在哪里？王夫之说："掩败以为功，匿寇而不闻，一危也；贪权固位，怀忧疑以避害，无寇而自张之，以自重于外，二危也。"王夫之认为这二危"均足以危国，而张虚寇以怙权者尤为烈焉"。尤为烈在哪里？在于："边将之言曰：'无寇，则朝廷轻我'。（边荒）[夷狄]盗贼之言曰：'无我，则汝之为将也，削夺诛杀随之矣。于是而挑寇也，养寇也，纵寇也，无所不至，玩弄人君于股掌之上，一恐喝而唯我所欲。'"王夫之的史例是一个极端事例：刘宋明帝"欲除萧道成，荀伯玉为之谋，使轻骑挑魏之游兵，而遽以警闻，繇是而道成终据兖州以立篡弑之基"。（卷十五，明帝五，P.463）

王夫之在这里论述了边将之可信的重要性，这是一方面。另一方面，王夫之也指出了君主对于边将切忌猜疑防制，"莫愚于猜疑防制之主"，如果有猜疑防制之主，而又有"玩弄人民于股掌之上"的边将，则将陷于恶性循环，国家无安全可言。

王夫之还以汉高帝将韩王信于边境的失误为例说："然则以狡焉不逞之强帅置之边徼，未有不决堤焚林以残刘内地者也。饥鹰猘犬，不畜之樊圈，而轶之扬飞豗走之地，冀免祸于目前，而首祸于千古。甚哉高帝之偷也！"（卷二，汉高帝一一，P.18）

7. 不弃国土

"天子受土于天而宰制之于己，亦非私也；割以与

416

人，则是私有而私授之也。边徼之有闲地，提封不得而亩之，疑为委余而不足惜，然而在我为委余者，在彼为奥区，经理其物产，生聚其人民，未有不为我有者也。"王夫之还举例，"拓跋氏以秀容川酋长尔朱羽健攻燕有功，割地三百里以封之，其后尔朱氏卒为拓跋氏之忧，而国因以亡，非千秋之明鉴也乎？"这里虽然讲的是夷狄之间的事，但确是当时的夷夏之别，也就是当时的国别。所以王夫之就此而说的"弃地者弃其国，宁有爽与？"（卷十四，安帝三，P.402）具有更为广大的意义。"拓土，非道也；弃土，亦非道也；弃土而授之劲敌，尤非道也"。他对于唐代与永乐朝"邺侯决策，而吐蕃不能为中国之大患，且无转输、戍守、争战之劳，胡为其弃之邪？永乐谋国之臣，无有如邺侯者，以小信小惠、割版图以贻覆亡之祸，观于此而可为痛哭也"。（卷二十四，德宗二一，PP.752-753）而对后晋石敬瑭、桑维翰向契丹割地称臣最为痛恨，将提议者桑维翰目为古今第一罪人。

王夫之非常重视祖国的边疆问题，是书还有许多评论，如：

"晁错徙民实边之策伟矣！寓兵于农之法，后世不可行于腹里，而可行于塞徼。"（卷二，文帝一七，P.40）王夫之认为这样可以起到既开发边徼，寓兵于农，又起到御敌深入使敌因"深入而畏边民之捣其虚也"，此不多论。

四、论慎终厚葬

王夫之虽然主张："不可过也，抑不可不及也。"（卷三十，五代下一七，P.957）其实是主张厚葬，至少是反对薄葬的。作为一部资治史论之书，其所涉及既为一般民众的丧葬，重点则在官宦帝王之家的丧葬。

1. 执古礼以相合

《论语》记孔子语："生，事之以礼；死，葬之以礼，祭之以礼。"王夫之很重视丧葬之礼，至少是参照古礼。

"若夫古之慎终厚葬、以尽人子之心者，敛襚之衣无算，遣车明器祭器柳衣茵翣赠帛，见于士丧礼者，如彼其备。等而上之，至于天子，所以用其材而极孝养必具之物者，礼虽无考，而萃万国之力以葬一人，其厚可知也。"（卷三十，五代下一七，PP.956-957）

"故曰：'丧，与其易也，宁戚。'执古礼以求合，抑情以就之，易之属也；情有所不忍，虽古所未有而必伸，戚之属也。"（卷七，明帝一，P.166）

"家贫而厚葬，非礼也。喻贤者以俯就，使无以不备物为哀而伤其生也。士之禄入亦薄矣，而士丧礼之所记，衣衾紟绞翣茵抗席殷奠三虞之盛，不以贫而杀焉。"（卷八，顺帝三，P.210）

"丧礼之见于士丧者，且如彼其慎以周矣，遣车抗木，茵婴明器，空中人之产，士贫且贱，犹且必供；以此推而上之，至于天子，率万国以送其亲，而迪民以归厚，不可过也，而矧可不及邪？"（卷二十四，德宗三，PP.728-729）

2.厚葬以尽人子之心

前引文句中既有"古之慎终厚葬、以尽人子之心"，又云："不欲以其死累天下者，君子之义也；不忍于送死之大事，而不以天下故俭其亲者，人子之心也；两者并行而各尽。"（卷二十四，德宗三，P.728）

即使厚葬，"然皆先骨而朽，出于藏而不适于用。则人子之忧以舒，而终鲜发掘之患。"（卷三十，五代下一七，P.957）。

借用王夫之引用古语："丧，与其易也，宁戚。"王夫之的解释且不管，这里解读其意思当是：在丧葬问题上与其简易而宁愿悲戚，也就是表达出人子之心。

为了尽人子之心，在丧葬问题上可以违背遗命。王夫之认为，作为死者倡导薄葬有两重性，一方面是其"不欲以其死累天下"，这是君子之义。（卷二十四，德宗三，P.728）另一方面则"亦不仁矣"，（卷三十，五代下一七，P.957）

这不仁就是没有考虑子女尽人子人心。所以王夫之认为，即使尊亲有薄葬的遗命，"遗命虽严，在先君以自章其俭德"，"为人子者，当亲存之日，无言不顺，无志不养，没而无遗训之不奉"，但唯独这薄葬的遗命"姑置此言焉可也"。（卷二十四，德宗三，P.729）

3. 薄葬为墨家恶之大者

王夫之是儒家学者，对墨家思想持批判态度，而对墨子有关薄葬的思想更加痛恨，这成为他反对薄葬的理由之一。他多处批判墨子的薄葬思想，一处更比一处厉害："而其弊也，流于墨氏之薄葬。"（卷七，明帝一，P.165）

"墨氏无父，而桐棺之制，戕仁寡恩以庸民于利，孟子斥之为禽兽矣。"（卷八，顺帝三，P.210）

"墨氏无父，夷人道于禽兽，唯薄葬为其恶之大者。借口安亲而以济其吝物寡恩之恶，禽道也。"（卷三十，五代下一七，P.957）

在王夫之看来，薄葬是墨家思想，实行薄葬是受墨家影响或中其流毒的。

王夫之没有提到庄子也是反对厚葬的。庄子通过寓言谈到自己死后的安葬："庄子将死，弟子欲厚葬之。庄子曰：'吾以天地为棺椁，以日月为连璧，星辰为珠玑，万物为赍送。吾葬具岂不备邪？'"庄子反厚葬，弟子又说："吾恐乌鸢之食夫子也。"庄子又说："在上为乌鸢食，在下为蝼蚁食，夺彼于此，何其偏也。"庄子为自己反对厚葬找了一个很好的理由：公平。当然，庄子学说是王夫之非议的，王夫之若注意到庄子此言，恐怕又要说庄子是"非知道者"。

反厚葬的理由之一是被盗墓发掘。王夫之对此也有自己的辩论，其一是相对于广大的墓葬，"终鲜发掘之患。"（卷三十，五代下一七，P.957）其二是即使为薄葬也照样会被发掘，"汉文帝令薄葬，而霸陵之发，宝玉充焉。"（卷三十，五代下一七，P.956）

4. 帝王之家丧葬举例

秦始皇修骊山之墓行厚葬。王夫之将其与汉文帝薄葬做了对比：

"唯夫嬴政之后，穷天下以役骊山，故汉文裁之以俭，以纾生人之急。然天子之俭也，自不至于土亲肤而伤人子之心，若士民则固弗禁也。"（卷八，顺帝三，P.210）"秦殚天下之力以役骊山，穷奢戕民，洵无道矣。"（卷二十四，德宗三，P.728）以厚葬而扰民王夫之是反对的。

德宗改遗命诏从优厚。前面所言改变遗命的史例便是唐德宗改代宗薄葬遗命而厚葬其父。

"唐德宗葬代宗于元陵，诏从优厚，而令狐峘曰：'遗诏务从俭薄；不当失顾命之意。'"王夫之认为这样的言论"不仁哉其言之乎！"王夫之接连发问："若挟此为辞，吝财力以违可致之心，薄道取法于墨者，充塞仁义，其视委壑而听狐蝇之嘬食也无几，非不仁者，孰忍此哉？""况四海兆民之元后，父终母亡，终古止此一事，而为天下吝乎？"

"他不具遵，而唯薄葬之言为必从，将谁欺也？"不能遵薄葬的遗命，而应按德宗之意。"诏从优厚。"只要"不朘削斯民、致之死亡，而已善承先志矣"。"邪说诬民，若此类者，殆仁人之所必诛勿赦者与！"（卷二十四，德宗三，P.729）最后一句"必诛勿赦"又很激烈，大失理性。在这个问题上可见王夫之持见很是固深。

周主遗命薄葬之辨。"周主威疾笃，遗命鉴唐十八陵发掘之祸，令嗣主以纸衣瓦棺敛己，自谓达于厚葬之非而善全其遗体矣"，并"令刻石陵前，以纸衣瓦棺正告天下后世"。王夫之对此发表评论："其得国也不以正，既无以求福于天；其在位也，虽贤于乱君，而固无德于天下，以大服于人；惴惴然朽骨之是忧，而教其臣子使不能尽一日之心力以效于君亲，其智也，正其愚也。"而其刻石正告之举，"吾恶知其非厚葬而故以欺天下邪？"而乱兵盗贼欲发掘的话也会愈疑而愈思发掘之，"人其以言相信邪？"所以王夫之指斥"周主威不学无术，奚足以知此哉！墨氏无父，夷人道于禽兽，唯薄葬为其恶之大者。借口安亲而以济其吝物寡恩之恶，禽道也……为君父者，以遗命倡之，亦不仁矣"。（卷三十，五代下一七，PP.956-957）

5. 倡薄葬者"诛无赦"

对令狐峘让德宗按遗命务从薄葬之言，王夫之已怒言"必诛勿赦"，而此之前王夫之更有厉害之语"其何诛焉！"

东汉马融曾有对策曰："嫁娶之礼俭，则婚者以时矣。

422

丧祭之礼约，则终者掩藏矣。"婚嫁丧葬是人生大事，王夫之之言是"婚葬者，人事始终之大故"。马融提出了相应的对策，对丧葬他主张简约。但王夫之大加挞伐，其一是马融对汉季"艳后尸政，寺人阿母，穷奢极侈以蠹国；私人墨吏，横行郡国以吮民"等"避不言"，而以"丧葬之礼约"邪说诬民，而"民之贫也，岂婚葬之縻之哉"？其二是马融不顾人情，"罔极之恩，终天之一日，此而不用吾情，何所用吾情者？""欲藏锢人子之恻隐，各余财以畜妻子"，和无父之墨子一样是为禽兽；其三是马融不顾君民实情也违反古礼古制。"若夫丧祭，则岂君之忍禁其民、民之忍背死以求财之足者乎？"何况《士丧礼》就有关于丧祭等规定。总之，王夫之痛骂马融"其能免于枭獍之诛乎？""融也，固名教之罪魁，无足数于人类者也，其何诛焉！"王夫之的批判过于激烈，至少是理性不足的。（卷八，顺帝三，PP.209-210）

王夫之有关慎终厚葬的言论是王夫之思想中糟粕与精华杂糅最为明显的一部分。其价值在于反映古代对这一问题的思想认识，其可取之处在丧葬要合于礼俗以尽人子之心的主张，但其许多批判之语又是大失理性的。

五、司马光论

整部《读通鉴论》，都是王夫之读《资治通鉴》而抒胸中块垒之书，既是对史事的探论，也是对是书的探论。对《资治通鉴》的主编者司马光，王夫之在他的著作里也穿插有史事的评述，这是王夫之论史论人论事的基本方法。这不是我们要讨论的重点，我们将重点探讨王夫之对司马光史观史论的评述。

1. 司马光本事

对司马光本事的评述在王夫之是著中多见。最早的一处当为如下：

"宋神宗唯不知此，而司马君实被三年改政之讥，为小人假绍述以行私之口实。"（卷三，武帝二八，P.75）

"司马温公奉宣仁太后改新法，而章惇、邢恕犹指宫闱以为口实，况缘外戚以取相乎。"（卷四，宣帝三，P.83）王夫之对母后干政持强烈的批判立场，此句也正是在批母后临朝时将司马光拉来说事。司马光依靠太后的支持推翻王安石变法几乎全部的政策措施。这推翻是否正确暂且不论，王安石的许多政策王夫之也不认可，但司马光依太后行政是王夫之极为不满的。在另一则札记里，王夫之也不无指责："司马温公之正，而所资以行志者太后。"（卷二十五，顺宗，P.770）

"司马温公任二苏以抑王安石，而秦观、张耒以狭邪匪人缘之，以忝清流之选，故终绌于绍述之党。"这段话是王夫之因汉文帝之世朋党始兴，"流风所染，千载不息"而发，王夫之认为"士得虚名获实祸，而国受其败，可哀也夫！"司马光当政时也受此风影响，"为君子者，可勿豫戒之哉！"（卷四，元帝一，P.96）

"苏轼之于司马温公，幸也。"此句是王夫之在论述"士有词翰之美，而乐以之自见"时所说，王夫之以陆机颇有文名为司马伦所借重以撰写禅诏，最后身名两陨的史事，读"君子之有文，以言道也，以言志也"，而"道者，天之道；志者，己之志也"。倘若"上以奉天而不违，下以尽己而不失，则其视文也莫有重焉；乐以之自见，则轻矣"。乐以自见，则不免为人借美，而那借美之人是谁就决定了被借美之人的出路、结果乃至命运。有幸与不幸，王夫之列举了若干人物："李白永王东巡之歌，永王借之也，陆游平原园林之记，韩侂胄借之也，不幸也；蔡邕之于郭有道，苏轼之于司马温公，幸也。"（卷十二，惠帝五，P.328）苏轼可以算是司马光的学生，司马光死后，苏轼为之写墓志铭《神道碑》。

"免役非殃民之稗政，而司马公必速改于一朝。"（卷二十一，中宗一七，P.661）这段文字是王夫之在评述唐高宗至唐中宗朝政之乱一段史事时横生议论，以宋代事与唐代事相比照。此句乃指司马光重新执政后对前任一些政策改弦更张，而其言外的意思则是提醒：“国无党祸而不亡，为人君者弭之于其几，奚待祸发而无以救药乎？”

“司马温公失之于蔡京，唯察此之未精耳。”（卷二十二，玄宗二，P.670）

王夫之在评述唐玄宗朝宰相张九龄抱终清以始终时，以宋宰相司马光为对照，衬映张九龄“清节不染于浊流，高蹈不伤于钳网”。张九龄是王夫之评价很高的唐宰相之一。

“轼、辙见重于司马君实。”这是王夫之在谈制科取士时的一句话。“制科取士，唐之得元、白，宋之得二苏，皆可谓得人之盛矣。稹、居易见知于裴中立，轼、辙见重于司马君实，皆正人君子所嘉与也。”（卷二十五，宪宗三，P.774）在这一段里可知，我们在前面谈苏轼可以说是司马光的学生有所本的，也就是苏轼参加科举考试，是由司马光问卷录取的，王夫之肯定了司马光与苏轼是“皆正人君子所嘉与也”，当然王夫之在后面的话里还有许多对本届科举应试作文的评论以及被录取之人之后的官场表现的看法，这里从略。科举考试以文取人也只能管一时，管不了日后和永远。

“杜祁公、司马温公所不能却也。”本句见于王夫之论人才引见的内容。“人臣以社稷为己任，而引贤才以共事，不避亲戚，不避知旧，不避门生故吏，唯其才而荐，身任疑谤而不恤，忠臣之之效也。"接下去王夫之专论人对于身边周遭之人"狎习已夙，则其性情易见而贤否易知，非遥采声闻者之比也"，故"立贤而先亲知"。"苏舜钦、石延年、黄庭坚、秦观游大人之门，固宜受特达之知遇；杜祁公、司马温公所不能却也。而后竟如之何也？"王夫之在这里揭示了一种官场荐举现象，司马光也只能如此，相对于前面所论仅凭科举一考，似乎也不失为举荐人才的办法。但是王夫之认为，这种办法也有弊端："未遇则饰貌以相依，已雠则操戈以入室，凶终之祸，成乎比匪，不亦伤乎！"（卷二十五，宪宗一三，PP.786-787）这一段里，司马光只是王夫之借来说事，非关本事。但即便是借，也是从正面立论的。

"司马温公入相，而熙丰之党益狙。"（卷二十五，宪宗一六，P.790）这一句话是王夫之论唐宪宗朝党争而写。唐宪宗朝事不议，此句揭示司马光入相时宋朝政治现状，实际上司马光从政一直也处在旋涡中，包括与王安石的政事等。

王夫之在是书多处涉及司马光本事，大概也是一种知人论书，"读其书不知其人，可乎？"

2. "其说韪矣"

《读通鉴论》是以《资治通鉴》为阅读母本的，前者就不可避免要对后者所载史事以及以"臣光曰"形式出现的司马光言论表示意见，其赞同之语为"其说韪矣"。

"司马温公曰：'光久专大柄，不知避去。'固也。"（卷四，宣帝五，P.84）此句之前是王夫之本则札记的起句："霍光之祸，萌于骖乘。”王夫之认同司马光关于霍光及其家族的见解，汉武帝之后霍光长期担任大将军，把持朝政，丞相为其府吏，皇帝的废立也在他一念之间。古语有云“斗斛满则人概之，人满则天概之”，概是平的意思。由霍光扶上皇位的宣帝在霍光陪同初谒高庙之时就对霍光心生畏惮，由畏惮而为不满，霍光死后不几年，整个霍氏家族几乎片草不留，尽管霍光本人不受丝毫影响。

　　“司马温公曰：‘适足为笑。’”（卷八，灵帝四，P.227）本句所在的这一则随笔的主题是阐述“法之密也，尤欺之所藉也”、“夫防之严，而适以长欺。”王夫之认为“若夫开国之始，立密法以防欺，未即亡焉，而天下之害积矣”，主张“法愈疏，闲愈正，不可欺者，一王之法，天理之公，人心之良也”。司马光这句话是王夫之借用来批明清之时“今之为制，非教官及仓巡驿递不亲民者，皆有同省之禁，此汉灵之遗法也”。王夫之于此则札记还同时转引了司马光引述的叔向之言：“国将亡，必多制。”

　　“故司马温公曰：‘明不能烛，强不能断，使朝廷有党，人主当以自咎。’其说韪矣。”（卷二十六，文宗五，P.811）王夫之所引司马光此语，乃是司马光就唐文宗朝党争所发议论，具体是李宗闵与李德裕就郑覃进退的行事，“李宗闵欲逐郑覃，而李德裕亟荐之”。后郑覃被任为御史大夫，而此一任命是文宗从宫内直接宣布的。所以李宗闵老大不高兴，又不敢违抗。李宗闵其人“得持国宪官常以忿懥于下，以此而求折朋党之危机"，但这是很困难的。就此事件司马光有了上面的议论，王夫之认可司马光的看法，认为"其说赹矣"。司马光与王夫之的看法是一致的，也是正确的。唐文宗一朝党争确乎炽烈，皇帝作为最高统治者对朝政出现这一局面而应当自咎。王夫之紧接着的一句是说司马光"乃又曰：'不当以罪群臣'"。王夫之认为司马光的这一句不对。"则于君子立身事上、正己勿求之道，未协于理；而奖轻儇、启怨尤、激纷争之害，不可复弭。"王夫之还联系宋代进一步说，"元祐、绍圣之际，猖猖如也，卒以灭裂国事，取全盛之宋而亡之。一言之失，差以千里，可不慎哉！"最末之句简直类同批判。在王夫之看来"不可以责辟臣"的后果也是很严重的。唐文宗朝党争剧烈，就是宋元祐一朝亦犹是也，"皆为君子者，进则呴呴，退犹跃跃，导人心于嚣讼而不可遏也。"王夫之甚至联系司马光本事，"无惑乎温公之门有苏轼诸人之寻戈矛于不已也。"在同一则札记中，司马光本平凡之见，有认同者有不认同者，其中有一处意同文字异："不当以罪群臣"，"不可以责辟臣"。

还有的情形是王夫之大体认同司马光论而又有进一步的论说。"留侯欲从赤松子游，司马温公曰：'明哲保身，子房有焉。'未足以尽子房也。"为什么说在此处，王夫之是大抵认同司马光之说呢，除了从本句句意的推定外，王夫之在别的文字里有更为明确的表达，"所谓保身之哲也，张子房李长源是已。"（卷二十三，肃宗一一，P.708）进一步的论说又在哪里？在王夫之又说："子房之言曰：'家世相韩，为韩报仇。'身方事汉，而暴白其终始为韩之心，无疑于高帝之妒。"但是张良"其忘身以伸志也，光明磊落，坦然直剖心臆于雄猜天子之前。且曰：'愿弃人间事，从赤松子游。'视汉之爵禄为鸿毛，而非其所志。"如此，反而"忠臣孝子青天皎日之心，不知有荣辱，不知有利害，岂尝逆亿信（指韩信——引者）之必夷、越（指彭越——引者）之必醢，而厪以全身哉！"所以赢得高祖的充分信任，"抑惟其然，而高帝固已喻其志之贞而心之洁矣，是以举太子以托之，而始终不忒。"（卷二，汉高帝一〇，P.17）王夫之的这一番议论充分发掘了张良的内心世界，在"明哲保身"背后深藏的"忠臣孝子青天皎日之心"，比简单地说张良有保身之哲更为雄辩。历史研究的难处在人物心灵的把握与分析，王夫之之说言之成理，历史的现场感很强。

3. 异见的表达

王夫之的史论多发人所未道，与人有异，是著中对司马光发表不同见解所在太多，更多是隐性的、隐含的。这里就其指名道姓表达不同看法者稍作梳理为后，可以发现其不同意见多于表示首肯者。

"温公之论，其犹坐堂皇。持文墨以遥制阃外之见与！"（卷三，武帝五，P.58）此一语乃王夫之就司马迁与司马光有关李广与程不识的言论而来："太史公言：匈奴畏李广之略，士卒亦乐从多从广而苦程不识。'司马温公则曰：'效不识，虽无功犹不败；效李广，鲜不覆亡。'两者皆一偏之论。"李广与程不识乃西汉两名将领，两司马对此二人作出不同的评价，是历史学的见仁见智，王夫之不同意两司马之见而特申论之，言两将乃不同在各有其长。"不识之正行伍，击刁斗，治军簿，守兵之将也。广之简易，人人自便，攻兵之将也。"王夫之认为"太史公之右广而左不识，为汉之出塞击匈奴言也"，司马温公之论纯粹是不着边际了。

"故奖妇贤者，非良史之辞也；事女主者，非丈夫之节也。司马温公历鉴于汉、唐，而戴宣仁后以行其志，佞者为之说曰：母改子道。岂非过乎？"（卷七，安帝三，P.193）此节文字乃王夫之论东汉邓后与马后临朝事，王夫之的观点是"母后临朝，未有不乱者也"。其理由有一条是所见所闻，不出闺阁。所节录这段文字进一步表明王夫之的观点，他并联系司马光史事来对照。

宋神宗起用王安石变法，司马光等是属于反对阵营的，司马光的反对并无个人成见，而是出于公义。当反对无效时，司马光选择了回避和退让，躲起来编《资治通鉴》。神宗死后，年仅十岁的高宗继位，由太后临朝执政。这太后一向反对新政，将反对变法最为激烈的司马光召到京城担任宰相。司马光任宰相头一件事便是废新法。而王安石也如原先的司马光选择避让一样，回老家金陵去了。王夫之对王安石变法并不肯定，但对司马光在太后支持下"以行其志"，又有微词。

"司马温公曰：'慢则纠之以猛，残则施之以宽，宽以济猛，猛以济宽，斯不易之常道。'是言也，出于左氏，疑非夫子之言也。"（卷八，桓帝二，P.215）称司马光认为不易之常理的这句话，当是指孔子"宽以济猛，猛以济宽，政是以和"，王夫之以为这并非孔子的原话，而是《春秋左氏传》里左丘明的传语。不管是否为孔子所说，宽猛相济，被普遍认为正是儒家的"德主刑辅"理念。在随后的文字里，王夫之对宽猛提出自己的看法，主张以严替换猛，认为"相时而为宽猛、则矫枉过正，行之不利而伤物者多矣"，并进而指出"严以治吏，宽以养民，无择于时而并行焉，庶得之矣"。应该说这是对宽猛相济的儒家学说的发展。

"荀彧拒董昭九锡之议，为曹操所恨，饮药而卒，司马温公许之以忠，过矣。"（卷九，献帝三一，P.266）为曹操加九锡，实际意味着"刘氏宗社已沦"。荀彧作为曹操的主要谋臣不赞成此议，但荀彧是不是忠于汉室，司马光与王夫之的评价有所不同。司马光认为是忠，王夫之则认为"彧亦天良之未泯，发之不禁耳，故虽知死亡之在眉睫，而不能自已"。两个评价不只是细微的差别，一个是主动的"忠"，一个是不得已的"天良未泯"。

"司马温公曰：'不能纪其世数。'非也。"（卷十，三国三，P.273）这是就刘备能否继汉之正统，王夫之所发的议论。"以先主绍汉而系之正统者，为汉惜也；存高帝诛暴秦、光武讨逆莽之功德，君临已久，而不忍其亡也。若先主，则恶足以当此哉？"王夫之认为刘备并不以刘氏江山为重，本来"承统以后，为人子孙，则亡吾国者，吾不共戴天之仇也"，但刘备"无一矢之加于曹氏"，而"急修关羽之怨，淫兵以逞，岂祖宗百世之仇，不敌一将之私忿乎？"由此王夫之认为"先主之志见矣，乘时以自王而已矣"，所以"为汉而存先主者，史氏之厚也。若先主则固不可以当此也"。又所以连带司马光所言刘备承汉之统"不能纪其世数"都是妄言："世数虽足以纪，先主其能为汉帝之子孙乎？"祖先江山都不急于光复，说是正统承其统又有何实际意义？王夫之的指责还是说在点子上的，并且入木三分。

"亮以卫国无术而任罪，司马温公乃欲明正典刑以穷其罪，则何以处夫延王敦杀周、戴以逼天子之王导乎？"（卷十三，成帝六，P.362）引语中的亮指东晋的庾亮，时与王导同为辅政之任，庾亮力主北伐但无果，司马光对庾亮与王导两人的评价以王导为高，王夫之在这里不赞同司马光之论，也以王导为对照发问，如欲究庾亮之罪，那王导又何处理？王夫之对王导的评价有褒有贬，此则札记为庾亮摆功，既谦让王导又引进郗鉴、温峤、卞壶等人才共济时艰，"原其情，酌其罚，何遽以典刑加之？"

"司马温公讥其非雅德君子所为"，此句的全小段是："王猛请慕容垂之佩刀，绐其子使叛逃，期以杀垂，司马温公讥其非雅德君子所为，何望猛之厚而责之薄也！猛者，乱人之雄者耳，恶知德哉！"（卷十四，帝奕三，P.386）王猛是前秦重要的政治家，辅佐苻坚治政。王夫之当明末清初之际，

433

对少数民族政权一概充满敌意，不免将对当前的义愤转嫁到历史，对前秦少数民族政权也取敌视态度，因之对为少数民族政权服务的汉人更持不屑。王猛算是一例，故其认为司马光对王猛请慕容垂佩刀事的评论是"猛之厚"而"责之薄"，不仅对司马光之论不满，对朱熹所言"三秦豪杰之士，非猛而谁"也予反驳："伏戈矛于谈笑，激叛乱以杀人，妾妇耳，奚豪杰之云！"王猛不过是一个妇人，哪里称得上是豪杰。这是很低的一个评语，因为在王夫之那里，对妇人干政是最为痛斥的。

"牛、李维州之辨，伸牛以绌李者，始于司马温公。"（卷二十六，文宗四，P.808）此语非就牛李党争一般情形而言，而是就牛李有关"中国邦守"也即周边夷狄事务的不同主张来论的。这是唐文宗朝史事。唐朝最大的边患是吐蕃，太和五年（831），李德裕曾代表唐接受吐蕃镇守维州副使悉怛谋率众来降。李德裕并进而主张趁此时机发动对吐蕃的进攻以宁边境。朝廷召侍议对，百官均表赞同，但牛僧孺却认为这样做，"徒弃诚信，匹夫之所不为"，并以现实利害陈说吐蕃"不三日至咸阳桥"。牛李双方争议的焦点表面在"诚信者，中国邦交之守也"。牛僧孺方也似乎抢占了一个道德制高点，以所谓儒家的诚信大旗为揭，"谋臣不能折、贞士不能违，可以慑服天下之口而莫能辩。"后世之司马光作为史家也称许"僧孺所言者义也"。当时的唐朝在此番争议后，将维州和降将悉怛谋等归还吐蕃，致降众全部被杀。

王夫之对此事发表自己的意见，谴责牛僧孺是出于个人目的，"夫僧孺岂果崇信以服远、审势以图宁乎？事成于德裕而欲败之耳。"而明末清初的民族矛盾也让王夫之选择赞同李德裕的观点与做法，何况王夫之还特别推崇李德裕，认为"唐之相臣能大有为者，狄仁杰而外，德裕而已。武宗不夭，德裕不窜，唐其可以复兴乎！"（卷二十六，武宗六，P.824）王夫之还指责司马光为何要伸牛以诎李，指出司马光"公之为此说也，惩熙丰之执政用兵生事，敝中国而启边衅，故崇奖处镈之说，以戒时君"。但是情况变了，"夫古今异时，强弱异势，战守异宜，利害异趣，据一时之可否，定千秋之是非，此立言之大病，而温公以之矣。"王夫之认为司马光之言不合时宜，不能用肯定牛僧孺的做法来言今，毕竟时移势易。

　　"而司马温公讥其失信。"（卷二十六，武宗五，P.822）此语就唐史上武宗朝有关杀降是否无信而言。王夫之主张不能一概一味地认为"杀降者不仁，受其降而杀之不信"，这虽然是古有其言，但"不撰其时，不察其故，不审诸顺逆之大义，不度诸好恶之公心。而唯格言之是据，则仁人君子之言，皆成乎蔽。仁蔽而愚，信蔽而贼"。不杀降是指协从而自拔者言，对其首恶则应区别而具体对待。这是王夫之认定的通论。具体史事就是"刘稹之叛，郭谊为之谋主，及夫四面合围，三州已下，稹守孤城而日蹙，谊与王协说稹束身归朝，稹既从之欲降矣，谊乘其懈杀之以自为功，武宗与李德裕决计诛

435

之"。王夫之认为"夫岂非允惬人心之公恶者以行大法"，武宗与李德裕要杀作为叛乱谋主的郭谊，杀得对，应该杀。但司马光认为武宗与李德裕"失信"。王夫之显然认为这样的说法是不对的，这样来讲信，这样的信，"非其所以蔽而愚且贼者乎"，这样的信是又蔽又愚又贼的啊！讲仁讲信必须是"施大仁，惇大信，各有其时，各有其情，各有其理"，司马光与王夫之两人都秉持的是儒家的仁信大义，但在具体问题的看法上又各不相同。

"小说载宣宗之政，琅琅乎其言之，皆治象也。温公亟取之登之于策，若有余美焉。自知治者观之，则皆亡国之符也。"（卷二十六，宣宗六，P.833）这一小段涉及唐宣宗朝政如何评价的问题，王夫之与司马光是大不相同的，王夫之认为到唐宣宗时，唐朝已是"立国之元气已尽，人垂死而六脉齐张"，当然王夫之不是空论，也举出一些表象，"民心之离，于是始矣"，"一寇初起，翦灭之，一寇踵起，又翦灭之，至再至三而不可胜灭，乱人转徙于四方，消归无地，虽微懿宗之淫昏，天下波摇而必不能定。宣宗役耳目，怀戈矛，入黠吏之囮，驱民以冻馁，其已久矣。"王夫之认为"亡国之符"遍布，司马光还从小说家有关治象之言中选取素材载入史册，显然是有违历史的。

"故自朱温以来，许其有志略而几于豪杰者，唯知远近之矣。"（卷三十，五代下三，P.939）

"盖自朱温以来，差可许以长人者，唯知远耳。嗣子虽失，而犹延河东数十年之祀，亦其宜矣，然而不足以延者，知远亦沙陀也。于时天维地纪未全坏也，固不可以为中国主也。"（卷三十，五代下七，P.944）

从这两段文字看，王夫之对刘知远的评价还是比较高的，甚至可以说五代的历史人物能入王夫之法眼的惟刘知远一人。对照司马光有关论述，可知主旨大有不同。

司马光曾以"臣光曰"对后汉高祖刘知远有过一通评论，大意是：后汉高祖杀死一千五百名无辜的幽州兵，这不是仁；引诱张琏投降而将其杀掉，这是不信；杜重威罪大恶极而赦免他，这是用人不当。仁用以团结众人，信用以推行政令，刑用以惩奸罚邪。失去这三者，还靠什么来立国！他的皇位不能长久，这是肯定的。司马光的评论是一种道德评论，着眼的是仁、信、刑，批判的武器是儒家与法家思想的结合。儒家重仁、义、礼、智、信，法家重刑。后汉王朝只有短短的四年，司马光归结为后汉高祖在立国的根基上有先天性的不足。王夫之虽然并未直接点名道姓表达不同意见，但对刘知远之评论是不同于司马光的。这便是我们前面所说隐形的表达，而这也正是王著的价值。

王夫之与司马光这些不同见解的是非曲直可暂且不论，无妨看作历史学家与哲学家对于历史的不同解读，应作前代人与后代人对历史的当下理解。重在为当世之治资鉴是司马光纂史的目的，意欲替后世求鉴故充满洞见是王夫之的著书理念；司马光是历史编纂，王夫之是评说历史，两者的出发点不同，故而解释具有多样性不足深究，恐怕也无高下之分。故王夫之更多哲学的深刻，司马光则更多史学的持平。王夫之与司马光有诸多不同，有一点似乎有相通性，即司马光是历史学家里最懂得政治的，又是政治家里最懂得历史的；王夫之则是哲学家里最懂得历史的，又是历史学里最懂得哲学的。两个人的隔时空对话的精彩，或许正在这里。王夫之有句"六经责我开生面"，他的评史论史确实是"开生面"的。

主要参考书目

司马光主编：《资治通鉴》（文白对照，全18册），中华书局2009年版。

王夫之著：《船山全书》（共16卷），岳麓书社1996年版。

王夫之著，舒士彦点校：《读通鉴论》，中华书局2013年版。

李季平著：《王夫之与读通鉴论》，山东教育出版社1982年版。

宋小庄著：《读〈读通鉴论〉》，云南人民出版社1991年版。

姜鹏著：《德政之要》，上海人民出版社2015年版。

张国刚著：《资治通鉴与家国兴衰》，中华书局2016年版。

黄明同、吕锡琛著：《王船山历史观与史论研究》，湖南人民出版社1986年版。

章士钊著：《王船山史说申议》，重刊于《辛亥革命前十年间时论选集》。

聂茂著：《天地行人：王夫之传》，作家出版社2016年版。

[美]裴士锋著，黄中宪译，谭伯牛校：《湖南人与现代中国》，社会科学文献出版社2015年版。

刘荣撰：《近百年来王船山〈读通鉴论〉研究述评》，载《〈船山学刊〉创刊百年暨船山思想与中华优秀传统文化学术研讨会论文集》，并见"红网"。

后 记

在曹雪芹诞辰三百周年时，我曾用半年多时间反复阅读《红楼梦》，前八十回读了五遍，后四十回读了四遍，对全书内容达到稔熟的程度，后来写有关文章时可以不再看原书。如此便完成有关《红楼梦》的一项研究,取名《红楼梦的本文》。

王夫之诞辰四百周年之前，我读其著《读通鉴论》，花了半年时间读了两遍，中断一段时间后又读了第三遍。这部比《红楼梦》早将近一百年的书，阅读起来感觉难度颇多，除了原著为古文，文字上生僻字也很多，好些在收字达六万以上的《汉语大字典》和《中华字海》》里也查不到，陌生的词在最重要的古汉语词典《辞源》里找不出来，"读书先自识字始"，连这都做不到遑论其他。而这还在其次，其内容的庞大博杂，议论的体大思精，行文的恣肆汪洋，又是难以把握的。

尽管如此，我还是把它啃了下来，有两个原因：一是在一个艰难的时日里需要做一件重要的事情以安心志，二是老家传王夫之乃是我的先祖。我在给家人的信中表示要下苦功做这件事。

而对此书的兴趣或者机缘，最早来自《资治通鉴》的阅读。我曾用差不多一年的时间读完是书，并在不撰草稿的情况下随手写成一部约百万字的札记，题为《资治与处世的启悟》，副标题是"资治通鉴1400题"，那可算是当代人读是书的角度。回过头想前人是如何读"通鉴"的。尽管前人读"通鉴"的研究著作很多，但其中最重要的一部可能就是王夫之的这部《读通鉴论》。

与其他前人读"通鉴"的著作不同，主要是思想家、哲学家的王夫之其实是借了"通鉴"的框架，以他人酒杯浇心中块垒，表达自己的史论、史观，其博大精深的宏论还真有点天马行空的意味。《资治通鉴》是从春秋到五代的记载，王夫之省去了前面而直接从秦始皇开始，发大统一的中国之论。

读王夫之书已是不易，而后再做一点研究，确乎更难。甚至于可资参考的文献也并不太多，有关著作只有李季平和宋小庄的两部，虽然两书各有贡献，如宋书试图通过是书构建王夫之的思想体系，但局限性是很明显的，前者出版于20世纪80年代初，是"文革"期间写作的延伸，且失之于简，其实只有一章的内容；后者虽晚了十余年，但多少有点分类整理的味道。

而我本人虽为历史学专业出身，但对"通鉴"记载的这一段中国历史研习不够，做这样的研究，把握起来还是有相当的困难。在最后整理成书时，将王夫之是书再读一遍，感觉还是难以做整体的理解与把握。姑且将阅读笔记整理出来，献给王夫之诞辰四百周年。

曹雪芹是旗人，主要生活在北方，王夫之是南人，一生甚至没有去过北方。两人的两部完全不同但却同样伟大的著作，曹著已然得到世人很多的关注，王著的研究尚未充分展开，愿这种状况能较快较大地改观。我有幸在中国的中部，于无奈之中对这两部伟大的著作有所研习，有些心得，也不枉在这世上走这么一遭。愿与读者诸君共享这些文字。

戊戌年春完稿
己亥年秋校改

图书在版编目（CIP）数据

船山通鉴论 / 王先志著；— 长沙：湖南人民出版社，2019.10

ISBN 978-7-5561-2288-2

I. ①船… Ⅱ. ①王… Ⅲ. ①王夫之（1619—1692）—哲学思想—研究 Ⅳ. ①B249.25

中国版本图书馆CIP数据核字（2019）第209260号

CHUANSHAN TONGJIANLUN

船山通鉴论

著　者	王先志	
出版统筹	张宇霖	
监　制	陈实	
产品经理	傅钦伟	
责任编辑	李思远　　田　野	
责任校对	夏文欢	
封面设计	泽信·品牌策划设计	
出版发行	湖南人民出版社［http://www.hnppp.com］	
地　址	长沙市营盘东路3号	
电　话	0731-82683357	
印　刷	湖南天闻新华印务有限公司	
版　次	2019年10月第1版 2019年10月第1次印刷	
开　本	880mm×1230mm　1/32	
印　张	14.25	
字　数	350千字	
书　号	ISBN 978-7-5561-2288-2	
定　价	58.00元	

营销电话：0731-82683348 　（如发现印装质量问题请与出版社调换）